HEYNE BÜCHER

HEYNE KOCHBÜCHER

WOLFRAM SIEBECKS

KOCHSCHULE FÜR ANSPRUCHSVOLLE

WILHELM HEYNE VERLAG
MÜNCHEN

HEYNE KOCH- UND GETRÄNKEBÜCHER
Nr. 07/4264

7. Auflage

Genehmigte, ungekürzte Taschenbuchausgabe

Printed in Germany 1986
Umschlaggestaltung: Atelier Heinrichs, München
Satz: Schaber, Wels/Österreich
Druck und Bindung: Ebner Ulm

ISBN 3-453-40248-0

Inhalt

Vorwort

Auch Bürger können speisen wie die Fürsten, wenn sie nur die richtigen Töpfe und Pfannen haben, täglich auf den Markt gehen und eine gute Bouillon zu machen verstehen – das fand schon vor 250 Jahren der Franzose François Marin heraus, und daran hat sich bis heute wenig geändert. Wer die richtigen Töpfe hat, nur frische Produkte verwendet und außer einer Bouillon noch ein Huhn richtig zubereiten kann, mit Lammfleisch umzugehen weiß und sich davor hütet, Gemüse matschig und Fisch trocken zu kochen, der braucht dieses Buch vielleicht gar nicht. Es sei denn, er interessiere sich dafür, wie in der *Tour d'Argent* die gepreßte Ente schmeckt, was einen Feinschmecker in Moskau erwartet und welche Sorgen Meisterköche mit ihren Gästen haben. Meine »Kochschule« soll vor allem eine anregende, eine appetitanregende Lektüre sein; geschult wird auf den folgenden Seiten zunächst einmal die Fähigkeit des Lesers, kulinarische Qualität zu erkennen. Er soll unterscheiden lernen zwischen dem auch Guten und dem Besseren. Aus ihm einen perfekten Koch zu machen und ihn mit einem Repertoire aller gängigen Rezepte auszustatten, versuche ich erst gar nicht. Ersteres ist ohne praktische Übung nicht möglich, und für Rezepte allein genügen gute Kochbücher, die es schließlich schon gibt.

Doch bei einem Kochbuch, das mehr will, als bekannte Rezepte in einer neuen Anordnung noch einmal vorzuführen, halte ich es für besonders wichtig, daß dem Leser auch gesagt wird, was er alles *nicht* tun darf, wie er schwierige Phasen beim Herstellen einer Sauce, eines Forellenpürees erkennt, und warum er dies so und nicht anders machen soll. Anweisungen also, die in der Praxis viel wichtiger sind als die Angaben der benötigten Quantitäten und die Auskunft, wie viele Kalorien die fertige Speise enthält. Mir scheint es sinnvoller, die Grundlagen der feinen Küche am Beispiel nur weniger Rezepte, aber so ausführlich zu erklären, daß deren Kenntnis beim Leser eine solide Basis bildet, die ihn befähigt, andere, unzureichend erklärte Rezepturen zu lesen und erfolgreich nachzukochen.

Bei den folgenden Rezepten handelt es sich also um eine willkürliche und begrenzte Auswahl. Es sind Gerichte, die ich häufiger als andere für mich und meine Gäste koche. Dem Leser wird zunächst auffallen, was er alles nicht erfährt: Kein Wort über Schweinefleisch, kein Rezept für Gänsebraten; Kalbfleisch stiefmütterlich behandelt, Gemüse in Nebensätzen und von vielen hundert möglichen Desserts nur fünf. Dafür aber Forderungen nach kostspieligen und schwer zu beschaffenden Zutaten wie *Crème double* für Saucen, Schalotten anstelle von Zwiebeln und Hühner, die nicht gefroren und nicht wassergekühlt sein dürfen. Es sind Rezepte für Leser, die Ansprüche an die Qualität der Produkte stellen, ohne die auch der beste Koch nichts Anständiges zustande bringt.

Dieses Buch wendet sich also an jene, die 40 Kilometer fahren, um die bessere Brotsorte, den besten Käse und den frischesten Fisch zu bekommen. Es wendet sich an alle, für die Kochen nicht eine lästige Pflicht ist, sondern ein Vergnügen sein kann, und die auch ihre Gäste an diesem Vergnügen teilhaben lassen möchten. Es wendet sich an Zeitgenossen, die im Essen Verfeinerung suchen und dann erst Sättigung, das heißt, an Leser, für die kulinarischer Genuß gleichbedeutend ist mit Lebensqualität. Ich habe bewußt darauf verzichtet, die Möglichkeiten der *Nouvelle Cuisine* zu berücksichtigen, jene aufsehenerregende Art, leicht und mager und trotzdem delikat zu kochen, wie sie Michel Guérard in Eugénie-les-Bains hart am Rande der Diät praktiziert. Es ist dies eine Küche, die fast vollständig auf Butter, Eier und Sahne verzichtet. Um dennoch hohen kulinarischen Ansprüchen zu genügen, ist hier die Qualität der Produkte in einem solchen Maße ausschlaggebend, daß die Realisierung dieses neuen Kochstils bei unserem Marktangebot vorläufig noch ein Kunststück wäre. Außerdem soll es nicht verschwiegen werden: Der Wohlgeschmack, den Butter, Eier und Sahne einer Speise mitgeben, ist durch nichts zu ersetzen.

Über Mengen und Fingerspitzengefühl

Bei den folgenden Rezepten fehlen häufig die Hinweise, für wie viele Personen die angegebenen Mengen denn ausreichen mögen. Das setze ich jedoch voraus, daß der Amateurkoch und die ambitionierte Hausfrau wissen, für wie viele Esser eine 3 Pfund schwere Lammkeule jeweils reicht. Wird vorher noch ein Fisch serviert und davor vielleicht noch ein *Hors d'œuvre*, dann kann man sechs, manchmal auch acht Feinschmecker damit glücklich machen. Gibt es jedoch nichts anderes als dieses Stück Fleisch am Grill geröstet, werden vier hungrige Esser leicht damit fertig.
Es fehlen auch fast immer Mengenangaben bei den Gewürzen. Denn das ist eine Frage des Fingerspitzengefühls, da gibt es keine bindenden Vorschriften außer dem einen, wichtigen Gebot: Möglichst frische Gewürze verwenden! Das bezieht sich auch auf Gewürze, die getrocknet sind; also keinen Thymian, keinen Estragon usw., der schon ein Jahr auf Ihrem Küchenbord steht, vor allem Lorbeer verliert durch langes Lagern fast alles Aroma. Schließlich sind sogar gartenfrische Kräuter von unterschiedlicher Qualität. Das hängt mit dem Boden zusammen und dem Klima. Basilikum schmeckt manchmal nach nichts, Estragon nach Gras und Rosmarin wie Lavendel. Also auch hier ist wieder die Qualität der Produkte die erste und wichtigste Regel für gute Küche.

Zu schade zum Kochen?

Sie ist es ebenfalls bei der Wahl der Butter, beim Wein, den Sie in die Sauce gießen, beim Gemüse, beim Öl. Daß dieses ständige Bemühen um die bessere Qualität Mühe macht und auch nicht billig ist, weiß ich. Ein Argument jedoch wie »Das ist zu schade zum Kochen« ist das Gegenteil von Eßkultur. Allerdings wird niemand jeden Tag die Zeit haben, die man braucht, um so zu kochen, wie ich es hier vorschlage. Meine Küche ist die Küche für die besondere Gelegenheit; sie ist die Küche der Freuden, die wir uns nicht täglich gönnen können und auch nicht wollen, weil jedes Übermaß die Sinne abstumpft und die Genußfähigkeit einschränkt.

Für Leser schließlich, die überhaupt nicht kochen wollen, sondern ihr Vergnügen darin finden, Kochbücher nur zu lesen (ein subtiler Genuß, den ich nachempfinden kann), habe ich dem Kochschul-Teil dieses Buches einige Berichte über meine gastronomischen Erlebnisse angefügt.

Die Werkstatt

Wenn man einmal davon absieht, daß Kochen kein Kinderspiel ist, so sind die häufigen Klagen über mühsame Küchenarbeit zu einem großen Teil auf ungeeignetes oder minderwertiges Handwerkszeug zurückzuführen. Anständige Arbeit kann nur mit anständigem Werkzeug geleistet werden – das weiß jeder Handwerker. Das gilt aber auch für die kochende Hausfrau und den Amateurkoch! Zwar macht es keinen Unterschied, ob man eine Hammelkeule auf einem Fußabstreifer grillt oder auf einem Super-Luxus-Bratengrill für 500 Mark. Aber für das Gelingen eines *Bœuf à la mode* ist die Qualität des Schmortopfes mitentscheidend.
Zunächst aber ist die Feuerstelle selbst von großer Wichtigkeit. Die Klage des Gastrosophen Eugen von Vaerst (1792–1855), bevor man Deutschlands Küche verbessere, müsse man Herde und Töpfe verbessern, hat nichts von ihrer Aktualität eingebüßt. Verallgemeinernd kann man sagen, daß die Industrie zwei Sorten von Herden herstellt: solche, die praktisch und solide sind, und solche, deren Besonderheit sich in gewissen Extras ausdrückt, die für die Küche die gleiche Bedeutung haben wie der Kuckuck in der Kuckucksuhr für die Zeitmessung. Die vernünftig konstruierten Herde findet man in Restaurantküchen; auf den anderen wird in den Privathaushaltungen gekocht. Ob das nun auf Gas geschieht oder elektrisch, ist zwar nicht unwichtig, entzieht sich aber meistens der Entscheidung des einzelnen, weil viele Küchen fest in die Wohnungen eingebaut sind. Wer die Wahl hat, sollte einen Gasherd vorziehen, weil seine Hitze je nach Bedarf in Sekundenschnelle reguliert werden kann, was beim Ablöschen und Einkochen von Saucen außerordentlich wichtig ist. Wird eine Speise

lange und gleichmäßig gegart, spielt der Unterschied jedoch keine Rolle. Ideal sind kombinierte Herde.
Bei den herkömmlichen Gasherden sind die Düsen fast immer zu klein, die Flammen also nicht stark genug. Um 1 Kilo Kartoffeln zu kochen, reicht es natürlich allemal, aber wer einen 10 Liter fassenden Suppentopf aufsetzt, sehnt sich nach einem Kohleherd, wie ihn unsere Großmütter hatten. Doch statt dessen haben wir Automatikherde, die es der Hausfrau »erlauben, den Braten ins Rohr zu schieben und zum Friseur zu gehen, während der Herd das Essen selbständig fertigkocht«. Wer aber nur eine Spur von Interesse für die bessere Küche hat, der geht nicht zum Friseur, wenn er kocht. Es gibt sogar Herde, die kann man programmieren wie einen Computer. Das mag vielleicht wichtig sein für das Erwärmen tiefgefrorener Fertigmenüs. Dem ambitionierten Amateurkoch wäre es jedoch lieber, sein Herd hätte wie die alten Kohleöfen ein eingebautes *Bain-marie* (Wasserbad) oder der Backofen ließe sich auf 300 Grad erhitzen statt nur auf die unzureichenden, aber allgemein üblichen 250 Grad. Auch Automatikplatten sind nur scheinbar ein Fortschritt. Wer sich nicht zutraut, die Temperaturen für verschiedene Speisen besser regulieren zu können als es eine Automatik kann, der wird sowieso nicht die Begeisterung aufbringen, die jemand haben muß, wenn er im Kochen mehr sieht als das simple Bemühen, etwas Sättigendes herzustellen.
Wem die perfekte Ausstattung seiner Küche wichtiger ist als das Zubehör für sein Auto, der landet früher oder später in einem Fachgeschäft für Gaststättenbedarf. Denn es gibt Profiherde auch in Abmessungen, die für einen normalen Haushalt nicht übertrieben sind. Wegen ihrer soliden Verarbeitung sind sie allerdings immer teuerer als die Luxus-Kreationen aus verchromtem Blech. Überhaupt ist der erste Besuch in solch einem Fachgeschäft ziemlich deprimierend, weil man plötzlich vor funktionellen und soliden Werkzeugen steht, neben denen sich die eigenen Gerätschaften ausnehmen wie Spielzeug.

Töpfe, Pfannen, Kasserollen

Gute Töpfe allerdings bekommt man inzwischen auch im Kaufhaus. Wenn wir uns bei den kochenden Profis umsehen, in einer

Restaurantküche also, so entdecken wir nur drei Arten von Töpfen und Pfannen: solche aus Kupfer, Gußeisen und Gußaluminium. Außerdem bemerken wir erstaunlich wenige Küchenmaschinen und das völlige Fehlen von Kunststoff bei den Kleingeräten. Dazu muß allerdings gesagt werden, daß die Frage, ob ein Messergriff aus Holz oder Plastik sein dürfe, zunächst eine ästhetische Frage ist. Und ein Eiweiß läßt sich in einer Plastikschüssel geräuschloser zu Schnee schlagen als in einer aus rostfreiem Stahl oder Kupfer. Erst bei der Herstellung gewisser komplizierter Pasten oder Farcen, die unbedingt auf Eis geschlagen werden müssen, ist eine leicht kühlbare Metallschüssel vorzuziehen.

Bei Pfannen und Kasserollen gibt es jedoch keinen Zweifel: Kupfer ist das edelste Metall. Doch auch das teuerste. Außerdem ist es umständlich zu reinigen und wird sogar unansehnlich, wenn man es längere Zeit nicht benutzt. Auch sind nur *schwere* Kupferpfannen und -töpfe sinnvoll, und eigentlich auch nur für den, der auf Gas kocht. Nur zum schnellen Einkochen von Saucen über einer offenen Flamme ist eine dünne Kupferpfanne unübertroffen. Zwar kann man in den Kupfertöpfen die Speisen auch auf den Tisch bringen, was oft nobler aussieht als die feinste Porzellanschüssel, aber wenn man ihren Anschaffungspreis in Rechnung stellt und die Arbeit, die man mit ihnen hat, so muß man resümieren: geeignet nur für die Luxusküche.

Gußeiserne Töpfe sind zwar auch nicht billig, aber zumindest als Bratpfanne und Schmortopf unbedingt notwendig. Schweres Gußeisen hat den Vorteil, daß es die Hitze gleichmäßig verteilt und lange speichert. Die französischen Firmen *Le Creuset* und *Cousances* stellen die besten gußeisernen Töpfe her. Die Pfannen sind von außen emailliert, die Töpfe innen und außen. Daher sind sie leicht zu reinigen. Soll in einem Schmortopf auch scharf angebraten werden, wozu man aber besser eine Pfanne benutzt, so ist ein Topf ohne Emaillierung vorzuziehen.

Gute Erfahrungen habe ich mit einem Schmortopf gemacht, dessen schwerer Deckel eine Vertiefung hat, in die man während des Schmorens kaltes Wasser oder, besser noch, Eisstücke legt. Der dadurch entstehende Kondensationseffekt bewirkt, daß sich der aufsteigende Dampf an der Deckelunterseite niederschlägt und wieder zurück auf das Fleisch tropft. Das macht das Begießen überflüssig, der Braten bleibt auch so saftig. Von den gleichen Herstellern gibt es ebenfalls emaillierte, gußeiserne Kasserollen und ovale, flache Auflaufformen in verschiedenen Größen, die ich alle für sehr empfehlenswert halte, nicht zuletzt deshalb, weil man in ihnen die Speisen auch servieren kann. Frankreichreisende werden diese Artikel in Frankreich erheblich preiswerter einkaufen können als bei uns. Man sollte aber auch daran denken, daß eine Pfanne, ein Topf oder eine Kasserolle von bester Qualität die Küchenarbeit nicht nur erleichtern, sondern bei sachgemäßer Behandlung fast unbegrenzt haltbar sind.

Gußaluminium schließlich ist vor allem für Kochtöpfe und Kasserollen zu empfehlen, weniger für Pfannen. Wichtig ist auch hier die Qualität: je massiver der Boden, je besser die Hitzeverteilung und -ausnutzung.

Das gleiche gilt übrigens auch für Edelstahltöpfe. Doch habe ich ein - wahrscheinlich sehr persönliches - Vorurteil gegen Edelstahl. Das hochglänzende, silbrige Metall mit Fonds, Buttersaucen oder süßen Crèmes in Verbindung zu bringen, widerstrebt mir zutiefst. Ein Vorurteil, das ich offenbar mit vielen Köchen teile.

Alle anderen Töpfe und Pfannen - beschichtete, mit Blümchen verzierte, aus emailliertem Blech - fehlen in den Küchen der Profis.

Die gute Köchin wird jedoch nicht ohne einen großen Topf auskommen, in dem sie Hummer oder Spaghetti kocht oder die wichtigen Fonds herstellt. Dieser Topf (Eisen oder Edelstahl) sollte wenigstens 10 Liter fassen! Ein feuerfestes Tongeschirr mit Deckel für das Garen bestimmter Speisen im Backofen gehört ebenfalls zu den wichtigen Gerätschaften. Ich denke dabei weniger an die sogenannten Römertöpfe als an glasierte, ovale Töpfe mit geraden, zirka 10 cm hohen Wänden, die sich gleichermaßen zur Herstellung von Terrinen wie für Dampfgerichte *(Daube Provençale)* und Ragouts gut eignen.

Messer, Löffel, Sieb und Hackbrett

Nicht weniger wichtig als die der Töpfe ist die Qualität der Messer. Drei verschiedene Größen: für Gemüse, für die Säuberung von Fleisch und Fisch, zum Zerteilen von Fleisch und Gemüse, alle rasiermesserscharf (ein guter Wetzstahl gehört dazu) und nur für ihren eigentlichen Zweck verwendet, das versteht sich von selbst.

Neben den selbstverständlichen Schüsseln und Geräten, die hier nicht extra aufgeführt werden müssen, sind unbedingt notwendig: mehrere Holzlöffel; 1 Mörser, ebenfalls aus Holz (ist am billigsten); Knoblauchpresse; Gemüsehobel für Gurken, Kartoffeln etc.; Schaumlöffel, große und kleine Schöpfkellen; 1 Haarsieb und 1 normal feines Sieb, beide aus Metall; 1 großes Hackbrett; 1 mindestens 15 cm langes Wiegemesser für Kräuter; Schneebesen; 1 Fleischwolf; 1 Gummispachtel.
Perfektion endet jedoch nicht in der Küche. Am Eßtisch dürfen drei Dinge nicht fehlen: ein Eiskübel, in dem der Weißwein kühlgehalten werden kann, ein Beistelltisch und eine Wärmeplatte. Vorläufig gibt es in der Bundesrepublik fast nur »Sektkübel«, die für Weißweinflaschen zu kurz sind – ein Tatbestand, an dem sich die Eßgewohnheiten eines Volkes besser ablesen lassen als an jeder Statistik.

Was die beiden anderen notwendigen Dinge angeht, so ist Erfreulicheres zu melden: Die Schweizer Firma *Spring* hat beides kombiniert. Sie hat einen rollbaren Beistelltisch konstruiert, dessen Platte aus einer Metallegierung besteht, unter der eine Spiritusflamme entzündet werden kann, die die gesamte Tischplatte erhitzt. Bisher nur durch den Fachhandel für Gaststättenbedarf zu beziehen.
In manchen Fällen bringen elektrische Geräte dem Koch zweifellos eine willkommene Arbeits- und Zeitersparnis. Aber es läßt sich nicht bestreiten, daß Eierschnee, mit der Hand geschlagen, einfach lockerer wird. Das gilt in besonderem Maße für Kartoffelpüree; darüber hinaus gibt es viele Substanzen, die es nicht vertragen, wenn sie mit hoher Geschwindigkeit durcheinandergewirbelt werden.
Deshalb sind elektrische Küchengeräte weniger wichtig als die Zeit, die ich mir nehmen muß, wenn ich nicht nur schnell etwas Sättigendes herstellen will, sondern das Besondere versuche, das das Hauptthema dieses Buches sein soll.

Mein Keller

Es fällt schwer, sich einen Feinschmecker vorzustellen, der nicht für jede Gelegenheit einen passenden Wein im Keller hat. Mit Gelegenheit ist hier ausschließlich das Essen gemeint; ein Essen ohne Wein verdient seinen Namen nicht. Die anderen Gelegenheiten, Wein zu trinken (es gibt gottlob unzählige!), sollen hier, in einem Kochbuch, unberücksichtigt bleiben. Was nun das Essen angeht, so bin ich sogar der Meinung, daß es ruhig einmal mißraten darf, wenn wenigstens der dazu servierte Wein makellos ist, wohingegen mich auch das perfekteste Diner unzufrieden läßt, wenn sich mein Gastgeber mit dem Wein keine Mühe gegeben hat. Mit anderen Worten: Ich genieße einen kalten Braten vom Vortag, als wäre es eine gefüllte Wachtel mit Trüffelsauce, wenn man mir dazu einen 15 Jahre alten *Château Palmer* serviert. Aber der saftigste Rehrücken bedeutet mir nichts, wenn er von einem schlechten Rotwein begleitet wird. Leider sind die schlechten Weine in der Überzahl, was ganz natürlich ist. Je mehr Rebstöcke pro Hektar angepflanzt werden und je mehr Triebe diesen Stöcken im Frühjahr belassen werden, um so größer ist der Ertrag. Um so niedriger wird jedoch die Qualität des Weines sein – ein altes Naturgesetz. Natürlich ist aber auch, daß ein Winzer möglichst viel verkaufen möchte, daß er also möglichst viel anbaut und möglichst viel Wein pro Hektar produziert. Da aber auch im Weinbau Quantität und Qualität die beiden entgegengesetzten Enden der Wurst sind, weiß jeder ökonomisch erfahrene Konsument, was das bedeutet: Gute Weine sind teuer. Nun gibt es glücklicherweise auch Weine, die gehören einer Mittelklasse an; sie sind gut, ohne zu den großen Weinen zu gehören; sie sind preiswert, ohne billig zu sein. Diese Weine bilden – um dieses Bild einmal zu gebrauchen – das tägliche Brot des genußfreudigen Trinkers. Sie in seinem Keller zu wissen, bereitet ihm Freude und die zusätzliche Befriedigung, sie unter dem großen Angebot von Weinen der gleichen Preisklasse herausgefunden zu haben. Einen großen Wein kann jeder trinken, der ihn sich leisten kann; die Namensliste ist nicht endlos. Einem *Château Margaux*, einem *Chambertin* oder einem *Côte-Rotie* kann nicht einmal ein schlechter Jahrgang viel anhaben. Denn auf die großen Weine vor allem trifft die Erkenntnis erfahrener Rotweintrinker zu: Es gibt keine schlechten Jahrgänge, es gibt nur schlechte Winzer. (Wobei man von den seltenen katastrophalen Jahrgängen absehen muß.) Die großen Weine sind Weine für große Gelegenheiten, und sie sind Weine für Kenner. Es gibt wohl kaum etwas Deprimierenderes für einen Gastgeber, als einen *61er Château Haut-Brion* zu servieren, während sein Gast ihm unbedingt erzählen muß, daß er einen wirklich guten Kalterer See gefunden habe, in Literflaschen und unglaublich billig! Es ist aber auch eine große Gelegenheit, einen *Haut-Brion* mit einem Weinkenner zu teilen, mit jemandem, der ihn Schluck für Schluck genießt und den seltenen Augenblick zu würdigen weiß.

Wenn bisher nur von französischen Rotweinen gesprochen wurde, so bedarf das eigentlich keiner Erklärung – es gibt nun mal nichts Besseres. Es mag jemand die italienischen Weine über alles lieben, für einen feinen Mosel seine Seele verkaufen oder sich in den Kellern der Wachau im siebenten Himmel wähnen – es ist das ein persönlicher Geschmack, der sicherlich zu respektieren ist. Aber beim Wein, jedenfalls bei den edleren Sorten, gibt es objektive Maßstäbe wie in der Kunst. So wie wir wissen, wo die schönsten Rembrandts hängen, die Van Goghs und Picassos, so weiß man, wo die besten Weine wachsen. Oder, um beim Thema dieses Buches zu bleiben: Kein vernünftiger Feinschmecker würde je bezweifeln, daß auch eine Erbsensuppe ein außerordentlich wohlschmeckendes Gericht ist. Aber ein junger Lammrücken, rosa gebraten und mit frischen Kräutern gewürzt, das ist eine gänzlich andere, eine höhere Kategorie.

Wer jedoch dem Urteil der Liebhaber nicht traut, weil sie wie alle Liebhaber Vorlieben und Vorurteile haben, der findet eine verläßliche Hierarchie in den Preislisten der Händler und der großen Londoner Versteigerungshäuser.

Andererseits ist es sinnlos, wenn jemand, der bislang mit einem

Chianti glücklich war oder mit einem Trollinger, wenn der morgen hinginge und nur noch große Burgunder oder klassifizierte Bordeaux tränke. Denn so eindeutig ist kein Wein, daß er auf Anhieb überzeugte. Der erwartungsvolle Neuling würde mit Recht die erstaunte Frage stellen: »Ist das alles?«
Worin denn nun das Wesen eines guten Weins besteht, soll hier nicht beschrieben werden, weil es nicht zu beschreiben ist. Nicht zufällig flüchteten sich alle Apologeten des Weins vom Altertum bis in unsere Tage in schwärmerische und nichtssagende Poesie, wenn sie ihrem Lieblingsgetränk (oder ihrem Weinhändler) zuliebe in die Harfe griffen. Ebenso sinnlos wäre es, Wein an Hand seiner chemischen Zusammensetzung erklären zu wollen. Öffnen Sie eine Flasche, füllen Sie Ihr Glas und probieren Sie! Anders als durch ständige Annäherungsversuche werden Sie nie von ihm Besitz ergreifen.
Damit keine Mißverständnisse aufkommen: Ich will hier keineswegs zum Alkoholismus verführen! Qualität beim Trinken – und um Qualität geht es hier ebenso wie beim Kochen – schließt Mäßigkeit ein. Aber nicht nur deshalb werden Sie an meinem Tisch nie einen Aperitif bekommen. Fernand Point hat einmal gesagt, wer Whisky als Aperitif tränke, dem könne man auch Füllhaltertinte als *45er Château Latour* verkaufen.

Welcher Wein zu welchem Essen?

Damit sind wir beim Praktischen. Ein Cocktail vor dem Essen ist ein Attentat auf all die Genüsse, die noch zu erwarten sind, weil die Geschmacksnerven, die ja bei einem hungrigen Menschen ihre größte Sensibilität entwickeln, durch scharfen oder parfümierten Alkohol brutal betäubt werden. Der ideale Aperitif ist der erste zum Essen servierte Wein, der ja immer der leichteste sein wird. Oder ein Champagner, wenn es denn richtig fein zugehen soll. Auf jeden Fall soll der erste Schluck Wein vor dem ersten Bissen getrunken werden. Denn der Wein ist empfindlicher als das Essen, und nicht die Speisen verändern ihren Charakter durch den Wein, sondern umgekehrt. Die logisch erscheinende Schlußfolgerung, dann solle man Wein doch erst gar nicht zum Essen trinken, sondern vor- oder nachher, berücksichtigt jedoch eines nicht: daß es gerade die ideale Kombination gewisser Weine mit gewissen Speisen ist, die für den Feinschmecker den höchsten Genuß bedeutet. Wer unter den sechs verschiedenen Burgundern seines Kellers den einen herausgefunden hat, der bei einem Hasenragout nicht untergeht, dessen Finesse sich behaupten kann und sich perfekt mit dem Fleisch und der Sauce verbindet, dieser Mensch hat eine der zahlreichen Möglichkeiten kulinarischer Freuden bis zum Letzten ausgeschöpft. Welcher Wein zu welchem Essen – die auf diese Frage üblicherweise gegebenen Ratschläge sind deshalb nur im Grundsätzlichen brauchbar. Daß zu einem Rindersteak ein Rotwein besser paßt als jeder Weißwein, ist klar. Aber damit ist die einzig sichere Erkenntnis auch schon benannt. Von nun an gibt es viele Gewohnheiten, Unterschiede des persönlichen Geschmacks und, zum Schluß, die feinen Variationen. Ein Beispiel mag veranschaulichen, wie schwierig es für den Perfektionisten ist, die richtige Entscheidung zu treffen; es gibt aber auch eine Vorstellung von seiner Befriedigung, wenn er sie glücklich getroffen hat: Zu den als *2eme Crûs* klassifizierten Weinen des Médoc (es sind nur 15, sie folgen in der Rangfolge den 4 weltberühmten *1ers Crûs*) gehören *Château Lascombes*, *Château Brane-Cantenac* und *Château Mouton-Rothschild*. Drei Weine einer Kategorie, wenn auch der letztgenannte inoffiziell zu den *1ers Crûs* gerechnet wird. Drei wunderbare Gewächse, aber welch ein Unterschied! Der *Lascombes* ist (um nur die oberflächlichsten Merkmale ohne Rücksicht auf den Jahrgang zu erwähnen) schwer und reich an Tannin, der *Brane-Cantenac* leichter und duftig-elegant, der *Mouton-Rothschild* fruchtig und voll. Daß von diesen so verschiedenen Weinen einer besser zu einer bestimmten Speise paßt als die beiden anderen, ist einleuchtend. Und dennoch gehören sie alle derselben, kleinen Gruppe an und sind so eng verwandt, daß es einer stupenden Erfahrung bedarf, um vorauszusagen, welcher von ihnen zu einer Lammkeule am besten paßt, wer zu einem *Ris de Veau* und wer zum Kalbsrücken Orloff. Wenn ich also in meinen Rezepten einen bestimmten Wein empfehle, so ist das zunächst einmal Theorie. Denn allein die roten Burgunder, die unter der Bezeichnung *Gevrey-Chambertin* in den Handel kommen (ein mittlerer Rotwein der Côte-de-Nuits), können von über 100 verschiedenen Winzern oder Händlern stammen! Daß da Verschiedenheiten zwangsläufig sind, ist offensichtlich. Sogar eine Stufe höher beim berühmten *Clos-de-Vougeot*, einem 50 ha großen Weinberg, den sich mehr als 60 Winzer teilen, werden Sie Unterschiede von Weingut zu Weingut feststellen, vom Jahrgang ganz zu schweigen. Dennoch ist all dies keine Wissenschaft, sondern läßt sich bei entsprechender Neugier lernen - durch praktische Vergleiche. Dazu allerdings bedarf es Zeit, und billig ist so ein Studium auch nicht. Ich wüßte jedoch keines, das mehr Spaß macht.

Unterscheidungsvermögen, Kennerschaft und Anspruch

Angefangen hat wahrscheinlich jeder Weinliebhaber mit einem *Frascati*, einem Kalterer See, einem *Rosé-de-Provence*. Irgendwann hatte er dann etwas Besseres im Glas, und seine Erstlingsweine schmeckten ihm nicht mehr so wie vorher. Die nächste Stufe war dann vielleicht ein *Tokay-d'Alsace*, ein *Sancerre*, ein *Macon*, ein *Beaujolais*. Doch dann wurde ihm einmal ein Edelwein kredenzt, ein Wein wie er ihn noch nie getrunken hatte, mit einem Namen, den er nicht kannte, und den er auch gleich wieder vergaß. Aber es war, als öffnete sich für Sekunden ein Vorhang, hinter dem er wahrzunehmen glaubte, was er immer schon gesucht hatte. Diesen Wein vergißt er nie, und von nun an sucht er ihn in allen Flaschen: Er ist der Qualität verfallen. Umwege sind unvermeidlich, Sackgassen häufig. Aber mit jedem Glas, das er erwartungsvoll an die Nase hebt, steigert sich sein Unterscheidungsvermögen, seine Kennerschaft, vergrößert sich allerdings auch sein kritischer Anspruch. Er entdeckt, daß das Angebot an Weinen, wie er sie liebt, zwar groß, aber dennoch einseitig ist: immer die gleichen Händler, immer die gleichen Lagen. Bei nächster Gelegenheit bereist er selber die Anbaugebiete seiner Lieblingsweine, steigt in die Keller hinab, probiert und vergleicht. Vergleicht auch Preise, und so ergibt sich der nächste Schritt zwangsläufig, auch wenn er noch nicht allgemein üblich ist: Unser Freund des guten Tropfens importiert seine Weine selbst. Die Europäische Gemeinschaft erlaubt es ihm; den praktischen Teil erledigen spezialisierte Transportunternehmen.

Zwischenbemerkung über deutschen Wein

Es mag hier der Eindruck entstehen, als wüchse in Deutschland überhaupt kein Wein. Haben denn nicht die größten unserer

Dichter den deutschen Wein besungen und gefeiert? Übertrifft nicht das Angebot einheimischer Gewächse das der Importe um ein Vielfaches? Das alles ist wahr. Wahr ist aber auch, daß seit ungefähr 1970 der deutsche Wein einem Konsumentengeschmack angepaßt wurde, der sich eher an Longdrinks wie Coca mit Rum delektiert. Er wurde zu einem Getränk für Leute, die Wein nicht zum Essen trinken, sondern nachher. Wahr ist nämlich auch, daß gut 90 Prozent der deutschen Weinproduktion durch Gärungsstop süßlich gehalten oder mit Süßreserve »verbessert« wird. Diese Süße verdeckt zwar die Schwächen eines kleinen Weins, sie entstellt aber auch den eigentlichen Charakter jedes so behandelten Weins, seine Natürlichkeit und spezifischen Eigenarten. Natürlich gibt es Winzer, die es ablehnen, Konzessionen an den süßen Trend zu machen, die ihren Wein so belassen, was man früher »naturrein« nannte. Aber ihre Produktion ist so klein – und von den Stammkunden so gesucht –, daß der Durchschnittskonsument keine Chance hat, im Fachgeschäft oder im Supermarkt einen trockenen, aber nicht dünnen, einen durchgegorenen, aber nicht sauren Wein zu finden.

Transport und Lagerung: Muß der Wein ruhen?

Eines schönen Tages also stellt ein Spediteur unserem Weinfreund ein Dutzend Kisten vors Haus; vielleicht mehr, vielleicht weniger. Die normale Weinkiste (Holzkisten sind es nur bei besseren Bordeaux; andere Weinbaugebiete verpacken in Kartons) enthält 12 Flaschen. Es ist zwecklos, darüber zu diskutieren, wie nun der Keller beschaffen sein muß, in dem dieser Schatz gehortet werden soll. Keller sind wie sie sind; nur wer sich ein Haus baut, hat die Möglichkeit, diesen wichtigen Raum nach seinen Bedürfnissen anzulegen: Nordseite, kein Beton, keine Kaminwand, keine Heizungsrohre; erschütterungsfrei, gleichmäßige Temperatur zu allen Jahreszeiten bis höchstens 13 Grad. Doch die überwiegende Zahl aller Keller sind genau das Gegenteil von einem Weinkeller. Sie sind zu warm. Ständig warme Temperaturen aber können den Reifeprozeß des Weins, der ja erst aufhört, wenn der Wein anfängt, zu alt zu werden, ungünstig beeinflussen. Können – müssen aber nicht. Denn ständig zu warme Temperaturen beeinträchtigen einen lagernden Wein letzten Endes weniger als ungleichmäßige Temperaturen. Es läßt sich also ein Weinkeller auch im dunklen Wandschrank einer Etagenwohnung einrichten, vorausgesetzt, es riecht dort nicht nach Mottenpulver. Geruchsempfindlich ist nämlich Wein wie ein Jagdhund, und lichtscheu ist er auch. Dennoch, wenn man schon sagen muß, daß der Wein unserer Tage eher mit wissenschaftlichen als landwirtschaftlichen Methoden angebaut und produziert wird, so bedeutet das auch, daß er stabiler und unempfindlicher ist, als er es jemals war. Wenn man liest, daß ein deutscher Großindustrieller, der auch dem guten Leben etwas abzugewinnen versteht, stets eine Kiste mit einem der vier großen *Haut-Médoc* im Kofferraum seines Autos mitführt, um bei ärmeren Gastgebern nicht auf sein Lieblingsgetränk verzichten zu müssen, so mögen sich einem Weinliebhaber zunächst die Haare sträuben bei der Vorstellung, was da mit dem teuren Tropfen angestellt wird. Tatsache ist aber, daß es dem Wein weniger ausmacht, als man fürchtet. Einen Landwein aus dem Friaul jedoch, von einem Winzer nach den traditionellen Methoden seiner Vorfahren hergestellt, den brächten Sie wahrscheinlich nicht über den Brenner, ohne daß er seinen Geist aufgäbe. Damit sind wir beim Transportproblem. Als ich einmal bei einem elsässischen Winzer am Vormittag einige Rieslinge probierte und nach der Transportfähigkeit fragte, deutete er auf eine Flasche und sagte: »Die können Sie heute abend zu Hause aufmachen, und der Wein wird nicht anders schmecken als jetzt!« Ich fuhr 500 km und machte die Probe: Er hatte recht.

Mit Rotweinen ist das etwas anders. Die sollten sich tatsächlich bis zu drei, eventuell sogar vier Wochen ausruhen können, bevor sie getrunken werden. Zwar gibt es dabei viele Ausnahmen, aber da diese offenbar keiner festen Regel zu unterliegen scheinen – ich habe jedenfalls noch nicht herausgefunden, warum der eine Rotwein sofort trinkbar ist, der andere erst einen Monat später –, sollte man, wenn man es übers Herz bringt, die angelieferten Flaschen zunächst nicht anrühren. Beläßt man sie in ihren Kartons, was man gefahrlos tun kann, so ist es wichtig, daß die Flaschen liegen und nicht aufrecht stehen; denn der Korken muß immer vom Wein befeuchtet sein, weil er sonst austrocknet und porös wird; fremde Düfte und Bakterien können eindringen und der Alkohol verdunstet. Diese Vorsichtsmaßnahmen sind allerdings nicht erforderlich, wenn Sie den Wein nur vom Weinhändler in der Innenstadt bis zu sich nach Hause chauffieren.

Dort werden Sie mit einem anderen Problem konfrontiert: mit dem Alter und der Lebensdauer der Weine. Die bis in die Karnevalsschlager vorgedrungene Auffassung, Wein müsse alt sein, ist in den meisten Fällen falsch. Wirklich alt, also 10 Jahre und mehr, dürfen (abgesehen von den besten deutschen Trockenbeerenauslesen) nur rote Bordeaux werden, deren Qualität erst spät zur vollen Entfaltung kommt. Jedenfalls sind die großen Lagen in ihrer Jugend, das heißt in den ersten 8 Jahren, noch sehr unausgewogen: Die Säure ist nicht genügend abgebaut, und der zunächst hohe Tanningehalt (das ist die Gerbsäure, die dafür sorgt, daß der Wein überhaupt alt werden kann, und die in gewissen Mundpartien den pelzigen Geschmack hinterläßt) übertönt die erst später zutage tretenden Feinheiten. Doch schon die weniger großen Lagen werden zunehmend jung getrunken (auch beim Weintrinken gibt es Moden), und besonders in den Weinbaugebieten selbst hat man keine Hemmungen, jugendliche Eigenschaften eines Weins als seine Vorzüge zu bezeichnen.

Doch nach wie vor dürfte ein *Château Margaux* aus dem Jahre 1961 heute noch keinen Tag zu lange in der Flasche gelegen haben, und ein 55er wird ihn sicherlich noch um einiges an Qualität übertreffen. Das sind jedoch mehr oder weniger Gedankenspiele. Denn die großen Weine dieser Jahrgänge sind, wenn man sie überhaupt noch auftreibt, so teuer, daß nur wenige Glückliche in die schöne Lage kommen, solche Vergleiche in der Praxis durchführen zu können.

Bei den anderen großen Rotweinen, den Burgundern, ist die Sache anders. Zwar führen französische Spitzenrestaurants einige große Weine der *Côte-de-Nuits* auf ihren Karten, die schon in den dreißiger Jahren auf Flaschen gefüllt wurden. Aber das sind dann eher Kuriositäten mit entsprechenden Preisen, die längst nicht dafür garantieren, daß der Flascheninhalt auch noch trinkbar ist. (Wenn Sie es sich leisten können und wagen einen solchen Versuch, dürfen Sie jedoch beruhigt sein: Verdorbene Weine gehen auf das Risiko des Wirtes!) Im allgemeinen läßt sich von roten Burgundern sagen: 4 Jahre sollten sie schon alt sein, 6 Jahre sind besser. 8 Jahre sind manchmal ideal, und ab 10 Jahren gehen Sie bereits ein Risiko ein.

Auch hier gilt, wie bei wohl allen Weinen: Je besser ein Wein ist, um so besser altert er auch.
Das gilt sogar für die Weine des Beaujolais. Obwohl sich inzwischen herumgesprochen hat, daß man sie jung (und kalt) trinkt. Alt heißt bei ihnen jedoch: 3 Jahre und nicht älter. Der einfache Beaujolais wird bekanntlich schon ab dem 15. November des Jahres getrunken, in dem er geerntet wurde, also praktisch im Alter von 2 Monaten! Diesem gesetzlich festgelegten Novembertag fiebern die Beaujolaisfreunde dermaßen entgegen, daß es die Winzer nicht übers Herz bringen, ihnen den frischen Wein auch nur einen Tag länger vorzuenthalten; nicht einmal dann, wenn er eigentlich noch zwei weitere Wochen im Faß bleiben müßte, um eine einigermaßen gute Qualität zu erreichen. Außerdem wird auf der Welt viel mehr von diesem leichten und fruchtigen Wein getrunken als im schönen Beaujolais überhaupt angebaut wird. Man sieht, nicht nur die Entstehung deutscher Spätlesen grenzt oft ans Wunderbare!
Und dennoch liegen in meinem Keller um die Weihnachtszeit immer einige Flaschen des Beaujolais-Primeur, wie der Heurige dort genannt wird. Ich sorge allerdings auch dafür, daß sie spätestens zu Ostern anderen Flaschen Platz gemacht haben.

Gute und schlechte Jahrgänge: Regeln und viele Ausnahmen

Das Schwierige beim Weinkauf ist nicht die Vielfalt der Sorten und Marken, auch nicht die unterschiedliche Preisgestaltung des Handels, sondern die verwirrende Tatsache, daß alle bekannten Regeln nur zu einem so geringen Prozentsatz zutreffen, so daß es besser wäre, es gäbe sie nicht. Nach dem bereits erwähnten Alter der Weine ist da die Sache mit den Jahrgängen. Natürlich gibt es gute, weniger gute und schlechte Jahrgänge in den einzelnen Weinbaugebieten. Es gibt sogar Listen, auf denen man sehr detailliert darüber informiert wird, wie der Wein zum Beispiel im Jahre 1969 geraten ist: die weißen Burgunder ohne Charme; die roten, anfangs mäßig, haben sich aber inzwischen gut entwickelt; die Bordeaux ganz gut, wenn auch im ganzen etwas leicht; der Beaujolais war hervorragend usw. Es gibt jedoch Sommergewitter, die in der einen Gemeinde großen Schaden anrichten, während die Nachbargemeinde im schönsten Sonnenschein liegt. Oder: In hügeligen Wein-

gebieten können einige Lagen das Pech haben, wochenlang im Morgennebel zu liegen, während Winzer des gleichen Ortes berechtigterweise jubeln, es sei ein überdurchschnittliches Jahr gewesen. Man sollte also nur mit Vorsicht verallgemeinern! Ein Beispiel aus meinem Keller: 1968 war tatsächlich in allen Weinbaugebieten ein ziemlich schlechtes Jahr. Sogar der berühmte *Lafite-Rothschild* hat darunter gelitten, und ob er sich noch verbessert, ist fraglich. Aber ich habe einen *68er Château Lascombes,* der gehört schon heute zu meinen Lieblingsweinen! Wirklich verläßlich ist wahrscheinlich nur das Preisgefüge: Ein für besonders gut erklärter Jahrgang wird auch immer besonders teuer sein. Für den Weinkenner ist aber gerade das ein Anreiz, unter den preisgünstigen, »schlechten« Jahrgängen jene Weine herauszufinden, die sich regelwidrig doch noch zu feinen Tropfen entwickelt haben. Dabei kann man die schönsten Überraschungen erleben. So habe ich meinen *68er Lascombes* im Jahre 1973 bei einem renommierten Weinhändler zum Preis eines besseren Beaujolais bekommen; und bei einem Winzer in Burgund entdeckte ich einen Restposten eines *63er* (offiziell ein katastrophales Jahr!) *Charmes-Chambertin:* Der Mann hatte ihn wegen des übelbeleumdeten Jahrgangs nicht verkaufen können. Doch einige der *63er* brauchten offensichtlich nur mehr Zeit, um sich zu entwickeln. Heute ist dieser Restposten eine Zierde meines Kellers!
Mögen solche Unregelmäßigkeiten den Weinkauf zunächst als Glückssache erscheinen lassen, so vermitteln sie dem Weinfreund aber auch zusätzliche Reize, vergleichbar mit der Spannung, die einen Antiquitätenhändler befällt, wenn er auf dem Trödelmarkt nach unerkannten Kostbarkeiten fahndet.

Mit dem Alter eines Weins – eines Rotweins – hängt auch das Dekantieren zusammen, das Abgießen in eine Karaffe. In vielen der sogenannten Luxusrestaurants werden Rotweine von einer bestimmten Preisklasse aufwärts automatisch dekantiert. Wenn der Weinkellner den teuren Wein vorsichtig über einem brennenden Kerzenstummel in eine Kristallkaraffe abgießt und darauf achtet, daß kein Depot mitfließt, wie der trübe Bodensatz genannt wird, dann sieht das zweifellos imponierend aus – ist aber meistens nur Schau. Denn nur ein geringer Prozentsatz der Weine hat Depot (was übrigens auf die Qualität des Weins keinen Einfluß hat). Und der zweite Grund, warum man einen Wein dekantieren könnte, spielt in einem Restaurant sowieso keine Rolle: Bei jungen Weinen, besonders solchen aus dem Bordelais, die noch etwas unreif sind, ist es oft ratsam, den Wein zwei oder drei Stunden vor dem Trinken in eine Karaffe umzufüllen. Der sich dabei mit dem Wein vermischende Sauerstoff bewirkt so etwas wie einen Reifeprozeß im Zeitraffer. Es wird ein *73er Château Chasse-Spleen* dadurch zwar nicht zu einem *64er*, aber ein wenig sanfter und runder wird er doch. Es gibt Weintrinker, die fordern sogar, man solle gewisse Weine zwei bis drei Tage vor dem Trinken dekantieren. Ich halte das für eine ziemlich extravagante Theorie: Dort, wo Wein wächst, macht man jedenfalls nicht so viele Umstände. Baron Elie de Rothschild, der eines der bekanntesten Weingüter der Welt besitzt, hat zu solchen und ähnlichen Überlegungen einmal gesagt: »Einen Bordeaux zu trinken, ist die einfachste Sache der Welt: Schlabber, schlabber, runter damit!«

Bei sehr alten Rotweinen, sagt man, sei Dekantieren sogar äußerst gefährlich. Ein Wein, der 50 Jahre oder länger in der Flasche gewesen sei, könne unter Umständen schon nach einer halben Stunde an der frischen Luft einen Kollaps kriegen. Nun ja.

Wichtiger als eine Karaffe zum Dekantieren ist meiner Meinung ein Bastkörbchen, in dem eine Weinflasche fast waagerecht liegen kann, bevor man sie, ohne sie zu bewegen, öffnet. Das Depot wird sich auf der Flaschenunterseite ansammeln und, wenn man vorsichtig eingießt, in der Flasche bleiben. Übrigens braucht man zum Öffnen einer liegenden Flasche einen der Hebelkorkenzieher, wie sie die Kellner gebrauchen – es sind sowieso die zweckmäßigsten.

Weißweine haben kein Depot, deshalb müssen sie nicht dekantiert werden. Gelegentlich vorhandene Kristalle bleiben wegen ihres Gewichts ohnehin auf dem Flaschenboden liegen; den Geschmack des Weins beeinflussen sie nicht. Wo also Weißwein in Karaffen serviert wird, dort stammt er entweder vom Faß oder aber aus Flaschen, deren Etikett der auf seinen Ruf bedachte Gastgeber verheimlichen möchte.

Die gute alte Zimmertemperatur

Was die Trinktemperaturen der Weine angeht, so ist, wie ich hoffe, in der letzten Zeit ein folgenschweres Mißverständnis endlich richtiggestellt worden: das Chambrieren der Rotweine betreffend. Chambrieren heißt »auf Zimmertemperatur bringen«. Als dieser Begriff aufkam, gab es noch keine Ölheizung, und die Zimmer, vor allem die Eßzimmer, waren nach heutigen Maßstäben fast kühl. Das aber ist die genau richtige Temperatur für bessere Rotweine: 16 bis 18 Grad höchstens, und nur wenn der vorhin erwähnte Industrielle mit seinen Edelweinen bei Ihnen an der Tür klingelt, dürfen es auch einmal 19 Grad sein. Ein Wein, der wärmer ist – und 22 bis 25 Grad war und ist auch in Restaurants keine Seltenheit –, verströmt schon im Glas all das, was sein Geheimnis ausmacht, das sich ja erst auf der Zunge entfalten soll. Damit ist einer der schönsten Momente des Weintrinkens verloren.

Kleine und jüngere Rote sollten noch kühler getrunken werden. Sie erwärmen sich im Glas ohnehin sehr schnell, und einen Beaujolais kann man ruhig in einen Eimer mit kaltem Leitungswasser stellen, wenn der Keller die übliche, wohnliche Temperatur hat. Kühl sein müssen auch die Weine des Rhônetals, die fruchtigen *Hermitage, Côte Rotie* und erst recht die alkoholreichen *Châteauneuf-du-Pape* und die *Gigondas.* Warum man diese Weine kühl trinkt, diese Frage stellt sich erst gar nicht, wenn man sie dort, wo sie wachsen, an einem heißen Sommertag im Schatten der Platanen im Glas hat. Wieso sie aber auch in unseren Breitengraden besser kühl schmecken als temperiert, kann ich nicht erklären. Denn rote Chiantis wiederum, wie weit südlich sie auch gedeihen, sollte man sogar bei 20 Grad trinken.

All das sind Ratschläge und Regeln, denen sich der persönliche Geschmack natürlich nicht sklavisch unterordnen soll. (Man muß sich allerdings darüber im klaren sein, daß Geschmack – vor allem der gute, den man selber hat – Vollkommenheit nie erreichen wird, sondern sich auf dem Wege zu diesem unerreichbaren Ziel ständig wandelt. Man nennt das Entwicklung.)

Daß Weißweine kalt getrunken werden, ist selbstverständlich. Ebenso selbstverständlich sollte es für einen Gastgeber sein, dafür zu sorgen, daß sie sich im Laufe eines Essens nicht in der Zimmertemperatur erwärmen können, was nicht weniger unangenehm ist, als wenn die Suppe kalt wird. Ein Eiskübel ist also unerläßlich, wo von Trinkkultur die Rede ist.

Während es die Rotweine nicht vertragen, wenn man sie schockartig abkühlt oder erwärmt, macht das den Weißweinen wenig aus, solange man sie nicht *unter*kühlt, das heißt, auf Temperaturen bringt, bei denen sich Aroma, Bouquet und was sonst alles noch herausschmecken kann, verschreckt totstellen. Die kritischen Temperaturen liegen je nach Art der Weine unter 12 oder 8 Grad. Fruchtige Weine wie Gewürztraminer, Riesling, Ruländer, aber auch weiße Burgunder, wenn es sich um große Lagen handelt, soll man nicht so stark kühlen wie kleine Weine, deren Charakteristikum in erster Linie ihre Trockenheit ist (Edelzwicker, *Pinot bianco*, kleine Mosel mit weniger als 4 g/l Restzucker).

Wie viele verschiedene Weine man durcheinander trinken kann

Ob rot oder weiß, ob kühl oder chambriert – wenn es darum geht, daß Weine getrunken werden sollen, das heißt: zum Essen getrunken, so herrscht häufig Unsicherheit darüber, wieviele verschiedene Weine man denn durcheinander trinken dürfe. Dazu kann ich nur sagen: Je mehr je besser! Wer für sechs Personen ein aus fünf Gängen bestehendes Essen serviert, sollte auch fünf verschiedene Weine servieren – zu jedem Gang den am besten passenden. Damit wird er anspruchsvollen Essern den gleichen Genuß bereiten wie mit der Abwechslung bei den Speisen. Die angebliche Unverträglichkeit des Durcheinandertrinkens mag bei Schnäpsen zutreffen, der Genuß am Wein wird dadurch jedenfalls nicht beeinträchtigt. (Es sei denn, es war einer dabei mit einem zu großen Schwefelanteil. Aber der macht auch Kopfschmerzen, wenn man ihn allein trinkt.)

Kleiner Keller mit großen Variationsmöglichkeiten

Welche Weine schließlich in Ihrem Keller liegen werden, wird Ihnen niemand vorschreiben können, weil es von Ihrem Geschmack, dem verfügbaren Angebot und, natürlich von Ihrem Geldbeutel abhängt. Aber schon 36 mit Überlegung ausgesuchte Flaschen können einen »Keller« bilden, der Ihnen das Gefühl gibt, bei entscheidender Gelegenheit nicht mit leeren Händen dazustehen. Bei solch einem kleinen Keller würde ich folgende Zusammenstellung vorschlagen:

Rotwein

6 Burgunder, davon 3 einfache *Bourgogne A. C.* und 3 *Volnay* oder *Savigny-lès-Beaune*
3 *Bordeaux Crû Bourgeois*
3 Chiantis (Achtung! Die guten Chiantis unter den vielen mäßigen herauszufinden, ist wegen der fehlenden Hierarchie außerordentlich schwierig!)
6 *Croze-Hermitage*

Weißwein

6 *Chablis Premier Crû*
6 Elsässer Rieslinge
3 Elsässer Gewürztraminer
3 Chiantis (weiße Chiantis sind selten, aber lohnend)

Der kleine Keller bietet die größten Variationsmöglichkeiten, da sein Inhalt ja häufig ergänzt werden muß. Rote Bourgeuils von der Loire können dann die Bordeaux ersetzen, rote Rioja aus Spanien die *Croze-Hermitage.* Für die Elsässer Rieslinge kann man sich auch Pfälzer Rieslinge vorstellen, wenn sie von einem der wenigen Winzer stammen, die etwas gegen Zucker haben, und nicht zu vergessen die frischen *Sancerre* und die vorzüglichen weißen *Macon-Villages,* die allerdings nicht oft zu finden sind. Schließlich wachsen in der Schweiz zahlreiche gute Weißweine, die Dank eines mustergültigen Weingesetzes ausnahmslos durchgegoren sind. Ihre Auswahl ist in der Bundesrepublik jedoch noch beschränkt, und die Preise sind relativ hoch. Provençalische Weine jedoch spielen für den Weinkenner keine Rolle, vor allem nicht die dürftigen Rosés, so angenehm sie manchem Touristen auch in der Erinnerung sein mögen. Die wenigen erwähnenswerten südfranzösischen Lagen sind kaum im Handel: *Bellet* (weiß), *Bandol* (rot und weiß) und *Château-Vignelaure* (rot).

Mein Keller als Beispiel

Der mittelgroße Weinkeller sollte die Erfahrungen seines Besitzers in gewissem Maße widerspiegeln. Das heißt, die Auswahl zeigt, daß er begonnen hat, sich zu spezialisieren; die Indizien der Neugier werden weniger. Das Hauptgewicht wird also bei Weinen bestimmter Anbaugebiete liegen. Welche Gebiete das sind, bestimmt der persönliche Geschmack. Als Beispiel mag mein eigener Keller dienen, so wie er sich im Laufe der letzten Jahre, abgesehen von verschiedenen Einzelflaschen, meistens darstellte:

Rotweine

Bordeaux:	*Château Lascombes*
	Château Brane-Cantenac
	Château Calon-Segur
	Château Beychevelle
	Château Haut-Batailley
	Château Chasse-Spleen
	Château Nénin
Burgund:	*Charmes-Chambertin*
	Clos-Saint-Denis
	Chambolle-Musigny »Les Amoureuses«
	Morey-Saint-Denis
	Volnay »Caillerets«
	Volnay »Chevret«
	Pernand-Vergeless
	Bourgogne A. C.
Côtes-du-Rhône:	*Côte-Rotie*
	Hermitage

Weißweine

Burgund:	*Chablis »Valmur«*
	Chablis »Bougros«
	Chablis »Mont-du-Milieu«
	Puligny-Montrachet
	Meursault

Elsaß:	Gewürztraminer Réserve Spécial Riesling »Kaefferkopf« Riesling »Cuvée-Frédéric-Emile« *Tokay-d'Alsace* *Muscat*
Jura:	*Arbois A. C.*
Loire:	*Sancerre »Domaine la Moussière«*
Rheinpfalz:	Siebeldinger »Königsgarten«, Riesling Kabinett

Es ist dies eindeutig ein Keller mit Weinen, die im Hinblick au ihre Eignung zum Essen ausgewählt wurden. Die Auswahl der ein zelnen Lagen richtet sich aber oft genug nach dem jeweils günstiger Angebot. Hätte ich zum Beispiel für den *Château Lascombes* den heute üblichen Preis zahlen müssen, der ungefähr das Vierfache von dem beträgt, was ich damals zahlte, so spielte dieser herrliche Wein sicher nicht eine so große Rolle in meinem Keller.
Einen ausgewachsenen Weinkeller nun muß man sich so vorstellen, daß dort von den *Premiers Crûs* des Médoc nicht nur die eine oder andere Renommierflasche liegt; daß auch von so großen Lagen wie *Chambertin »Clos-de-Bèze«, Corton »Renardes«, Beaune »Grèves«* eine Kiste vorrätig ist, sowie auch einige der besten deutschen Trockenbeerenauslesen und, natürlich, Champagner der berühmten Häuser wie Krug, Bollinger und Roederer.

Was ist ein Premier Crû?

Was man unter einem *Premier Crû* überhaupt zu verstehen hat, und in welcher offiziellen Rangfolge die Burgunder eingestuft werden, soll abschließend an Hand von Aufstellungen erklärt werden. Die erste, die Weine des Bordelais betreffend, stammt aus dem Jahre 1855. Und sie betrifft nur die Médoc, also nur einen Teil dieses Weinbaugebietes! Zwar ist es unbestritten der beste Teil, aber letzten Endes ist das so, als hätte man vor 120 Jahren nur an die Rheingauer einmal Zensuren verteilt und die anderen Rheinweine, die Pfälzer, die Rheinhessen und die Weine vom Mittelrhein überhaupt nicht berücksichtigt. Doch was soll's: Diese Klassifizierung gilt auch heute noch als Maßstab für Qualität und Preise.

Eine Klassifizierung, die seit 1855 gültig ist

Sogar die Weinexperten haben im Laufe der Zeit nur verhältnismäßig geringfügige Korrekturen vorgeschlagen. Bei dieser Liste der »klassifizierten Médoc« berücksichtige ich die Korrekturen eines der besten Kenner jener Weine, des Amerikaners Frank Schoonmaker. Die Zeichen in Klammern (+ oder –) geben an, ob der betreffende Wein nach seiner Meinung heute höher oder niedriger eingestuft werden müßte. Die jeweilige Klasse wird übrigens von den Weingütern, den *Châteaux*, auf den Etiketten vornehm verschwiegen. *»Grand Crû Classé«* oder *»Crû Classé«* sagt dem Kenner, daß dieser Wein in eine der fünf Kategorien gehört; in welche, das muß er selber rauskriegen. Darum also hier die Klassifikation der Médoc von 1855:

Premiers Crûs

Château Lafite
Château Margaux
Château Latour
Château Haut-Brion

Deuxièmes Crûs

Château Mouton-Rothschild (+)
Château Rausan-Ségla
Château Rausan Gassies (–)
Château Léoville-Las-Cases
Château Léoville-Poyferré
Château Léoville-Barton
Château Durfort-Vivens
Château Gruaud-Larose
Château Lascombes
Château Brane-Cantenac
Château Pichon-Longueville
Château Pichon-Longueville-Lalande
Château Ducru-Beaucaillou
Château Cos d'Estournel
Château Montrose

Troisièmes Crûs

Château Kirwan (–)
Château d'Issan (–)
Château Lagrange (–)
Château Langoa
Château Giscours
Château Malescot-St. Exupéry (–)
Château Cantenac-Brown
Château Boyd-Cantenac
Château Palmer (+)
Château La Lagune (+)
Château Calon-Ségur (+)
Château Ferrière (–)
Château Marquis d'Alesme-Becker (–)

Quatrièmes Crûs

Château St. Pierre-Sevaistre
Château St. Pierre-Bontemps
Château Talbot (+)
Château Branaire-Ducru
Château Duhart-Milon
Château Pouget (–)
Château La Tour-Carnet
Château Rochet (–)
Château Beychevelle (+)
Château Le Prieuré
Château Marquis de Terme

Cinquièmes Crûs

Château Pontet-Canet (+)
Château Batailley
Château Haut-Batalley
Château Grand Puy-Ducasse
Château Lynch-Bages (+)
Château Lynch-Moussas (–)
Château Dauzac (–)
Château Mouton Baron Philippe (+)

Château Le Tertre (–)
Château Haut-Bages-Libéral (–)
Château Pédesclaux (–)
Château Belgrave
Château Camensac
Château Cos Labory
Château Clerc-Milon (–)
Château Croizet Bages (–)
Château Cantemerle (+)

Bei dieser Aufstellung hat man damals eine Ausnahme gemacht, die auch heute noch unumstritten ist: Der unter die *Premiers Crûs Classés* eingereihte *Château Haut-Brion* ist kein Wein aus der Region Médoc, sondern ein Graves. Doch steht er den drei anderen *Premiers Crûs* in nichts nach. Die Einzigartigkeit dieser großen Weine drückt sich auch in ihren Preisen aus: Von knapp hundert Mark aufwärts; Uralt-Jahrgänge, anscheinend unverwüstlich, erreichen in Londoner Versteigerungshäusern jene fantastischen Summen, die in der Weltpresse Schlagzeilen machen.
Unterhalb dieser fünf *Crûs* ist die Welt des Weinfreundes jedoch noch lange nicht zu Ende. Im gesamten Weinbaugebiet um Bordeaux gibt es nicht weniger als 3000 Châteaux, also 3000 verschiedene Weingüter! Die besseren der dort produzierten Weine, die es nicht geschafft haben, in die Klassifikation aufgenommen zu werden, tragen immerhin die ehrenvolle Bezeichnung *Bordeaux Bourgeois* auf dem Etikett, und unter ihnen, die manchmal recht preiswert sind, kann man erfreuliche Entdeckungen machen.

Mise en bouteilles au château

Ganz so pauschal sind übrigens die dem Médoc benachbarten Weine aus den Regionen Saint-Emilion, Graves und Pomerol auch nicht übersehen worden. Auch dort gibt es eine, wenn auch nicht so alte, so doch ebenso verbindliche Einteilung in Klassen, von denen die jeweils obersten Ränge hier zitiert werden sollen: Sie gehören allemal zu den Spitzenweinen und sind, wie auch die klassifizierten Médoc, alles Schloßabfüllungen: »*Mise en bouteilles au château*«.

Saint-Emilion

Premiers Grands Crûs

Château Ausone
Château Cheval-Blanc
Château Beauséjour-Lagarosse
Château Beauséjour-Fagouet
Château Belair
Château Canon
Château Clos Fourtet
Château Figeac
Château La Gaffelière Naudes
Château Magdelaine
Château Pavie
Château Trottevieille

Graves

Crûs Classés

Château Haut-Brion
Château La Mission-Haut-Brion
Château Haut-Bailly
Domaine de Chevalier
Château Carbonnieux
Château Malartic-Lagravière
Château Latour-Martillac
Château Latour-Haut-Brion
Château Pape-Clément
Château Smith-Haut-Lafitte
Château Olivier
Château Bouscaut

Pomerol

Premiers Grands Crûs

Château Pétrus
Château Certan
Vieux Château Certan
Château La Conseillante

Château Petit-Village
Château Trotanoy
Château l'Evangile
Château Lafleur
Château Gazin
Château La Fleur-Pétrus

Die Geheimnisse des burgundischen Weinetiketts

Eine ähnlich verbindliche Hierarchie gibt es auch bei den Weinen Burgunds, den weißen wie den roten. Während aber bei den Bordeaux die besseren Lagen alle nur einmal vorkommen, weil die dortigen Châteaux fast immer nur einen Besitzer haben, ist die Situation im Burgund ungleich komplizierter. Das bereits erwähnte Beispiel des *Clos de Vougeot* trifft mehr oder weniger auf alle Lagen zu. Ein *Chambertin »Clos-de-Bèze«* zum Beispiel wird zwar in jedem Fall ein als *»Grand Crû«* eingestufter, außergewöhnlicher, großer Wein sein, aber es gibt eben nicht nur einen *Chambertin »Clos-de-Bèze«*, sondern auch diesen berühmten Weinberg teilen sich mehrere Besitzer. Es wird also zwangsläufig Unterschiede geben, und wenn sie nur dadurch entstehen, daß der eine Winzer Nichtraucher ist, während der andere seine Zigarettenkippen zwischen die Reben wirft.
Die Burgunder werden nicht in erste, zweite, dritte, vierte und fünfte Lagen aufgeteilt wie die Weine des Médoc, sondern man begnügt sich zwischen Dijon und Chagny mit Andeutungen auf den Etiketten. Neben Lagenbezeichnungen entscheiden Doppelnamen, Großbuchstaben und Schriftgrößen über den Rang der Weine, so daß ein Außenstehender eine Geheimwissenschaft dahinter vermutet, die er für undurchschaubar hält. Doch auch diese scheinbare Geheimniskrämerei folgt einem vorgeschriebenen Prinzip und ist erlernbar: Nach den ersten 60 getrunkenen Flaschen hat man's begriffen. Deshalb möchte ich eine theoretische Anweisung zur Entzifferung burgundischer Weinetiketten hier nicht liefern. Ich begnüge mich mit der offiziellen Aufstellung der Großen und der Ersten Lagen (*Grands Crûs* und *Premiers Crûs*). Sie folgt der geographischen Reihenfolge der Gemeinden von Süden nach Norden und berücksichtigt wieder einige von Frank Schoonmaker vorgeschlagene Korrekturen.

Die großen Rotweine Burgunds

Grands Crûs (halbfett gedruckte Namen), bevorzugte *Premiers Crûs (kursiv gedruckte Namen)* und Premiers Crûs (normal gedruckte Namen)

Gemeinde	*Lage*
Santenay	Gravières
Chassagne-Montrachet	La Boudriotte
	Clos St. Jean
Volnay	*Clos des Ducs*
	Caillerets
	Champans
	Chevret
	Fremiets
	Santenots
	Les Angles
	Pousse d'Or
	Verseuil
	Clos des Chenes
Pommard	*Rugiens*
	Epenots
	Clos Blanc
	Pézerolles
	Rugiens-Hauts
	Petits-Epenots
	Chaponières
	Chanlins-Bas
	Clos Micot
	Platière
	Sausilles
	Jarollières
Beaune	*Grèves*
	Féves
	Clos du Roi
	Les Cras

Gemeinde	*Lage*
	Champimonts
	Bressandes
	Marconnets
	Clos de la Mousse
	Clos des Mouches
	Les Avaux
	Aigrots
Pernand-Vergelesses	Ile des Vergelesses
Aloxe-Corton	**Corton Bressandes**
	Corton Clos du Roi
	Corton
	Corton Renardes
	Corton Perrières
	Corton Les Maréchaudes
	Corton Chaumes
	Corton Languettes
	Corton La Vigne-au-Saint
	Corton Les Meix
	Corton Les Pougets
	Corton Les Grèves
	Corton Les Fiètres
	Corton Les Paulands
Nuits Saint-Georges	*Les Saint-Georges*
	Les Cailles
	Clos des Corvées
	Les Vaucrains
	Les Pruliers
	Les Porrets
	Clos de Thorey
	Les Boudots
	Les Cras
	Les Murgers
	Les Richemones
	Les Didiers

Gemeinde	*Lage*
	Perrière
	Les Perdrix
	Clos des Argillières
Vosne-Romanée	**Romanée-Conti**
	La Tache
	Romanée Saint-Vivant
	Richebourg
	La Grande Rue
	La Romanée
	Les Gaudichots
	Les Malconsorts
	Les Suchots
	Les Beaux-Monts
	Aux Brulées
	Les Petits Monts
	Aux Reignots
	Clos des Réas
Flagey-Echézeaux	**Grands Echézeaux**
	Echézeaux
Vougeot	**Clos de Vougeot**
Chambelle-Musigny	**Musigny**
	Bonnes Mares
	Les Amoureuses
	Les Charmes
Morey-Saint-Denis	**Bonnes Mares**
	Clos de Tart
	Clos de la Roche
	Clos Saint-Denis
	Clos des Lambrays

Gemeinde	*Lage*
Gevrey-Chambertin	**Chambertin**
	Clos de Bèze
	Latricières-Chambertin
	Mazis-Chambertin
	Charmes-Chambertin
	Mazoyères-Chambertin
	Griotte-Chambertin
	Ruchottes-Chambertin
	Chapelle-Chambertin
	Clos Saint Jacques
	Combe aux Moines
	Cazetiers
	Varoilles
	Fouchére
	Etournelles
Fixin	Clos Napoléon
	Les Hervelets
	Clos du Chapitre
	Clos de la Perrière
	Les Arvelets

Die relativ kleine Region, in der all diese schönen Weine wachsen, wird die Côte-d'Or genannt, die sich wieder unterteilt: in einen südlichen Teil, die Côte de Beaune, und einen nördlichen, die Côte de Nuits. Bis auf einen seltenen *Musigny Blanc* und einen *Clos Blanc de Vougeot* wachsen alle besseren Weißweine des Burgund im südlichen Teil, in der Côte de Beaune. Es sind dies, wieder von Süden nach Norden:

Die Weißweine Burgunds

Chassagne-Montrachet	**Montrachet**
	Batard-Montrachet
	Criots-Batard-Montrachet

Gemeinde	*Lage*
	Ruchottes
	Cailleret
	Morgeot
Puligny-Montrachet	**Montrachet**
	Chevalier-Montrachet
	Batard-Montrachet
	Bienvenue-Batard-Montrachet
	Combettes
	Blagny
	Chalumeaux
	Folatières
	Claivoillon
	Pucelles
	Cailleret
	Champ-Canet
	La Garenne
Meursault	*Perrières*
	Genevières
	Charmes
	Santenots
	Poruzots
	La Pièce-sous-le-Bois
	Blagny
	Dos d'Ane
	Jennelotte
	Goutte d'Or
Aloxe-Corton	*Corton-Charlemagne*
	Corton
	Corton Languettes
	Corton Pougets
	Clos des Mouches

Auch die Chablis gehören zu den weißen Burgundern

Auch die Chablis gehören zu den weißen Burgundern, wachsen aber viel weiter nördlich bei Auxerre. Ihre Eigenschaften reichen von dünnen und sauren bis zu eleganten Weinen von feinstem Aroma. Sie sind unterteilt in 8 *Grands Crûs* und zahlreiche *Premiers Crûs,* von denen hier die besten aufgezählt werden:

Chablis Grands Crûs
Vaudésir
Les Clos
Grenouilles
Valmur
Blanchots
Preuses
Bougrots
Moutonne

Chablis Premiers Crûs
Mont-de-Milieu
Montée de Tonnerre
Chapelot
Vaulorent
Vaucoupin
Fourchaume
Côte de Fontenay
Les Fôrets

Beaujolais, Beaujolais Villages und 9 bessere Lagen

Es bleibt noch zu erwähnen, daß auch der Beaujolais eine ähnliche Rangordnung besitzt. Neben den einfachen Beaujolais und den »Beaujolais Villages« gibt es noch 9 bessere Lagen, die das Wort »Beaujolais« erst gar nicht auf dem Etikett führen. Es sind dies:

Fleurie
Brouilly
Julienas

Chiroubles
Côte-de-Brouilly
Morgon
Moulin-à-Vent
St. Amour
Chenas

Der Weinhandel im Burgund liegt zum großen Teil in den Händen einiger großer Händler, was nicht unbedingt ein Nachteil sein muß. Wer aber Wert darauf legt, daß der Wein, den er im Keller hat, auf dem jeweiligen Weingut abgefüllt worden ist und nicht erst in den Zentralkellereien der Händler, hat es manchmal schwer beim Einkauf, besonders bei mittleren und kleinen Weinen, bei denen die Qualitätsunterschiede größer sein können als bei den bekannten, guten Lagen. Aber welche Schwierigkeiten sich auch auftürmen mögen auf dem Weg unseres Weinfreundes, der seinen Keller in eine Schatzkammer verwandeln möchte, es sind doch nur verheißungsvolle Anzeichen dafür, daß er sich seinem Ziel nähert. Hat er es erreicht, ist ihm ein stolzer Rundblick wohl gestattet. Doch bevor er beginnt, seinen Keller als Museum und die Flaschen als erhabene Kunstwerke zu betrachten, sollte er sich den Rat jenes anderen Kellerbesitzers zu Herzen nehmen: »Schlabber, schlabber, runter damit«.

Saucen

Man kann ein Frikassee vom Huhn aus tiefgefrorenen Hühnerteilen herstellen (wie man Wein auch aus Pappbechern trinken kann). Man kann Saucen mit Hilfe von Brühwürfeln machen oder fertig in Flaschen kaufen. Man kann mit Margarine kochen statt mit Butter, und Wasser nehmen statt Wein. Zwiebeln und Knoblauch braucht man nicht mehr mühsam zu schälen; es gibt sie getrocknet und pulverisiert in kleinen Dosen. In großen Dosen schließlich gibt es fertige Eintopfgerichte, die nur noch aufgewärmt werden müssen. Mit einem Wort, beim Kochen braucht man sich kaum noch Mühe zu geben.
Allerdings haben die vielen Möglichkeiten zur Erleichterung der Küchenarbeit alle ein gemeinsames Resultat: Sie entfernen uns immer mehr von dem, was man unter guter Küche versteht. Zwar ist es keiner Hausfrau zuzumuten, tagtäglich so zu kochen, als hätte sie die Inspekteure des *Guide Michelin* zu Gast. Aber wenn sie Gäste hat, wenn sie sich und ihrer Familie etwas Besonderes vorsetzen will, dann darf es die folgende Ausrede nicht geben: Das ist zu mühsam, das ist zu teuer. Gutes Essen ist nun mal teuer, und Arbeit kostet es auch.
Das mag sich ziemlich unmodern anhören, besonders für Leute, die meinen, es gäbe wichtigere Dinge im Leben als Hechtklößchen mit *Sauce Nantua*. Gibt es auch. Es gibt aber auch Menschen, die Dinge nicht danach beurteilen, ob sie wichtig sind, sondern danach, ob sie Freude machen. Und was das angeht, so gibt es auf die Dauer wenig Sachen, die mehr Freude machen als ein erlesenes Essen. Das wußten schon die alten Römer; und das wird auch noch im nächsten Jahrhundert so sein – wie viele Krisen und Revolutionen es bis dahin auch geben mag.
Der Sinn einer Sauce ist nicht, die Kartoffel zu ertränken, sondern das Fleisch raffiniert zu verfeinern!

Der Jus

Eine der simpelsten Methoden, die Qualität von Fleischgerichten erheblich zu verbessern, ist in vielen Küchen so gut wie unbekannt. Es handelt sich darum, Kalbsknochen so lange auszukochen, bis ein geleeartiger, Jus genannter Extrakt übrigbleibt, der als Grundlage für jede Fleischsauce unübertrefflich ist. Viele Hausfrauen erwarten von einem 1 ½pfündigen Braten so viel Sauce, daß fünf Esser ihre Salzkartoffeln darin anfeuchten können. Das ist jedoch unmöglich; es sei denn, die Köchin schüttet Wasser, Mehl und Brühwürfel hinein, damit es trotzdem reicht. Das Resultat ist dann das, was jeder Feinschmecker mit berechtigtem Schauder die deutsche Einheitstunke nennt.

Das Heilmittel gegen die Einheitstunke

Der Jus hingegen, mit seinen Aromastoffen und seiner großen Gelierfähigkeit, vermehrt das bißchen Sauce, das ein mittleres Stück Fleisch hervorbringt, nicht nur mengenmäßig, sondern verbessert auch ihren Geschmack auf die einzig richtige, nämlich natürliche Art und Weise.
Ein Kalbsjus hat darüber hinaus den Vorteil, daß man sich bei seiner Herstellung nicht sklavisch an vorgeschriebene Substanzen und Mengen halten muß. Es geht schon mit

1½ kg Fleischknochen vom Kalb, 1 kg in Stücke geschlagene Knochen von Kalbshaxen sowie (in grobe Stücke geschnitten): 1 große Karotte, 1 große Zwiebel, 1 Stengel Staudensellerie mit einigen Blättern oder 1 eigroßes Stück Sellerie, 1 Lauchstange mit der Hälfte des grünen Teils; und folgende Gewürze: Petersilienstengel, 1 Knoblauchzehe, ½ TL getrockneter Thymian, 1 Lorbeerblatt, schwarzer Pfeffer, 1 TL Salz, 1 EL Tomatenmark und: 1 EL Butterschmalz – 1 Suppentopf von 8 Liter Inhalt. – Perfektionisten nehmen noch 500 g Hühnerklein (Flügel, Magen, Hälse) und 2 Markknochen

Die Zubereitung: In einer großen, schweren Pfanne brät man in dem heißen Butterschmalz die Knochen nacheinander an. Sobald sie von allen Seiten braun sind, kommen sie in den Suppentopf.

Danach verfährt man mit dem Hühnerklein – wenn vorhanden – genauso und gibt das zerschnittene Gemüse in das Bratfett, stellt die Flamme kleiner und läßt es ebenfalls leicht anrösten. Mit einem Schaumlöffel legt man auch das Gemüse in den Suppentopf. Nun füllt man die Pfanne mit Wasser auf, läßt kräftig aufkochen und kratzt mit einem Holzlöffel alle Bratrückstände vom Pfannenboden los. Die jetzt braune Flüssigkeit gießt man in den Suppentopf und füllt ihn mit kaltem Wasser auf, bis die Knochen vollständig bedeckt sind.

Langsam zum Kochen bringen und den aufsteigenden Schaum immer wieder abschöpfen.

Erst danach die Gewürze hinzugeben (weil sie sonst mit abgeschöpft würden) und 5–6 Stunden auf kleiner Flamme sieden lassen. Verkochende Flüssigkeit muß zunächst wieder nachgefüllt werden. Gegen Ende der Kochzeit aber soll die Bouillon um gut die Hälfte einkochen. Dann wird sie durch ein Haarsieb in einen Behälter gegossen (Edelstahl, Porzellan etc.). Man kann mit 2 Liter konzentrierter Bouillon rechnen. Wenn sie erkaltet, wird sie geleeartig steif und hält sich im Eisschrank mehrere Wochen, wenn man sie vorsichtshalber alle 3 bis 5 Tage einmal aufkochen läßt. Die sich an der Oberfläche absetzende Fettschicht wird nicht verwertet.

Das Rezept hört sich sehr simpel an, und tatsächlich ist die Herstellung eines Kalbsjus einfach und nicht teuer. Dennoch ist sie unendlich wichtiger als zum Beispiel die Überlegung, ob Sie nun einen Teelöffel Curry oder Liebstöckl an die Bratensauce tun, ob Sie das Fleisch mit Oliven schmoren oder flambieren. Denn was nützen alle raffinierten Zutaten, wenn sie in einer mit Mehl gedickten Wassersauce ertrinken!

Kluge Hausfrauen ziehen aus der siedenden Knochenbrühe doppelten Nutzen: Ein zusätzliches Stück Rindfleisch oder ein Huhn darin gar gekocht, verbessert nicht nur die Bouillon, sondern ergibt gleichzeitig eine Extramahlzeit.

Verwendet wird der Jus erst in der Endphase einer Saucenherstellung.

Nachdem ein Stück Fleisch im Fett gar gebraten ist, wird der Bratensatz in der Pfanne mit Wein abgelöscht, eingekocht und mit 2 oder 3 EL Jus aufgefüllt. Das Gelee löst sich in der heißen Pfanne sofort auf, aber schon die geringste Abkühlung, zum Beispiel, wenn sie vom Ofen auf den Tisch getragen wird, gibt der Sauce die gewünschte Sämigkeit ohne Mehl! Natürlich muß noch einmal nachgeschmeckt und eventuell nachgesalzen werden. Es versteht sich von selbst, daß dieser Kalbsjus nicht nur bei Kalbsbraten Verwendung findet, sondern für jede Art von brauner Sauce geeignet ist.

Man kann ihn auch zubereiten, ohne die Zutaten vorher anzubraten, dann bekommt man einen weißen Kalbsjus.

Den braucht man allerdings seltener – für gewisse Hühnergerichte, Kalbsbries etc., aber auch für Spaghettisaucen –, so daß sich seine Herstellung für einen Privathaushalt nicht so lohnt – wenn man von den Qualitätsfanatikern absieht, die ohne mit der Wimper zu zucken 6 Stunden lang Knochen kochen, um ein Hühnerfrikassee vollendet auf den Tisch zu bringen.

Der Fond

Nun gibt es aber Braten, deren Saucen man nicht verbessern kann, weil sie überhaupt keine Sauce abgeben. Zum Beispiel ein Reh- oder Lammrücken oder ein Chateaubriand (Rinderfiletmittelstück), wie überhaupt jedes kurzgebratene Stück Fleisch. Um dennoch eine gute Sauce dazu reichen zu können, braucht man sämtliche Häute und andere Abfälle des Bratfleisches außer dem Fett. Man nennt diese Abfälle *Parüren.* Wenn das nicht ausreicht – eine kleine Handvoll sollte es schon sein –, kauft man die entsprechende Menge dazu. (Beim Fleischkauf kann man ja erkennen, ob genügend Parüren abfallen.) Also Wildragout, wenn es sich um einen Rehrücken handelt; oder ein Stückchen mageres Rindfleisch, und zwar diesmal nicht von der besten Sorte! Alles in kleine Stücke schneiden und in heißem Butterschmalz kräftig anbraten. Sodann

1 kleine gehackte Zwiebel, ½ gehackte Karotte, 1 Lorbeerblatt, ½ TL getrockneten Thymian

hinzugeben und kurz mitbraten. Dann mit 1 Glas Rotwein ablöschen und so viel Wasser aufgießen, daß alles gut bedeckt ist. Ungefähr 2 Stunden auf kleiner Flamme kochen, zum Schluß ohne Deckel einkochen lassen. Durch ein Sieb in eine Pfanne gießen, das Fleisch und Gemüse mit dem Rücken eines Löffels gut ausdrücken,

bevor man es wegwirft. Was jetzt in der Pfanne ist, nennt man einen *Fond*, den man mit Salz und Pfeffer, vielleicht etwas Tomatenmark und Basilikum, vielleicht mit wenig Knoblauch abschmeckt und mit Jus auffüllt.
Diese Art, einen Fond herzustellen, gewährleistet auch dann eine natürliche und erstklassige Sauce, wenn kein Jus vorrätig ist!

Als Beispiel eine Sahnesauce zum Rehrücken

Den Bratsatz der Pfanne, in der der Braten gar gemacht wurde, löscht man mit süßer Sahne ab. Bei 1500 g Fleisch nimmt man dazu fast $\frac{1}{4}$ l Sahne. Mit einem Holzlöffel alle Bratrückstände vom Pfannenboden loskratzen. Die Sahne bis auf die Hälfte einkochen lassen! Dabei gießt man die Sahne in mehreren Etappen in die Pfanne, und zwar die nächste Menge immer erst dann, wenn die in der Pfanne befindliche Sahne schon eine braune Farbe angenommen hat.
Das Geheimnis aller guten Saucen heißt: einkochen lassen!
Erst wenn die Sahne vollständig verbraucht ist, den fertiggestellten Fond hinzugießen. Auch jetzt wird es eventuell nötig sein, die gesamte Sauce noch einmal einkochen zu lassen. Das erst gibt ihr die richtige Konsistenz. Das klingt ein wenig kompliziert, ist es aber keineswegs. Nach dieser Grundtechnik werden alle guten Saucen hergestellt. Mehl und Wasser sind überflüssig.
Je stärker eine Sauce einkocht, um so besser wird sie! Theoretisch könnte man eine Sauce unbegrenzt lange einkochen, wodurch sie immer besser würde. Experten warten mit dem Nachgießen der jeweiligen Flüssigkeit (Sahne, Wein, Fond) so lange, bis die einkochende Sahne fast nicht mehr vorhanden ist und anzubrennen droht. Erst dann weitere Flüssigkeit zugeben und wieder einkochen lassen. Dabei ständig mit dem Holzlöffel rühren.

La nouvelle cuisine

Jedoch: Auch das Gegenteil ist richtig! Stark eingekochte Knochenfonds gehören auch ohne Mehl immer noch zu den schweren Saucen! Deshalb hat sich in den letzten Jahren – jenseits der

Kalorienhysterie der Diätisten – der Begriff der »Neuen Küche« gebildet. Es ist dies eine leicht verdauliche, fettarme Küche, die von den großen französischen Köchen eingeführt und propagiert wurde. In den meisten Fällen handelt es sich dabei allerdings eher um eine indirekte Preiserhöhung der Gastronomen. Denn zuerst einmal verzichten sie auf die in der feinen Küche bis dahin üblichen Garnituren, das heißt, auf Artischockenböden gefüllt mit Gänseleber, auf kleine, gefüllte Blätterteigschiffchen, verschiedene, sahnehaltige Gemüsepürees, und was es da sonst an leckeren und nahrhaften Kleinigkeiten alles gibt. Die Saucen dieser großen und geschickten Köche waren ohnehin nie schwer, nicht zuletzt deshalb sind sie ja bekannt geworden. Teilweise arbeiten diese Köche nicht einmal mehr mit einem Fond aus Knochen, sondern nehmen als Saucenbasis folgende Reduktion: 20 kg Zwiebeln grob zerschneiden, mit durchwachsenem Speck leicht andünsten, großzügig Knoblauchzehen dazugeben, mit 50 Liter Rotwein aufgießen und so lange auf kleiner Flamme einkochen lassen, bis ungefähr nur noch 10 Liter Flüssigkeit übrig sind. Durchsieben. Für die verschiedensten Verwendungsarten wird diese Saucenbasis entsprechend variiert (mit Tomaten, mit Thymian etc.). Im Privathaushalt lassen sich selbstverständlich auch kleinere Portionen dieser Reduktion herstellen.
Bei Sahnesaucen wird in der »Neuen Küche« die Sahne erst ganz am Schluß hinzugegeben und fast nicht mehr eingekocht. Dabei ist allerdings zu bedenken, daß es sich bei der Sahne um *Crème double* oder *Crème fraiche* handelt, also um Sahne mit einem viel höheren Fettgehalt als wir es gewohnt sind.
Erfahrungsgemäß ist die handelsübliche Sahne zu dünn für gute Saucen. Deshalb ist es ratsam, süße Sahne auf Vorrat zu kaufen und circa 10 Tage bis 2 Wochen im Eisschrank verschlossen stehenzulassen. Die Sahne wird zwar nicht sauer, doch im unteren Teil des Sahnebechers setzt sich eine dünne, milchähnliche Flüssigkeit ab, während der größte, der obere Teil der Sahne cremig-dick geworden ist; ideal zur Sauce. Sollte Ihre Sahne dennoch schimmeln oder muffig werden, versuchen Sie es mit einem anderen Fabrikat.
Daß bei Saucen ohne Knochenfond das Mehl als Bindemittel nicht wieder nötig werden darf, ist selbstverständlich. Deshalb muß hier gesagt werden: Eine leichte Sauce herzustellen, die ebenso gut schmeckt wie eine schwere Sauce, ist gar nicht so einfach. Solange

jemand nicht täglich so kocht, wie es hier beschrieben wird, solange also in den Tagen zwischen den anspruchsvollen und aufwendigen Menüs einfachere, schlichte und schlanke Gerichte auf dem Speisezettel stehen, ist meiner Meinung nach gegen eine Sauce auf einer Basis von Knochenfond, die bei der Zubereitung reduziert wird, nichts einzuwenden. Schließlich ist diese Saucentechnik ja bereits erheblich gesünder und leichter, als es die Saucen des seligen Monsieur Escoffier waren.

Doch wie man eine Sauce letzten Endes auch montiert, vorher muß sie entfettet werden.

Bratfleisch wird logischerweise in Fett gar gebraten. Wurde es nur gebraten, das heißt ohne jeden Zusatz einer anderen Flüssigkeit, ist es leicht, die Sauce zu entfetten: Man nimmt das Fleisch aus der Pfanne und schüttet das Fett bis auf einen dünnen Film einfach ab. Bei einem Schmorbraten, der in Bouillon oder Wein gegart wurde, gießt man die Bratenflüssigkeit in eine Kasserolle. Man läßt sie sich etwas setzen und schöpft oder gießt dann vorsichtig das oben schwimmende Fett ab. Erst danach beginnt man mit der Verfeinerung durch einen Fond oder Sahne oder Jus.

Bei gründlichem Entfetten einer Sauce, die später keine Sahne, sondern nur Fond und/oder Jus zugesetzt bekommt, kann die Sauce auf diese Weise sogar mager werden. (Trotzdem: Das ursprüngliche Bratfett muß weg!) Deshalb gibt man ganz zum Schluß 1 EL Butter hinzu. Der geschmackliche Gewinn ist überraschend. Auch wenn man nicht besonders frische Bauernbutter dafür findet. Wenn Margarinehersteller voll Stolz auf die Tatsache verweisen, daß man mit geschlossenen Augen ihre Margarine von deutscher Markenbutter nicht unterscheiden könne, so spricht das allein gegen unsere Butter. Nur unter großen Mühen finden Landbewohner noch Bauern, die selber buttern – und damit ein leider selten gewordenes Geschmackserlebnis.

Damit soll noch einmal darauf hingewiesen werden, daß die Mühe des Kochens bereits beim Einkauf anfängt.

Kaviar

Reden wir von Vorspeisen und dabei gleich vom Luxus:
Bei *Cartier* in Paris soll man eine massive, goldene Kugel kaufen können, etwa so groß wie eine Kirsche: ein unentbehrliches Utensil für den passionierten Kaviaresser. Der geht zwei Häuser weiter, ins *Ritz*, wo er eine große Portion seiner Lieblingsspeise bestellt. Dann zieht er die Goldkugel aus der Hosentasche und legt sie auf die kleinen, grauen Körner. Sinkt die Kugel ein, ist der Kaviar nicht mehr so frisch, wie er sein muß, und darf mit hochgezogenen Augenbrauen zurückgewiesen werden. Man könnte sich diese Szene auch umgekehrt vorstellen: Ein russischer Großfürst erscheint bei *Cartier*, zieht eine Pfunddose *Beluga-Kaviar* aus der Tasche und entleert sie über einem Diamanten. Verschwindet dieser unter den grauen Kügelchen, ist er zu klein, und der anspruchsvolle Kunde verläßt indigniert den Laden.
Irgendwie hängt das immer zusammen: Kaviar und *Cartier*, Luxus und Verschwendung. Und etwas Unzeitgemäßes ist auch dabei. (»In Indien hungern Millionen, und Sie zelebrieren Kaviar!«) Russische Großfürsten sind jedenfalls selten geworden, und auch Kaviar wird es nicht ewig geben. Das Kaspische Meer ist bald ebenso verschmutzt wie die Ostsee; der Tag ist abzusehen, an dem der letzte Stör gefangen wird.
Ob es bei dem Getue um die horrend teuren Störeier berechtigt ist, von einer Edel-Delikatesse zu sprechen, kann ich nicht beurteilen. Ich bin kein Kaviar-Spezialist. Dazu gehört eine längere (und kostspielige) Eßerfahrung. Denn das gewisse Etwas, das den Kaviar so begehrt macht, erschließt sich – wie das Besondere an Austern – dem Esser nicht schon beim erstenmal. Er muß sich daran ge-

wöhnen. Meine Erlebnisse mit *Beluga, Sevruga* und wie die Sorten alle heißen, sind daher entsprechend bescheiden.
In Budapest, im bizarren Rokoko-Restaurant *Hungaria,* fand ich – es ist 10 Jahre her – »Kaviar« auf der Speisekarte, zu einem zwar ziemlich stolzen Preis, aber verglichen mit den Preisen bei uns war es doch erschwinglich. Das ist die Gelegenheit, dachte ich, und bestellte großzügig. Doch was da auf einem ungeheuer schönen Silbertablett herangeschleppt wurde, war ein kleines Häufchen Nordseekaviar, der, wenn ich mich nicht irre, von Seehasen stammt und in jedem deutschen Supermarkt für ein paar Mark zu haben ist.
Einige Sommer später, es war in Warschau, gelang es polnischen Freunden, für mich in einem Restaurant Kaviar aufzutreiben. Der war rosa, matschig und lauwarm, und ich hätte ihn gern gegen eine kalte Dillsuppe eingetauscht.
Ich habe allerdings auch erlebt – im kapitalistischen Westen –, wie am Nebentisch drei Kellner auftraten, um eine einzige Portion Kaviar zu servieren. Einer trug das teure Zeug auf einem illuminierten Eisberg, der an den Untergang der »Titanic« denken ließ; ein anderer legte dem Gast heiße, *Blinis* genannte Buchweizenpfannkuchen auf den Teller, häufte Kaviar darauf, und der dritte übergoß das Ganze mit saurer Sahne. Es ist dies eine speziell russische Sitte des Kaviaressens, sozusagen die Methode des einfachen Mannes, der gleichzeitig auch noch satt werden will.

Bitte keinen Silberlöffel zum Kaviar!

Unser Mann mit der Goldkugel in der Tasche hat das nicht nötig. Er ißt den Kaviar pur. Dazu trinkt er, wie es sich gehört, Wodka, eisgekühlt. Kalt soll auch der Kaviar sein, aber nicht unter minus 5 Grad, dann geht er kaputt. Auch darf er nicht direkt mit Eis in Berührung kommen, er »erblindet« sonst. Man sieht, für ein Picknick im sibirischen Winter ist Kaviar doch nicht so ideal, wie es zuerst den Anschein hat. Deshalb wird er wohl meistens im *Ritz* und in ähnlichen Häusern gegessen. Nicht zuletzt, weil es dort Champagner gibt, den manche, die den klaren Schnaps nicht mögen, an seiner Stelle trinken. *Brut,* versteht sich; und bitte keinen Silberlöffel zum Kaviar, sondern einen aus Elfenbein, na ja, Holz geht auch, wenn's von einer Stradivari ist.

Aber was heißt hier Luxus! Moskaureisende wissen zu berichten, daß die begehrten Störeier dort auch als Prophylaktikum gegen Schnupfen gelten. Über die Anwendungsart gehen die Meinungen allerdings auseinander. Kann sein, er wird auch äußerlich angewandt, wie heißer Kartoffelbrei, den man sich bei Mumps um den Hals wickelt.
Jedenfalls kann es nicht schaden, in der Grippezeit dreimal täglich einen gehäuften Eßlöffel vor dem Essen einzunehmen. Als Vorbeugungsmittel empfehlen sich verschiedene Sorten in kleinen Gläsern mit einem Blechdeckel darauf, Inhalt 28,5 oder 50 Gramm. Die billigste ist die bereits erwähnte rosafarbene Abart. Es handelt sich dabei nicht um echten Stör-, sondern um Lachs-Kaviar, 50 g zu 5 Mark 50. Er schmeckt, wenn er gut gekühlt ist, zwar ein bißchen deftig, aber viel besser, als ich ihn in Erinnerung habe, frisch und knackig. Fast viermal teurer ist Preß-Kaviar, 9 Mark 90 die 28,5 g-Dose, von pflaumenmusähnlicher Konsistenz, schwarz und von penetrantem Geschmack. Er ist kleinkörnig und streichfest, eignet sich also besonders für Schulbrote schnupfengefährdeter Kinder.

Sevruga-Malossol, Beluga-Malossol und Schah-Kaviar

Ebenfalls kleinkörnig, doch weder musähnlich noch matschig und schon anthrazitgrau wie *Beluga,* die feinste Sorte, ist der *Sevruga-Malossol.* (*Malossol* ist keine Sortenbezeichnung, sondern heißt lediglich »schwach gesalzen«.) Geschmacklich unterscheidet sich der *Sevruga* vom größeren *Beluga* fast überhaupt nicht, er ist auch nicht viel billiger: 28,5 g ca. 15 Mark 20. Der *Beluga-Malossol* schließlich ist die teuerste im Handel befindliche Sorte: 28,5 g 18 Mark 50. (Der sagenhafte *Schah-Kaviar* wird offenbar unter Ausschluß der Öffentlichkeit gehandelt und gegessen). Was ihn vom *Sevruga* unterscheidet, ist die Größe seiner Körner, die man mit der Zunge im Mund herumrollen kann, was nach Aussagen von erfahrenen Kaviaressern der höchstmögliche Genuß ist – abgesehen von dem Gefühl, daß man ihn sich leisten kann.
Wenn Kaviar älter wird – und deshalb ist beim Einkauf unbedingt auf das Herstellungsjahr zu achten! –, nimmt er eine grau-gelbe Farbe an und schmeckt ordinär. Ist er richtig verdorben, soll man daran sterben können – eine elegante Todesart. Aber der muß

schon einen furchtbaren Schnupfen haben, der verdorbenen Kaviar nicht nach dem ersten Löffel ausspuckt.

Man sagt, der *Beluga* sei in großen Dosen noch feiner, weil er weniger Konservierungsstoffe habe als in kleinen Gläsern. Mag sein; ich habe bei einem Vergleich keinen nennenswerten Unterschied feststellen können. Ich kann auch nicht einsehen, daß als Getränk nur Wodka oder Champagner passen soll. Ein guter *Meursault* oder ein anderer trockener weißer Burgunder, der jedoch nie säuerlich sein darf, schmeckt mir mindestens so gut.

Austern

Vor einiger Zeit war ich in V. mit einem Herrn Labert befreundet. Er schwärmte für Austern und klagte mir einmal, nie in die Lage gekommen zu sein, sie in ausreichender Menge nach Herzenslust essen zu können. Ich verstand seinen Kummer und lud ihn kurzentschlossen für den nächsten Tag zum Austernessen ein. Er kam pünktlich, und wir begannen zu essen. Bis zum dritten Dutzend leistete ich ihm Gesellschaft, von da an mußte er seine Austern allein schlürfen. Bald war er bei zweiunddreißig Dutzend angelangt – 384 Stück! Dazu brauchte er ungefähr eine Stunde. Ich selbst war inzwischen zur Untätigkeit verdammt, was bei Tisch nicht eben angenehm ist. So entschloß ich mich schließlich, meinem Gast Einhalt zu gebieten. »Mein Bester«, sagte ich zu ihm, »das Schicksal ist auch heute dagegen, daß Sie nach Herzenslust Austern essen. Denn wir wollen jetzt speisen!« Das taten wir; und er benahm sich dabei durchaus wie ein Mann, der noch nichts gegessen hat.
Diese Geschichte ist nicht mir passiert, sondern Anthelme Brillat-Savarin. Der große Feinschmecker, der sich selbst »Professor der Gastronomie« nannte, will sie im Jahre 1798 erlebt haben. Sie ist ein Beleg dafür, daß Austern schon immer zu den begehrtesten Köstlichkeiten für lüsterne Esser gehörten, wie auch dafür, daß sie Esser in Fresser verwandeln können. Immerhin wiegt das ausgelöste Fleisch von 32 Dutzend Austern nach einer Berechnung des »Professors« nicht weniger als 8 Pfund! Hätte sein verfressener Gast das gleiche Gewicht an Fleisch gegessen, wäre er danach wohl nicht in der Lage gewesen, zu speisen »wie ein Mann, der noch nichts gegessen hat«. Obwohl die Zeitgenossen damals einen unglaublichen Appetit entwickelten. So soll ein gewisser General Bisson täglich

acht Flaschen Wein zum Frühstück getrunken und dabei den Eindruck gemacht haben, als rühre er kein Glas an. Mit Frühstück bezeichnete man allerdings das, was wir unter Lunch verstehen; und im Vergleich mit dem römischen Kaiser Maximinius war der General geradezu ein Hungerkünstler und Abstinenzler: Der Kaiser fraß 40 bis 60 Pfund Fleisch und soff dazu einen Eimer Wein. Er zog aber auch einen schwer beladenen Wagen mit einer Hand und schlug einem Pferd mit einem einzigen Schlag alle Zähne in den Rachen. Austern jedenfalls aß man im alten Rom bergweise. Allerdings übergossen die Römer sie wahrscheinlich mit einer »garum« genannten Sauce aus Fischabfällen und Salzlake, und dazu tranken sie einen für unseren Geschmack fast ungenießbaren Wein. Die Weine des Altertums wurden nämlich mit Pech und Harz versetzt, um sie haltbar zu machen. Außerdem waren sie mit Gewürzen aromatisiert, und sogar die Römer kriegten sie nur runter, wenn sie mit Wasser verdünnt waren. Dennoch war das Austernessen unter den damaligen Feinschmeckern und Vielfraßen eine richtige Leidenschaft. Von einem gewissen Vitellius wird berichtet, er habe Austern von morgens bis abends gegessen und sei in der Lage gewesen, 1000 Stück auf einen Sitz zu vertilgen.

Das Wichtigste bei einem Austernessen ist der Wein,

der dabei getrunken wird und ohne den die Auster einfach nicht das Geld wert wäre, das sie kostet. Wenn ich nämlich beschreiben sollte, wie denn nun der außergewöhnliche Geschmack dieser Muschel beschaffen ist, so geriete ich in ziemliche Schwierigkeiten. Der delikate Geschmack einer frisch gefangenen Bachforelle ist eindeutig und für jeden einleuchtend, der diesen Fisch auch nur einmal mit geschmolzener Butter gegessen hat. Das gleiche gilt für einen Fasan mit Madeira-Sauce oder für Parmaschinken. Bei Austern aber ist es wie beim Kaviar: Wer zum erstenmal davon probiert, wird eventuell enttäuscht sein. Austern sind glibberig und schmecken höchstens nach Meer. Erst zusammen mit dem richtigen Wein und in vollkommenem Zustand serviert werden sie ihrem Ruf gerecht: Es gibt kaum etwas Eßbares, das so großen Genuß verschafft ohne zu sättigen; keine andere Speise bietet sich in solcher Natürlichkeit dar und vermittelt uns dennoch das Gefühl höchster Raffinesse.

Das müssen schon die Steinzeitmenschen herausgekriegt haben; denn zwischen ihren Küchenabfällen fand man in Dänemark Austernschalen. Die erste Austernzucht legte dann ungefähr um 100 v. Chr. der für seine Liebe zum Luxus und seinen Geschäftssinn gleichermaßen berühmte Cojus Sergius Orata an (Orgien en gros und en detail). Eine Austernzucht besteht darin, daß man den Austern die Bedingungen schafft, unter denen sie am besten gedeihen. Viel mehr kann man kaum tun. Austern siedeln in Massen und am liebsten dort, wo Süß- und Salzwasser zusammenfließen, also an Flußmündungen. Ferner brauchen sie einen steinigen Boden, auf dem sie »anwachsen« können. Sie ernähren sich von Plankton, dessen Zusammensetzung sowie die Beschaffenheit des Bodens, der ihnen als »Bank« dient, ihren Geschmack und ihre Farbe beeinflußt.

Englische Austern, französische Austern und »Blue Point« aus Amerika

Man unterscheidet vor allem zwei verschiedene Austernformen: Die länglichen *Portugais* mit dicken und stark zerklüfteten Schalen, die auf den französischen Märkten *Claires* genannt werden, und die edleren, flachen und glatten *Belons.* Von diesen beiden Sorten gibt es viele Variationen, die meistens nach dem Ort ihrer Herkunft benannt werden: Die *Caucalaises,* die *Marennes,* die *Arcachonaises* in Frankreich, die *Colchester* und *Whitestables* in England, und in Holland die feisten *Limfjord.* Die englischen Austern sind fleischiger als die französischen und werden von Kennern allen anderen vorgezogen. Schon die Römer, die England jahrhundertelang besetzt hatten, begeisterten sich so für die englischen Austern, daß sie sie, in Säcken mit gepreßtem Schnee verpackt, nach Rom schicken ließen. Wie diese den wochenlangen Transport und die Römer den Genuß überstanden haben, weiß man allerdings nicht. Bei einer Temperatur von +4 Grad hält sich eine frische Auster eine Woche. Von den französischen Austernbänken bis nach Paris war es nicht so weit, deshalb gehörte die Meeresfrucht seit dem 17. Jahrhundert zum Menü der Könige. Die Gemahlin von Ludwig XV. soll einmal über 300 Stück verschlungen haben, worauf es ihr gar nicht gut ging. An sich sind Austern so gesund, daß man sie geradezu als Diät empfehlen könnte. Sie enthalten kaum Fett, viel Vitamin A, Eiweiß und alle möglichen Mineralstoffe – in neuester Zeit allerdings auch manchmal Mineralölstoffe oder andere Produkte der Umweltverschmutzung. Nun ist weder das Austernessen noch die Austernzucht eine europäische Eigenart. An fast allen tropischen Küsten gibt es ebenso reichhaltige Austernbänke wie bei Neuseeland; und Sir Walter Raleigh berichtete 1595 aus Trinidad von Mangrovenbäumen, an deren im Wasser hängenden Zweigen die Austern dicht wie Äpfel saßen. An den nordamerikanischen Küsten schließlich findet man die größte aller bekannten Austern, die *Blue Point*. Sie erinnert fast an ein saftiges Stück Fleisch, und es ist daher kein Wunder, daß die meisten Rezepte, bei denen Austern gekocht oder überbacken werden, aus Amerika stammen. Auch in Europa sind die Austern nicht gleich groß. Bei den *Belons* zum Beispiel werden die Größen durch Nullen gekennzeichnet. Eine »Belon 0000« ist so ungefähr die größte französische Auster, die im Handel ist.

Etwas so Feines wie Austern ißt man selbstverständlich nicht einfach so, wie es am bequemsten geht. Es gehört ein Ritus dazu, wie beim Spargel, den man mit den Fingern ißt, obwohl es mit Messer und Gabel sicher angenehmer wäre. Aber auch wer noch nie Austern gegessen hat und in einem Pariser Restaurant sieht, wie sich am Nebentisch vier Austernfreunde über einige Dutzend *Belons* oder *Claires* hermachen, wird anerkennen, daß Austernessen viel mit Leidenschaft und Hingabe zu tun hat. Wem sich beim Anblick einer Austernplatte nicht der Puls beschleunigt, wem nicht das Wasser im Munde zusammenläuft, der hat von den wahren Wonnen des Lebens noch nicht alle kennengelernt.

Zwischendurch ein kleines Stückchen Graubrot mit Butter

Die geöffneten Austern werden auf einer Platte serviert, die mit Eisstückchen belegt ist. Sehr oft steht die Platte auf einem Drahtgestell, unter dem ein Teller mit dünnem Graubrot und Butter Platz hat. Die Austern werden höchstens mit einigen Tropfen Zitronensaft gewürzt. In jeder Handbewegung, mit der der Esser sich nun eine Auster holt, liegt eine unendlich große Erwartungsfreude, die auch nach dem zweiten Dutzend nicht geringer wird. Wenn man die Auster zum Munde hebt, sie mit der kleinen

Austerngabel vom Boden der Schale löst (sofern das nicht schon in der Küche gemacht wurde), in den Mund nimmt, abschmeckt und hinunterschluckt und schließlich den in der Schale verbliebenen, köstlich kühlen Saft ausschlürft, dann erlebt man einen der Momente, die für den Feinschmecker gleichbedeutend sind mit Lebensqualität. Dazu der Weißwein – nach jeder Auster einen Schluck! – und zwischendurch ein kleines Stückchen Graubrot mit Butter – ich gestehe, daß ich dafür alle Wunderwerke der feinen Küche hergebe. Wieviel subtiler ist doch dieser Genuß als jede andere Art von Esserei, die ja doch nach viel zu kurzer Zeit bereits zur Sättigung führt. Deshalb aber auch ist das Essen von Austern ein wirklicher Luxus. Mag man sie auch relativ billig auf einem Pariser Markt kaufen und zu Hause selber öffen. Das ist übrigens nicht einfach und erfordert Kraft, Geschicklichkeit und ein Austernmesser. Das ist ein kurzer, stumpfer Dolch mit einem Handschutz wie ein Rapier. Mit der linken Hand, die möglichst noch mit einem dicken Lederhandschuh geschützt ist, hält man die Auster auf einer ebenen Unterlage und bohrt die Spitze des Messers zwischen die beiden Schalen. Durch vorsichtiges Hin- und Herdrehen versucht man den Widerstand zu überwinden, den die Auster dem Öffnungsversuch entgegensetzt. Schließlich wird sie nachgeben müssen, und man kann die obere Schale wie einen Deckel abnehmen. Dabei darf kein Tropfen des Saftes verlorengehen! Natürlich werden Austern erst unmittelbar vor dem Essen geöffnet. Austern, die bereits offen sind, gehören in den Mülleimer.

Vollkommen aber ist ein Austernessen erst mit dem richtigen Wein. In England trinkt man zwar auch Starkbier oder Starkbier gemischt mit Champagner dazu, aber das richtige Getränk sind trockene Weißweine, und zwar möglichst weiße Burgunder. Die sind allerdings teuer, aber kein anderer Wein läßt sich als Begleiter zu einem Austernessen mit einem *Chablis,* einem *Meursault* oder gar einem *Corton-Charlemagne* vergleichen. Es geht natürlich auch billiger. Aus diesem Grund trinken die meisten Franzosen einen *Muscadet,* wenn sie *les huitres* bestellen. Das ist ein Weißwein von der unteren Loire, allerdings viel flacher und dünner als die großen Burgunder. Das gleiche läßt sich von dem preiswerten *Entre-deux-mers* sagen, der auch bei uns zu haben ist. Diese Weine sind alle so trocken, daß in dieser Hinsicht kein deutscher Wein mit ihnen konkurrieren kann.

Um der Vollständigkeit willen und nicht, weil ich es für empfehlenswert halte, möchte ich hier auf die Möglichkeit eingehen, Austern auch gekocht oder gebraten zu essen. Zwar war auch schon Goethe dagegen, und Ludwig Bemelmans, der ein großer Esser und ein unterhaltsamer Chronist kulinarischer Freuden war, fand gekochte Austern abscheulich. Aber wie es der Zufall will, findet der eine oder andere Leser eines Tages einen großen Container mit 5000 Austern vor der Tür. Und zur Abwechslung sind dann vielleicht eine Austernsuppe oder überbackene Austern gar nicht so schlecht. So werden sie zubereitet:

Austernsuppe

Man bereitet aus Fischabfällen und -köpfen eine kräftige Fischsuppe, siebt sie durch und würzt sie mit Salz, Pfeffer und Zitrone. Den Saft der Austern dazugeben und kurz aufkochen. Dann die ausgelösten Austern in die Suppe tun. Sie sollen nur heiß werden, nicht aber lange kochen, weil sie dann schrumpfen und hart werden.

Überbackene Austern

Das ausgelöste Austernfleisch ganz kurz in heißer Butter anbraten. In die Austernschalen zurücklegen. Den Austernsaft mit etwas Bechamelsauce zum Kochen bringen, salzen, Butter, Sahne und 1 Eigelb verquirlen und hinzufügen. Geriebenen *Gruyère* untermischen. Damit die Austern übergießen und bei großer Oberhitze im Backofen überbräunen. Vom letzten Gericht gibt es mehrere Variationen: Die Austern können in trockenem Wermut pochiert werden oder sogar in Pernod; vor dem Überbacken kann man sie mit Semmelbröseln bestreuen oder mit kleingehackten Champignons.
Wenn man schon von der klassischen Eßweise abgeht – also roh und höchstens mit Zitrone –, dann sollte man unbedingt darauf achten, daß keine scharfen Saucen oder Gewürze den zarten Austerngeschmack überdecken. Aus dem gleichen Grund ist die Unsitte, frische Austern mit Tomaten-Ketchup zu essen, abzulehnen.

Nicht einmal Pfeffer und Essig wird der wahre Austernfreund erlauben, obwohl das Walroß im schönsten Austerngedicht der Weltliteratur ausdrücklich danach verlangt: In Lewis Carrolls »Alice through the looking-glass« machen sich das Walroß und der Zimmermann mit einer Gier über eine Gesellschaft armer Austern her, die verrät, daß der Autor den Lustgewinn, den ein Austernessen verschafft, wohl kannte und zu schätzen wußte!

Flußkrebse

Ein Krebsessen wird immer etwas Besonderes sein. Nicht nur, weil es besonders kostspielig ist, sondern auch weil Krebse einen besonders hohen Geselligkeitswert haben. Damit meine ich, daß Leute, die sich an einen Tisch setzen und Krebse essen, im allgemeinen besserer Laune sind als – sagen wir – Fleischesser. Neben der Gewißheit, eine seltene Delikatesse serviert zu bekommen, liegt es wohl vor allem daran, daß man Krebse mit den Händen ißt.
Ein Krebsessen ist allerdings auch besonders kompliziert. Zwar ist die Gefahr gering, daß es mißrät, denn Krebse haben einen so unverwüstlich guten Geschmack, daß man da nicht leicht etwas verderben kann. Aber wenn man mit zwei oder drei Dutzend lebenden Krebsen vom Markt nach Hause kommt, ist das Leben nicht mehr so einfach, wie wenn man einen Rehrücken in der Tasche hätte. Bei zwei oder drei Dutzend rechne ich mit sechs Personen, für die man diese Menge braucht; je nachdem, wie groß die Krebse sind.
Ein erstes Problem sind die Kinder, die nicht mehr aus dem Badezimmer zu vertreiben sind, wo die Krebse in der Badewanne schwimmen. Schon bald wird ein unvorsichtiger Kinderfinger in eine Krebsschere geraten und bluten. Geschrei!
Sodann wird die immer wieder gestellte Frage »Wollt ihr die wirklich totmachen und aufessen?« bei den Erwachsenen Nervosität und bei den Kindern Opposition hervorrufen.
Schließlich ist es die eigene Hemmung vor dem Töten, die einkalkuliert werden muß. Krebse sind nämlich keine Austern, die wir zwar sogar lebendig essen, denen man es aber nicht ansieht. Krebse zeigen es ganz deutlich, daß sie es nicht mögen, wenn man sie hochnimmt, um sie in eine kochende Flüssigkeit zu werfen.

Bevor man aber so weit ist, sollte man gewisse Vorbereitungen getroffen haben, die für ein gutes Krebsgericht unerläßlich sind.
Zum Beispiel für *Flußkrebse in Riesling*.
Man schält und schneidet in kleine Stücke:

500 g Karotten, 1 große Zwiebel, 6 Schalotten, 1 eigroße Sellerieknolle, 2–4 Knoblauchzehen, 1 kleines Fischfilet (vom Seelachs oder Barsch)

Das alles schmort man in einer großen, schwarzen Kasserolle mit Butter und Öl bei mäßigem Feuer so lange an, bis die Zwiebeln gar, aber noch nicht braun sind. Mit $1/4$ l Riesling ablöschen und 1 l Wasser dazugeben, kochen lassen, bis die Gemüse gar sind. Mit Salz und Cayennepfeffer abschmecken, Dill und Petersilie einstreuen.
Es können aber auch ein paar Champignons mitschmoren, ein Stückchen Fenchel, das Weiße einer Lauchstange oder eine Handvoll frische Erbsen.

Erfahrung mit dem ersten Krebs

Wer noch nie Krebse gegessen hat, sollte nun folgendes tun – zur Übung: Einen Krebs sauber bürsten und in den kochenden Sud werfen. Er färbt sich sofort rot und ist nach 15 Minuten gar. Man nimmt ihn heraus, läßt ihn etwas abkühlen und entfernt dann den Darm. Den wird man zunächst vergeblich suchen; denn das ist nur ein kleines, unscheinbares Därmchen am Schwanzende. Aber man sollte es entfernen, weil es besser schmeckt. Dazu dreht man die mittlere Schuppe am Schwanzende vorsichtig heraus, wobei gleichzeitig der Darm entfernt wird.
Eßbar an einem Krebs sind eigentlich nur der Schwanz und die Scheren. Große Feinschmecker oder ganz Verfressene – (was oft das gleiche ist) – knabbern auch noch an den Füßen herum und lutschen das aus, was an Auslutschbarem unter dem Rückenpanzer zu finden ist. An das köstliche Krebsfleisch kommt man auf die barbarischste Art, indem man den Krebs in beide Hände nimmt und brutal auseinanderbricht. Die Scheren darf man auch mit den Zähnen aufbeißen. So kann man an diesem einen Krebs die Erfahrung sammeln, die man hinterher an die Gäste weitergeben wird. Die Schalen dieses ersten Krebses wirft man nun nicht etwa weg,

sondern zerstampft sie in einem Mörser oder hackt sie mit einem Messer klein und wirft sie in den Sud zurück.
Nun verfährt man mit den restlichen Krebsen genauso. Wenn es jene großen Krebse sind, die fast täglich frisch aus der Türkei eingeflogen werden, wird auch ein großer Topf kaum mehr als vier Stück auf einmal fassen. Achtung: Der Sud muß immer sprudelnd kochen, wenn die Krebse hineinkommen!
Nach 5 Minuten nimmt man sie heraus und legt sie zur Seite. Während nun im Topf die nächste Partie Krebse rot wird, entfernt man bei den vorgekochten Krebsen den Darm. Schließlich liegen alle Krebse rot, aber noch nicht gar, auf einem Haufen. Nun gießt man den Sud durch ein Sieb in den größten vorhandenen Suppentopf und preßt das Gemüse gut aus, bevor man es wegwirft. In die Suppe kommt jetzt ½ l Riesling. Dann brät man in einer Pfanne drei zerschnittene Tomaten in Butter gar und treibt sie ebenfalls durch das Sieb in die Suppe. Die wird nun zum letztenmal abgeschmeckt, vielleicht mit etwas Cognac verfeinert oder mit etwas Apfelsinenschale oder noch mehr Pfeffer, Knoblauch – hier entscheidet allein die Fantasie.
Erst wenn die Gäste schon am Tisch sitzen, kommen alle Krebse auf einmal in die kochende Suppe. Deckel drauf. Nach zehn Minuten sind sie gar. In der letzten Minute fügt man noch einen Guß Sahne hinzu (bis zu ¼ l, wenn die Suppe scharf genug ist) und eine großzügige Menge gehackter Petersilie und gehackter Dill.

Zum Krebsessen große Servietten und ein kräftiger Riesling

Man serviert den Sud und die Krebse (höchstens zwei auf einmal) selbstverständlich in einem Suppenteller. In fast allen Restaurants wird dem krebsessenden Gast eine große Schürze umgebunden – was ich für übertrieben halte. Ich finde, beim Spaghettiessen kann man sich leichter bekleckern. Aber auf jeden Fall gehören große Servietten auf den Tisch – und ein voller, kräftiger Riesling, vorzugsweise aus dem Elsaß.

Hummer

Hummer sehen aus wie Krebse – und schmecken auch so ähnlich. Wie diese kauft man sie lebendig, doch genügt meistens ein halber Hummer pro Person, jedenfalls wenn man ihn als Vorgericht ißt. Mit 400–500 Gramm haben sie die ideale Größe. Die Zubereitung ist denkbar einfach: Man wirft den abgebürsteten lebenden Hummer in sehr stark gesalzenes, kochendes Wasser, läßt ihn 10 Minuten sprudelnd kochen und danach noch 15 Minuten ziehen. Fertig.

Vor dem Servieren müssen Sie ihn zerteilen. Auch das ist einfach: Sie drehen die Scheren und Beine heraus, drücken den Körper fest auf ein Holzbrett und stechen ein schweres Messer von oben hinter den Rückenpanzer in die Körpermitte. Von dort aus halbieren Sie Schwanz und Rücken, die ebenfalls voneinander getrennt werden. Das alles wird auf einem großen Tablett angerichtet. Das Schwanzfleisch kann mit der Gabel leicht herausgenommen werden. Nur die Scheren machen Schwierigkeiten. Um an das Fleisch der Scheren zu kommen – es ist das Beste vom Hummer – braucht man eine Hummerschere, eine Art Nußknacker, mit der man den sehr harten Panzer zerbricht. Natürlich geht es auch ohne Hummerschere; ehe ich auf das Fleisch in der Schere verzichte, zerschlage ich sie mit einem Hammer – allerdings nicht am Tisch, sondern vor dem Servieren in der Küche!

Es gibt viele andere Möglichkeiten, einen Hummer zu kochen. Man kann ihn auch braten und die verschiedensten Dinge mit seinem Fleisch anstellen. Doch in Anbetracht seiner Seltenheit auf dem häuslichen Speisezettel plädiere ich für diese simple Art, die seinen Naturgeschmack am besten erhält.

Dazu reiche ich die Variation einer *Sauce Beurre Blanc* (s. S. 81), die eben nicht blanc, also weiß ist, sondern rot. Das wird sie, indem ich statt Weißwein Rotwein nehme; und roten statt weißen Essig. Sogar der Fischsud darf fehlen; ihn ersetze ich dann ebenfalls durch Rotwein. Das weiße Hummerfleisch und die rötliche Sauce – das ist nicht nur ein Fest für die Augen!
Dazu trinken Sie den besten weißen Burgunder, den Sie sich leisten können.

Wozu Hummerschalen nützlich sind

Wenn Sie Gäste hatten, und es bleiben Ihnen die abgegessenen Schalen von mehreren Hummern übrig, dann haben Sie die Gelegenheit, Hummerbutter herzustellen.
Die braucht man zwar selten, eigentlich nur zur *Sauce Nantua*, die man allerdings wiederum für viele der besten Fischgerichte verwendet, so für Forellen-Mus (s. S. 75) oder Hechtklößchen (s. S. 79).
Wenn Sie also Verwendung dafür haben (andernfalls lohnt sich die Arbeit nicht), machen Sie mit den Hummerresten Folgendes: Die Schalenstücke abspülen und zum Trocknen in den mäßig heißen Backofen legen. Wenn sie trocken sind, so gut es geht zerkleinern. Das geht allerdings gar nicht gut, und Sie werden sich bald fragen, warum es für die Küche keine Dampfwalze gibt wie für den Straßenbau. Wenn Sie die Schalen schließlich mehr oder weniger gut zertrümmert haben, lassen Sie je nach der Schalenmenge 250 oder 500 Gramm Butter in einem Bräter oder Schmortopf heiß werden und geben die Schalen dazu. Diese auf kleiner Flamme ungefähr 15 Minuten in der Butter öfter wenden und rühren, bis sie eine hellrote Farbe angenommen hat. Unbedingt darauf achten, daß die Butter nicht verbrennt! Dann gießen Sie den Topf mit kaltem Wasser auf.
Die Butter steigt nun nach oben und Sie können sie später, wenn sie erkaltet und hart geworden ist, ohne Verlust von der Oberfläche abnehmen. Im Eisschrank aufbewahren.
Ideal ist es natürlich, wenn Sie eine Maschine haben, die die Hummerschalen ganz fein zermahlt, so daß sie sich mit der Butter richtig verbinden können.

Fisch

Fast genau 300 Jahre sind es her, daß ein Koch sein Schwert in eine Tür klemmte und sich dagegen warf. Das wiederholte er noch zweimal, bevor er seinen verwirrten Geist aufgab.
Er hieß Vatel und stand im Dienst des Fürsten von Condé. Als 1671 ein festliches Bankett zu Ehren des französischen Königs vorbereitet wurde, entdeckte Vatel, daß die Fische nicht rechtzeitig geliefert worden waren. Mit den Worten »Die Schande ertrage ich nicht!« ging er an die Zubereitung des wohl berühmtesten Selbstmords der Küchengeschichte. Seine Kollegen werfen ihm heute noch vor, er habe nicht den wahren Charakter eines Kochs gehabt, »weil er nicht wußte, wie man aus einer verfahrenen Situation das Beste machen kann«.
Jedenfalls zeigt das Beispiel Vatel die Wichtigkeit, die die Meister der feinen Küche dem Fisch beimessen. Ein Essen, das mehr sein soll als die alltägliche Gelegenheit, den Hunger zu stillen; ein kulinarisches Ereignis also, das nicht nur aus einem Tellergericht besteht und die Aufmerksamkeit der Essenden zwangsläufig auch auf den verantwortlichen Koch lenken wird – bei einem solchen Essen wird dem Fleischgericht immer ein Fischgang vorausgehen.
Fische sind grundsätzlich einfacher zu kochen bzw. zu braten als irgendeine Fleischsorte. Bei Fischen spielt es fast keine Rolle, ob es ein junger oder alter Fisch ist, den Sie da in den Topf werfen; ob er mit der Angel (Süßwasserfische) oder mit dem Netz (Seefische) gefangen wurde. Auch die Art der Ernährung entscheidet nur über den Geschmack (zum Beispiel bei Zuchtforellen), hat aber keinen merklichen Einfluß darauf, ob ein Fisch zäh oder hart ist.
Richtig gekocht ist Fisch immer zart. Mögliche Unterschiede in der

Qualität sind so gering, daß es schon eines erfahrenen Kenners bedarf, um Seezungen aus Dieppe von solchen aus dem Nordatlantik zu unterscheiden.
Wenn dennoch 9 von 10 Seezungen pappig oder hart sind, so liegt das einzig und allein an unsachgemäßer Zubereitung. Und wenn richtig gekochte Seezungen und andere Edelfische letzten Endes dann doch nicht so außergewöhnlich gut schmecken, wie man das auf Grund ihres Rufes (und Preises) erwarten kann, so liegt das daran, daß sich der Koch nicht die Mühe gemacht hat, zum delikaten Fisch eine ebenso delikate Sauce herzustellen.
Ein frischer Hecht, in einer guten *Court-Bouillon* pochiert, das ist tatsächlich etwas Feines; aber zur Delikatesse wird er erst, wenn Sie dazu eine *Sauce Beurre Blanc* servieren.
Eine Forelle blau mit heißer Butter – zugegeben, dieser extrem zarte Fisch verträgt andere Saucen gar nicht. Auch ein gekochter Schellfisch mit heißer Butter mag die Erwartungen der Esser vielleicht erfüllen, wenn diese nämlich nichts anderes erwarten (oder wenn sie abnehmen wollen) als Kochschellfisch mit Butter. Letzten Endes aber basiert die Beliebtheit der heißen Butter doch nur auf der Bequemlichkeit der Köche.
Will man einen Fisch nun mit einer feinen Sauce zusammenbringen, muß er pochiert werden. Pochieren bedeutet, einen Fisch in nur wenig Flüssigkeit, die nie richtig kochen darf, gar ziehen lassen.
Ob diese Flüssigkeit nun eine Bouillon ist, Wein oder ein Fischsud, das entscheidet man von Fall zu Fall. Dabei sollte man sich folgende Regel merken:
Je zarter der Geschmack eines Fisches, um so zarter soll auch die Flüssigkeit sein, in der er pochiert wird. Das heißt: Einen Karpfen dürfen Sie ruhig in einem kräftigen Wurzelsud gar machen, dem auch eine gehörige Portion Essig nicht schadet. Auch ein Wels (Waller) verträgt einen guten Sud.
Eine Forelle aber kochen Sie am besten nur in Salzwasser – wenn Sie diese aus einem Gebirgsbach gefischt haben und nicht aus dem Bassin eines Züchters. Denn das muß leider gesagt werden: Die Zuchtforellen, die man normalerweise im Angebot der Geschäfte findet, halten keinen Vergleich mit einer Forelle aus dem Gebirgsbach aus.

Blaukochen in Salzwasser oder einer Court-Bouillon

Bevor wir uns mit dem Pochieren näher befassen, noch etwas über das *Blaukochen* in Salzwasser oder in einer *Court-Bouillon*. Der Fisch (Forelle, Hecht, Karpfen) sollte zwar gewaschen werden, aber bitte nicht so gründlich, daß dabei der auf der Haut liegende Schleim verschwindet: Er gibt dem Fisch die blaue Farbe! Diese kann man noch intensivieren, indem man den Fisch auf einem Teller mit Essig beträufelt und ihn ein wenig hin und her schüttelt, bevor man ihn in den kochenden Sud gleiten läßt. Für sehr große Fische wie Hechte oder Zander, die in keinen runden Topf passen, gibt es spezielle, länglich schmale Fischkocher aus Aluminium oder Edelstahl mit einem einhängenden Sieb, auf dem der Fisch liegt, damit man ihn gut herausheben kann. Diese Fischkocher eignen sich sogar für Elektroherde mit den relativ kleinen, runden Platten, weil die Flüssigkeit ja nicht wild kochen, sondern nur ziehen soll.
Man kann aber einen großen Fisch für 6 Personen auch im Backofen pochieren. Dazu formt man aus einer Alufolie eine dem Fisch entsprechende längliche Form mit hochgebogenen Rändern und legt sie auf das Bratblech (für den Fall, daß die Folie doch undicht wird).
Zum Blaukochen in einer *Court-Bouillon* benötigt man:

1 Karotte, 1 Stück Sellerie, 1 fingerlanges Stück Lauch, 1 Tomate in feine Stücke geschnitten, 1 Zwiebel in Scheiben, ½ Glas Weinessig, 1 Lorbeerblatt, etwas getrockneten Thymian, 2 Petersilienstiele, 4–6 weiße Pfefferkörner, Salz

Alles zusammen in kaltem Wasser aufsetzen und ohne Deckel zum Kochen bringen. 30 Minuten ziehen lassen. Dann erst den Fisch einlegen.
Große Fische oder dicke Stücke von großen Fischen dagegen nur kalt aufsetzen!

Wenn Sie zum Beispiel ein 2–3 Pfund schweres Stück Heilbutt in heiße *Court-Bouillon* legen, wird es ungleichmäßig gar. Während das äußere Fleisch schon zerfällt, ist es an der Rückengräte noch roh! Eine *Court-Bouillon* für Seefische muß *sehr sauer* und *sehr salzig* sein, mit der doppelten Menge Lauch, Karotten und Zwiebeln und einem

Essiganteil, der ungefähr $\frac{1}{3}$ der Gesamtflüssigkeit betragen kann! Den Fisch niemals zu heiß kochen: Fischfleisch wird schon bei 70 Grad gar! Die genaue Kochzeit ist schwer anzugeben, sie hängt von vielen Faktoren ab. Ein runder Fisch braucht länger als ein platter, ein fetter länger als ein magerer. Aber: Eine Scholle ist schneller gar als eine Seezunge. Es gibt auch die Möglichkeit, Fische – das gilt eigentlich nur für Seezungen – in Champagner zu kochen bzw. zu pochieren. Selbst erfahrene Berufsköche streiten sich jedoch darüber, ob das wirklich geschmacklichen Gewinn bringe oder nur snobistisch sei.
Ein Champagner, der lange kocht (deutscher Sekt mit seiner großen Restsüße verbietet sich von selbst), ist schließlich nichts anderes als heißer Weißwein.

So werden Fische pochiert

Zum Pochieren brauchen Sie eine flache, längliche Kasserolle oder eine der ovalen, gußeisernen Gratinierformen. Aber auch eine schwarze, emaillierte Blechreine eignet sich.
Diese Form dick mit weicher Butter ausschmieren. Darauf geben Sie, je nach Fischgröße, 1–2 EL feingehackte Schalotten. An dieser Stelle möchte ich noch einmal darauf hinweisen, daß ein guter Koch seine Zwiebeln oder Schalotten niemals mit einer Maschine hackt, sondern stets mit der Hand. Und zwar folgendermaßen:
Die Zwiebel wird halbiert. Eine Hälfte mit der Schnittfläche auf das Hackbrett legen; so kann sie nicht mehr wegrutschen. Mit einem sehr scharfen Küchenmesser nun von unten nach oben waagerechte Einschnitte mit möglichst geringem Abstand und so tief machen, daß die Schnitte fast durch die Zwiebel hindurchgehen, diese aber doch noch zusammenhält. Währenddessen halten Sie die Zwiebel mit den Fingern der linken Hand fest.
Nun machen Sie ebenso feine Einschnitte von oben in die Zwiebel, und zwar so, daß diese parallel mit der Tischkante verlaufen. Dann setzen Sie ein großes Küchenmesser mit mindestens 20 cm langer Klinge hinter der Zwiebel quer zu den zuletzt gemachten Einschnitten an und drücken es herunter wie eine Brotschneidemaschine alter Bauart.

Das wiederholen Sie, ohne dabei die Messerspitze vom Hackbrett zu heben; es genügt, die Klinge jedesmal 2 bis 3 Millimeter weiter links an der Zwiebel anzusetzen.
Müssen Sie sich notgedrungen mit Zwiebeln behelfen, wo eigentlich Schalotten vorgeschrieben sind, dann merken Sie schon beim Schneiden, ob Sie damit Glück haben werden: Zwiebeln, die sich lederartig und hart schneiden, brauchen zum Garwerden erheblich länger als Schalotten.

Fischfond normal

Der Fischfond wird nicht nur benötigt, um Fische darin zu pochieren (wozu man ihn zur Hälfte mit *trockenem* Weißwein verdünnt); für die Herstellung von fast allen Fischsaucen ist er sogar unentbehrlich.
Strenge Köche verlangen, er müsse ausschließlich aus Seezungengräten und -häuten zubereitet werden. Tatsächlich eignen sich diese besonders gut dafür. Aber welcher Fischhändler wühlt schon in seinen Abfällen herum, bloß weil Sie für 1 Mark Seezungenhäute kaufen wollen!
Es bleibt in der Praxis eines Privathaushalts deshalb nichts anderes übrig, als verschiedene Fischstücke oder ganze, kleine Fische im Gesamtgewicht von zirka 500 g zu kaufen. Achten Sie aber darauf, daß dabei keine Fische mit ausgeprägtem Geschmack wie Heringe oder Makrelen sind. Und fragen Sie ihren Händler, ob er einen Fischkopf hat; am besten sind Lachs- oder Hechtköpfe. Denn beim Fischfond und bei Fischsuppen ist es wie bei einer Fleischbouillon: Die Knochen (Gräten) sind am wichtigsten! Und das sind die Zutaten:

das Weiße einer Lauchstange, 1 in Scheiben geschnittene Zwiebel, 2 zerschnittene Tomaten, 1 zerdrückte Zehe Knoblauch, einige Blätter vom Sellerie, 1 Lorbeerblatt, etwas Thymian, ca. 500 g kleingeschnittene Fische oder Fischabfälle, 1 EL Butter

Das alles geben Sie zusammen in einen *gut schließenden* Topf. Kein Wasser dazugeben, den Deckel verschließen und 20 Minuten bei

Mittelhitze ziehen lassen, bis die Zutaten ihre Flüssigkeit als Brühe abgegeben haben. Dann erst

½ Flasche trockenen Weißwein, 1 l ungesalzene Bouillon, 1 Handvoll Champignonabfälle oder zerschnittene Champignons

dazugeben und ohne Deckel ½ Stunde kochen lassen. Durch ein Haarsieb passieren.

Zu den Champignons muß noch gesagt werden, daß sie, wozu man sie auch braucht, immer frisch sein müssen. Da man frische Champignons das ganze Jahr bekommt, sind Dosenchampignons das überflüssigste von allen überflüssigen Konservenprodukten.

Der so gewonnene Fischsud ist, wie gesagt, die unerläßliche Grundlage für viele Fischgerichte, die Sie probieren, und für alle Fischsaucen.

Um eine oder mehrere Seezungen zu pochieren, empfiehlt sich eine Mischung aus Fischfond und trockenem Weißwein im Verhältnis 1:1.

In die gebutterte und mit Schalotten ausgelegte Kasserolle (oder Reine) legen Sie die vom Fischhändler enthäuteten Seezungen, die Sie von beiden Seiten gut gesalzen haben. Mit der Pochierflüssigkeit soweit auffüllen, daß die Seezungen fast bedeckt sind! Die Form mit einem gebutterten Pergamentpapier bedecken und in den 180–200 Grad (je nach Ofenqualität) vorgeheizten Backofen schieben. Dort muß der Fisch langsam, *ohne zu kochen,* weichgedünstet werden.

Bei Seezungen dauert das erfahrungsgemäß höchstens 15 Minuten; bei Seezungenfilets sogar noch weniger.

Ich halte jedoch nicht viel von diesem angeblich so feinen Seezungenfleisch ohne Gräten. Die natürliche Verbindung mit den Gräten gibt jedem Fischfleisch ein Mehr an Eigengeschmack, das durch die Bequemlichkeit des Essens von Fischfilets, die ohne Gräten zubereitet werden, nicht wettgemacht werden kann.

Ist der Fisch gar, schüttet man die Pochierflüssigkeit ab und läßt sie in einer Pfanne auf großer Flamme einkochen, so daß sie zu einem konzentrierten Fischfond wird, aus dem man dann durch Nachwürzen mit verschiedenen Zutaten die Sauce montiert.

Die wichtigste Regel beim Fischkochen lautet:

Fisch muß immer à point gekocht sein! Das heißt: nicht zu lange und nicht zu kurz.

Dies ist nämlich die einzige Möglichkeit, einen Fisch auf einfache Art zu ruinieren:

Nehmen wir den feinsten, den Lachs. Er hat festes, rosa Fleisch, das, wenn es auch nur wenige Minuten zu lange der Hitze ausgesetzt ist, trocken und faserig wird. Nichts ist so enttäuschend wie ein frischer Lachs (tiefgefrorene Fische werden hier ebenso wenig behandelt, wie sie in der *Grande-Cuisine* Verwendung finden), der dem Esser zwischen den Zähnen sitzt wie nicht abgehangenes Kalbfleisch.
Auch gebraten oder gegrillt büßt der Lachs immer etwas von seiner Feinheit ein: Es läßt sich bei aller Könnerschaft kaum vermeiden, daß zumindest die Außenfläche durch die plötzliche und starke Hitze hart und trocken wird.
Daß man zum Fisch grundsätzlich nur Weißwein trinkt, ist klar. Dabei sollte man folgende Unterscheidung machen: Flußfische, besonders wenn sie »blau« gekocht sind, vertragen Weine mit hohem Säureanteil; zum Seefisch ziehe ich volle Weißweine vor, möglichst Burgunder. Meine Favoriten sind einerseits elsässische Rieslinge (aber von einem guten Winzer!), andererseits *Meursault* und *Chablis* einer »ersten« oder »großen« Lage.

Der Fisch und seine Saucen

Nach dem zuvor beschriebenen Grundverfahren werden alle Fische pochiert:
Form buttern – Fisch auf gehackte Schalotten legen – erhitzten Fischfond/Wein zugießen – abdecken – im Ofen nur sanft ziehen lassen. Große Fische wie Hecht und Zander, die weit aus dem Fischsud/Wein herausragen, müssen von Zeit zu Zeit mit der Pochierflüssigkeit begossen werden. Wenn sie gar sind (je nach Größe 30–45 Minuten), enthäutet man sie *vor* dem Servieren im Ganzen. Es ist deshalb nicht unbedingt nötig, einen Hecht zu schuppen. Manche Köche raten sogar davon ab, weil sich die Haut mit den Schuppen besser entfernen ließe. Andererseits ist es bei den großen Fischen ebenso ratsam, regelmäßige, aber nicht sehr tiefe Einschnitte an den Seiten anzubringen und diese mit Salz einzureiben. Das geht bei ungeschuppten Fischen jedoch nur schwer.

Garnituren zum Fisch: von Garnelenschwänzen bis Blattspinat

Ein pochierter Fisch läßt sich auf sehr verschiedene Art und Weise servieren. Besonders die vom Geschmack her ziemlich kräftige Seezunge eignet sich ausgezeichnet, um an ihr die unzähligen Garnituren auszuprobieren, die zum Repertoire der feinen Küche gehören:

mit Garnelenschwänzen und entbarteten Muscheln
mit Champignons, Tomaten und Malaga
mit Champignonpüree und *Sauce Mornay* gratiniert
mit Kapern und Zitronenstückchen
auf Blattspinat.

Schließlich kann man sie auch in Fischfond/Sherry oder in Rotwein pochieren und danach mit glasierten Zwiebeln und Champignons garnieren.
Alle diese Garnituren werden zunächst getrennt fertiggemacht, das heißt, die Champignons werden geviertelt oder in Scheiben geschnitten und in Butter mit etwas Zitronensaft angebraten; die Tomaten in heißem Wasser enthäutet, in Stücke geschnitten und gegart; auch der Spinat muß vorher gar gedünstet und gewürzt werden.
Die Zusammenstellung von Fisch und frischem Blattspinat oder, noch besser, Sauerampfer, gehört zu den einfachen, aber großen Erfindungen der feinen Küche.
Darüber hinaus kann man Seezungen mit einer Schaum*farce*, einer sogenannten Fisch-*Mousse*, bestreichen. Andere, ganze Fische werden damit gefüllt. Nach meiner Meinung ist das der Höhepunkt bei den Fischgerichten und verlangt einen gewissen Aufwand. Eine Forellen-*Mousse* zum Beispiel ist aber nicht nur als Füllung eine große Delikatesse; als selbständige Speise gehört sie zu den erlesensten Gerichten, die Sie Ihren Gästen überhaupt vor einem Fleischgang anbieten können:

Mousse de Truit (Forellen-Mus) für 4 Personen

4 Forellen von je 250 g enthäuten. Die Filets mit einem scharfen Messer abnehmen.
Aus den Köpfen, Häuten und Gräten einen Fischfond herstellen wie beschrieben (s. S. 71). Stark reduzieren und durchsieben.
Die Forellenfilets in kleine Stücke schneiden und pürieren – entweder im Mixer oder mehrmals durch die feinste Scheibe der Fleischmaschine drehen.
2 Eiweiß dazugeben, untermischen und die Masse durch ein feines Sieb streichen.
3 EL kalten Fischsud und ⅛ l süße Sahne löffelweise dazugeben. Mit Salz und Cayennepfeffer abschmecken. *Kalt stellen!* Das Abschmekken ist – wie so oft – der wichtigste Teil dabei. Denken Sie daran, daß Gewürze in der kalten Masse nicht so intensiv schmecken wie später, wenn Sie die fertige *Mousse* heiß servieren. Fürchten Sie sich andererseits aber auch nicht vor dem Salzen!
Eine feuerfeste, zum Stürzen geeignete Form mit glatten Wänden gut ausbuttern.
Die vorbereitete Farce einfüllen und glattstreichen. Sie muß jetzt kalt sein und eine bestimmte, pastose Konsistenz haben: nicht zu dick, aber auch nicht zu flüssig.
Mit einem gebutterten Pergamentpapier bedecken und in einen größeren Topf stellen, den Sie mit kochendem Wasser so weit auffüllen, daß das Wasser wenigstens bis zu ⅔ der Höhe der Form reicht. In den vorgeheizten Ofen stellen und ca. 30 Minuten pochieren, also nicht kochen lassen. Wie heiß der Ofen dabei eingestellt sein muß, hängt von seiner Qualität ab. Erfahrungsgemäß sind 250 Grad nötig.

Wer keinen Backofen hat, kann die Farce auch auf dem Ofen im Wasserbad pochieren. Dabei sollte die Form mit der Farce aber so tief wie möglich im heißen Wasser stehen. Die Pochierzeit beträgt auf dem Ofen circa 45 Minuten.

Auf eine oder zwei Minuten kommt es an

Wie bei allen *à point* gekochten oder gebratenen Speisen kommt es dabei auf eine oder zwei Minuten an. Die übliche Anweisung: Eine Fisch*mousse* ist gar, wenn sie sich auf Fingerdruck fest anfühlt, ist zwar richtig, aber es kann dennoch sein, daß sie innen noch einen rohen Kern hat, oder fünf entscheidende Minuten zu lange im Wasserbad gart und dadurch zu fest wird. Ob Sie nun 35 oder 45 Minuten brauchen, hängt von der Art des Topfes ab und von der Menge der Fischmasse. Lieber zwei kleine Töpfe verwenden als einen großen! Auf jeden Fall muß die Kochzeit mit der Uhr kontrolliert werden. So gehen Sie nur beim ersten Mal ein Risiko ein. Beim zweiten Versuch wissen Sie genau, wie lange Sie pochieren müssen.

Das Risiko wird noch geringer, wenn Sie eine Fisch*mousse* (oder jede andere im Wasserbad pochierte Farce) in kleinen Portionsförmchen gar machen. Das geht schneller, die Masse wird gleichmäßiger gar, und eine Einzelportion läßt sich besser servieren. Ist die *Mousse* also gar, wird sie auf eine Platte gestürzt und heiß mit einer *Sauce Nantua* oder *Mornay* serviert.

Die *Sauce Mornay* ist eine fürs Überbacken mit Käse, Sahne und Eigelb verbesserte *Bechamel Sauce.* Ich habe eine Variante speziell für Fisch*mousse* und -klößchen entwickelt. Normalerweise wird die käsehaltige *Sauce Mornay* zum Gratinieren verwendet und ohne Fischfond und Safran montiert.

Sauce Bechamel

Zuerst brauchen Sie eine *Bechamel Sauce.* Diese kann man in größeren Mengen herstellen, da sie sich im Kühlschrank über eine Woche, in der Kühltruhe sogar Monate aufheben läßt. Man braucht dazu:

½ l Milch, 1½ EL Butter (ca. 60 g), 60 g Mehl, 1 feingehackte Schalotte oder 1 EL feingehackte, milde Zwiebel, 1 Prise Muskat, 1 frischen, zerriebenen Thymianzweig oder ¼ TL zerriebenen, getrockneten Thymian, 1 Prise weißen Pfeffer

Die Milch mit den Zwiebeln und Gewürzen zum Kochen bringen und sofort beiseitestellen.

In einer großen, schweren Kasserolle zerläßt man die Butter auf schwacher Hitze und schlägt, *abseits vom Feuer,* das Mehl mit dem Schneebesen hinein. Wieder leicht erhitzen, dabei ständig rühren, bis der *Roux* zu schäumen beginnt.
Nun gießen Sie die Milch unter ständigem Schlagen mit dem Schneebesen dazu, lassen leicht aufköcheln und achten darauf, daß alles Mehl sich vollständig in der Milch auflöst. Sobald die Sauce dick wird und die Drähte des Schneebesens überzieht, die Temperatur herunterschalten und 20 Minuten unter gelegentlichem Rühren sieden lassen.
Danach die Sauce durch ein feines Sieb streichen. Mit dem Rücken eines Löffels alle Zwiebelrückstände gut ausdrücken, bevor man sie wegwirft.
Wenn ich auch grundsätzlich gegen die Verwendung von Mehl bei Saucen bin, so läßt sich dieses nicht vermeiden, wo eine *Bechamel* die Basis einer anderen Sauce bildet.
Ich befürworte sogar *Bechamel Sauce* im Sauerkraut. Dort wird man sie immer verwenden, wenn das Kraut nicht zu kräftig schmecken soll, zum Beispiel bei Wildgeflügel. Für 4 Personen genügen 3 EL, um dem Kraut eine ungewohnte Sanftheit zu geben.
Eine reine *Bechamel Sauce,* wie sie zum Beispiel oft zum Blumenkohl gereicht wird, empfehle ich hingegen nicht, obwohl man sie für diesen Zweck mit Sahne und Butterflocken verbessern könnte (und, selbstverständlich, mit Salz abschmecken). Da finde ich braune Butter besser oder die hier beschriebene *Sauce Mornay* – natürlich ohne Fischsud und Safran.

Sauce Mornay

Die Zubereitung einer *Sauce Mornay:*
$\frac{1}{4}$ l *Sauce Bechamel* mit nicht ganz der gleichen Menge Fischfond und süßer Sahne erhitzen. Mit Salz und 1 Messerspitze Safran würzen. 1 Tasse geriebenen *Gruyère,* 1 El geriebenen Parmesan und 2 Eigelb gut vermengen. Abseits vom Feuer mit dem Schneebesen in die präparierte *Bechamel*-Mischung rühren. Wieder abschmecken. Nicht mehr kochen lassen, weil sonst der Käse zusammenklebt.
Da diese Sauce als Beigabe zur Forellen-*Mousse* gedacht ist, braucht sie nicht so dick zu sein, wie es nötig wäre, wenn man sie zum Über-

backen über eine Speise gießt. In einem solchen Fall nimmt man 3 oder sogar 4 Eigelb. Werden Fleisch oder Eier gratiniert, so ersetzt man den Fischfond durch einen weißen Kalbsfond oder -jus.
Der Safran gibt der eigentlich hellgelben Sauce eine dunklere, zur hellen Forellen-*Mousse* besser kontrastierende Farbe und einen äußerst pikanten Geschmack, der sich vorzüglich mit dem des Fisches ergänzt. Der passende Wein zur *Mousse de truite:* ein weißer Burgunder, dessen Trockenheit von nicht zu großer Säure begleitet wird. Also einen *Meursault* oder ein *Chablis Premier Crû.*

Ein Kapitel über Fische wäre unvollständig ohne die Forelle »blau«. Sie ist, wie das Sauerkraut bei den Gemüsen, ein nationaler Mythos. Ihr Ruf stammt allerdings aus einer Zeit, als sich Wein noch auf Rhein reimte und wir einerseits an ungesüßte, naturreine Kreszenzen dachten, andererseits an einen sauberen Fluß, in dem sich leckere Fische tummeln. Heute denken wir beim Wort Forelle an Zuchtbassins, in denen die Fische ähnliche Lebensbedingungen vorfinden wie die Hennen in den Hühnerfarmen. Denn was dem Normalkonsumenten als Forelle angeboten wird, sind ausnahmslos Zuchtforellen, und eher schmeckt heute ein Huhn nach Fisch, als daß eine Forelle so schmeckt, wie Forellen schmecken können, wenn sie in einem sauberen Gebirgsbach großgeworden sind.

Wenn also – und nichts spricht dagegen, es von Zeit zu Zeit auszuprobieren – eine Forelle auf Ihrem Speiseplan steht, so haben Sie nur eine Möglichkeit, doch noch etwas besser dazustehen als das stadtbekannte Fischrestaurant: Fragen Sie Ihren Händler nach großen Forellen! Nicht die handelsüblichen von 250 Gramm; verlangen Sie Forellen für 2 Personen, mindestens 500 Gramm schwer, wenn es geht noch größer. Es ist zwar nicht so, daß diese Riesenfische intensiv nach Forelle schmeckten; aber ihr kompaktes Fleisch ist nicht ganz so fad wie das der Portionsforellen, und man denkt nicht automatisch an Magenschonkost, wenn man sie auf der Gabel hat. Vergessen Sie aber nicht das oberste Gebot aller Fischkocherei: niemals zu lange kochen, nie trocken kochen! Eine 600 Gramm schwere Forelle braucht nicht mehr als 12 Minuten, wenn man sie im Backofen auf einem Bett von feinen Lauchstreifen im Weißwein-/Essig-Sud dünstet!

Hechtklößchen (Quenelles de brochet)

Wenn man auch der Meinung sein kann, daß zunächst einmal die Erhaltung des natürlichen Eigengeschmacks bei den Fischen – wie bei allen Nahrungsmitteln – das oberste Gebot sei, so gibt es doch keinen Feinschmecker, der nicht bereit wäre, Hechtklößchen zu einem der feinsten Fischgerichte überhaupt zu erklären. Die folgende Version verzichtet auf gewisse umständliche Einzelheiten, die sich nach meiner Erfahrung nicht auszahlen.
Für 6 Personen brauchen Sie:

1 frischen Hecht von 1000 g, 100 g Butter, 3 Eier, 2 Eigelb, 4 Eiweiß, 100 g Mehl, 4 EL süße Sahne

Lassen Sie sich den Hecht vom Händler filetieren. Zu Hause enthäuten Sie die Filets, wobei die Gräten, so gut es geht, entfernt werden. Sie werden feststellen, daß das keineswegs gut geht, und wenn Sie zwanzig Minuten an den schrecklich dünnen und hakigen Hechtgräten herumgezupft haben, wird Sie vielleicht die Verzweiflung packen wie mich, als ich mich zum ersten Mal an diese Arbeit machte. Aber ich kann Ihnen versichern, daß es gar nicht so wichtig ist, *alle* dünnen Gräten aus dem Fleisch herauszupulen. Wenn das Fleisch anschließend im Fleischwolf oder im Mixer püriert wird, bleiben sie im Quirl bzw. an der Lochscheibe hängen.
Legen Sie jetzt das schiere Hechtfleisch auf die Waage. Von dem schönen, großen Hecht werden wahrscheinlich nur 250–300 g übriggeblieben sein. Dieses Fleisch wird also püriert. Danach rührt man 2 EL weiche Butter unter und würzt mit Salz, Pfeffer und Muskat. Aus den Abfällen des Hechtes machen Sie einen Fischfond (s. S. 71).
Aber schon vorher haben Sie einen Mehlpamps zubereitet, der in der Küchensprache *Panade* heißt. In unserem Fall besteht er aus 50 g Butter, die Sie mit 1 Glas Wasser zum Kochen bringen. Dann nehmen Sie den Topf vom Feuer und geben 150 g Mehl hinzu. Verrühren, wieder aufs Feuer und kräftig rühren, bis die Masse zusammenhängend wird. Herausnehmen und auskühlen lassen.
Diese vorbereitete, kalte *Panade* verrühren Sie mit 3 ganzen Eiern und 2 Eigelb und vermischen dann alles mit dem Hechtfleisch. Abschmecken und eventuell nachwürzen. Diese Arbeit sollte möglichst auf Eis geschehen; ich habe aber festgestellt, daß es genügt,

wenn man die Zutaten ständig kalt hält, das heißt, sie nur zur Verarbeitung aus dem Eisschrank nimmt und danach sofort wieder kaltstellt. Es versteht sich von selbst, daß die Masse sehr locker, fast schaumig geschlagen werden muß.

Bei dem Mengenverhältnis zwischen Hechtfleisch und *Panade* findet man in den Kochbüchern die größten Unterschiede. Vom Verhältnis 1:1 bis zum aufwendigen 5-Teile-Hecht, 1-Teil-*Panade* ist alles vertreten. Und nichts davon ist falsch. Nur muß man beachten, daß, je mehr *Panade* man nimmt, auch mehr Eier und Sahne benötigt werden, damit die Klößchen nicht zu fest werden.

Erst kurz vor dem Kochen schlägt man noch einmal 4 Eiweiß und 4 EL Sahne leicht an und gibt sie unter die gekühlte Masse, die noch einmal ins Eisfach kommt.

Das hört sich alles ziemlich kompliziert an, aber, abgesehen von dem mehr als lohnenden Resultat, man kann sich die Arbeit sehr gut einteilen. *Panade* und Fischfond kann man auf jeden Fall einen Tag im voraus machen. Das geht, wie wir gleich sehen werden, sogar mit den Klößchen.

Nun buttern Sie einen großen, schweren und nicht zu hohen Topf aus. In einem zweiten bringen Sie Wasser zum Kochen. Sie brauchen noch einen kleinen dritten Topf, in dem ebenfalls Wasser kocht. Dahinein tauchen Sie nun einen Eßlöffel und entnehmen mit ihm der kalten Masse eine Portion, formen ein länglich-rundes Klößchen, indem Sie einen zweiten Eßlöffel über den ersten legen und lassen das Klößchen behutsam in den ausgebutterten Topf gleiten. Auf diese Weise werden alle Klößchen geformt und nebeneinander in den Topf gelegt. Nun salzen Sie das kochende Wasser und schütten es vorsichtig an der Wand des gebutterten Topfes entlang über die Klößchen. Hätten Sie diese sofort in kochendes Wasser getan, wären die ersten schon gar geworden, wenn Sie die letzten noch im Löffel hätten.

Die Klößchen läßt man 10–15 Minuten pochieren (also sieden und nicht kochen!) und nimmt sie mit einem Schaumlöffel heraus. Werden die *Quenelles* erst am nächsten Tag gebraucht, so legt man sie jetzt sofort in Eiswasser. Wenn sie ausgekühlt sind, stellt man sie, mit Alufolie zugedeckt, bis zur Verwendung in den Eisschrank. Unmittelbar vor dem Servieren bringt man einen Topf Wasser zum Kochen und läßt sie darin einige Minuten heiß werden.

Wer die *Quenelles* überwiegend aus Hechtfleisch und nur zum kleine-

ren Teil aus *Panade* macht, also auch entsprechend weniger Eier verwendet, wird feststellen, daß seine fertige Masse so fest ist, daß man sie mit der Hand zu Klößchen formen kann.
Es müssen also Hechtklößchen nicht immer gleich sein; und wenn manche Restaurants sie zu ihrer Spezialität erklären, auf die sie mit Recht stolz sind, dann kann man daraus schließen, daß der Küchenchef einen besonderen Dreh gefunden hat, der ein wenig von der Norm abweicht. Der passende Wein: Wie bei der *Mousse de Truite* empfehle ich große, weiße Burgunder. Nicht schlecht passen auch ein weißer *Hermitage* oder ein *Arbois* sowie die Schweizer *Aigle* und *Dezalay*.

Weiße Saucen

Viele Köche fürchten sich – unnötig, wie ich meine – vor einem Mißlingen von weißen Saucen (*Hollandaise, Beurre Blanc, Sauce Mousseline,* etc.). Natürlich passiert das leichter bei einer Sauce, die mit Eigelb oder frischer Butter montiert wird als bei Saucen auf Fleischjus-Basis. Eigelb kann stocken, Butter gerinnen. Aber besonders schwierig ist das Herstellen einer weißen Sauce deshalb noch lange nicht. Die Ängstlichkeit erklärt sich eher durch fehlende Übung, denn im privaten Haushalt werden weiße Saucen viel zu selten gemacht. Nur die Übung aber macht den Meister, wie wir wissen, und tatsächlich gelingen derartige Saucen mühelos, wenn man sie häufiger herstellt und das Gefühl hat: Ich kann's!
Nehmen Sie sich vor, die nächsten vier Fischgerichte mit einer weißen Sauce zu servieren!
Zum Beispiel mit der bereits erwähnten *Sauce Beurre Blanc.*

4 EL weißer Weinessig, 4 EL trockener Weißwein, 4 EL Fischfond (mit Salz und Cayennepfeffer abschmecken), 2 EL feingehackte Schalotten

in einer Kasserolle aufsetzen und langsam so lange köcheln lassen, bis die Flüssigkeit um die Hälfte reduziert ist. Abkühlen. Das können Sie Stunden vor dem Essen vorbereiten.
Vorbereiten müssen Sie auch folgendes:
200 g Butter in kleine Portionen von ungefähr ½ TL zerpflücken und ins Eisfach stellen.

Für den letzten Arbeitsgang brauchen Sie kurz vor dem Servieren etwa 7 Minuten Zeit und ruhige Nerven:
Die reduzierte Saucenbasis erneut erhitzen. Die Schalotten entweder herausfischen oder alles durchsieben. Darin 2 El Butter auflösen. Nun bei sehr schwacher Hitze die kalten Butterflöckchen nach und nach unter ständigem, aber nicht zu hastigem Schlagen mit dem Schneebesen unterziehen. Die Buttersauce bekommt nun einen weißlichen Farbton und ist von einer überraschenden Sämigkeit; überraschend, weil ja weder Eigelb noch Mehl dabei verwendet wird. Abschmecken nicht vergessen! Mißlingen kann sie nur, wenn Sie die Sauce zu stark erhitzen (nie mehr als 60 Grad!), dann gerinnt sie. Das ändert zwar ihren köstlichen Geschmack nicht, sieht aber nicht so perfekt aus wie eine ordnungsgemäß montierte *Sauce Beurre Blanc.*
Voraussetzung für das Gelingen dieser Sauce ist wieder einmal die richtige Kasserolle. Diese muß aus Gußeisen sein, das heißt, sich gleichmäßig erhitzen. Ein dünner Topf wird an irgendeiner Stelle heißer sein als an anderen und damit die Sauce gefährden. Garantiert gelingen wird eine *Beurre Blanc,* wenn sie im Wasserbad zubereitet wird. Ich halte diese Vorsicht jedoch für übertrieben, sofern Sie auf die beiden wichtigen Bedingungen achten: schwerer Topf und schwache Hitze.
Die fertige *Beurre Blanc* wird in einer Sauciere zu gekochtem oder pochiertem Hecht oder Zander serviert.
Und wenn Sie vorher einen fruchtigen, jungen *Sancerre,* einen Elsässer Riesling eines guten Winzers oder einen *Chablis Premier Crû* kalt gestellt haben, dann sind Sie, kulinarisch gesehen, der Vollkommenheit schon einen schönen Schritt nähergekommen.
Die Rezepte für eine *Sauce Hollandaise* oder eine *Sauce Mousseline* finden Sie in dem Kapitel, das dem Spargel gewidmet ist.

Fischsuppe

Es gibt fast so viele Fischsuppen, wie es verschiedene Fische gibt: Von der berühmten *Bouillabaisse* der Côte d'Azur bis zur Hamburger Aalsuppe, von der Dänischen Krabbensuppe bis zu den unzähligen Variationen der Chinesischen Küche. Fisch, das haben Feinschmecker zu allen Zeiten und in allen Teilen der Erde erkannt,

eignet sich hervorragend zur Suppe. Die Hausfrauen sind außerdem dankbar dafür, daß Fischsuppen billig und einfach zu machen sind. Teuer sind sie nur, wenn man eine Languste mitkocht, wie das bei der *Bouillabaisse* oft gemacht wird. Das nützt aber weder der Languste noch der Suppe. Das Fleisch von Langusten (oder Hummer) wird nämlich geschmacklos, wenn es lange in stark gewürzten Suppen mitkocht. Doch das ist nur ein Problem für Leute, die mal eine Abwechslung vom Kaviar brauchen.
Wir anderen haben die Wahl zwischen einer Fischsuppe aus Meeresfischen und einer aus Süßwasserfischen. Und wir können uns entscheiden, ob in unserer Suppe Fischstücke schwimmen sollen oder nicht. Muß sie als Hauptgericht herhalten, ist eine Suppe mit Fischstücken vorzuziehen. Dann braucht man zum Essen eine zusätzliche Gabel, um die Fischstücke vom Teller zu kriegen. Denn sie so klein zu schneiden, daß sie in den Löffel passen, ist nicht empfehlenswert. Einmal besteht die Gefahr, daß sie sich beim Kochen völlig auflösen, zum anderen geben sie ihren Geschmack dann zu leicht an die Suppe ab. Die aber kriegt ihren Geschmack auch so – wie wir gleich sehen werden.
Ist eine Fischsuppe nur als Vorgericht gedacht, so empfehle ich eine durchpassierte Suppe von Meeresfischen. Das ist am einfachsten. Außerdem beruhigt das auch den Hasenfuß unter Ihren Gästen, der Angst vor Gräten hat. (Süßwasserfische, also Forellen, Schleien und Hechte durchzupassieren, wäre eine arge Verschwendung.)
Für fast jede Fischsuppe brauchen Sie mindestens 500 g Fisch für 4 Portionen, aber auch 1000 g sind nicht zuviel. Allerdings nicht nur Fischfleisch, sondern auch Köpfe, Gräten und Haut! Wenn es Ihrem Fischhändler aber zu lästig ist, Ihnen die Abfälle herauszusuchen, dann kaufen Sie eine Scholle und schneiden sie mit Haut und Gräten in Stücke. Dazu nehmen Sie dann noch ein Stück Seelachs oder Seeaal oder was sonst gerade da und billig ist. Aber keine Heringe oder Makrelen, die sind zu streng im Geschmack! Das alles setzen Sie mit einem Liter kaltem Wasser auf und bringen es zum Kochen. Den sich an der Oberfläche bildenden Schaum abschöpfen, 10 Minuten ohne Deckel köcheln lassen und immer wieder den Schaum abschöpfen. Dann mit Salz, 10 weißen Pfefferkörnern und 1 Lorbeerblatt würzen und folgendes Gemüse hinzugeben: 1 große, zerhackte Zwiebel, das Weiße einer Lauchstange, etwas Grün vom Staudensellerie oder ein Stückchen Sellerieknolle, Champignon-

abfälle oder eine kleine Handvoll in Stücke geschnittene Champignons. Wenn das alles nach ungefähr 30 Minuten gar gekocht ist, gießen Sie die Suppe durch ein feines Sieb in einen anderen Topf, wobei Sie die Fischstücke und das Gemüse gut ausdrücken, bevor sie weggeworfen werden.
Ein Teil der Flüssigkeit wird inzwischen verkocht sein. Den ersetzen Sie durch einen trockenen Weißwein. Am besten nehmen Sie ein Glas von dem, den Sie nachher zur Suppe auch trinken werden. (Jawohl, zur Fischsuppe kann man, im Gegensatz zu anderen Suppen, auch Wein trinken!). Alles noch einmal gut aufkochen lassen, und dann ist die Suppe fertig. Fast fertig. Denn Sie müssen jetzt noch nachwürzen. Und da gibt es keine feste Regel, womit und wieviel. Sie können Tomatenmark nehmen oder Curry, Cayennepfeffer oder Paprika. Sie können ein in Sahne verquirltes Eigelb hineinrühren oder Zitronensaft hinzugeben, oder wovon Sie glauben, daß es der Suppe gut bekommen würde. Denn bisher haben Sie eigentlich noch keine Suppe gekocht, sondern erst einmal so etwas wie einen Fischsud hergestellt. Doch der Schritt vom Fischsud bis zur durchpassierten Fischsuppe ist nur klein: bis zu insgesamt 500 g Fisch und Fischabfälle ist es noch Sud, darüber wird's Suppe.
Auch wenn Sie in der Suppe ganze Stücke von Fischen bevorzugen, sollten Sie erst einmal diesen Sud herstellen. Darin sieden Sie dann, bei kleiner Flamme, die enthäuteten und entgräteten Fischstücke gar. Die müssen allerdings von festfleischigen Fischen sein; Kabeljau oder Barsche würden trotz aller Vorsicht zerfallen. Und wenn die Suppe ein Hauptgericht sein soll, kann man im Fischsud auch in Scheiben geschnittene Kartoffeln kochen. Aber von der festen Sorte, bitte, und natürlich, bevor man die Fischstücke hineingibt. Diese brauchen nämlich nicht länger als höchstens 10 Minuten.

Eine Variation für Gemüsefreunde:
Zusätzlich 2 Lauchstangen halbieren und in 3 cm große Stücke schneiden; eine Zwiebel kleinhacken und 250 g Karotten in 2 cm lange Stücke schneiden. Die Zwiebel mit den Karotten in Butter andünsten, den Lauch hinzugeben, und wenn alles gar ist, mit dem fertigen Sud übergießen. Jetzt erst die Fischstücke darin kochen. Mit Salz und Paprika abschmecken.
Die rotgoldene Farbe dieser Suppe ist schon allein ein Genuß! Eine

zerdrückte Knoblauchzehe darin hilft nicht nur gegen Vampire, sondern verbessert auch den Geschmack. Für Knoblauchfreunde gibt es ein Traumrezept:

Fischsuppe mit Ailloli

Ailloli ist eine Knoblauchmayonnaise, die man am Tisch in südfranzösische Fischsuppen hineinrührt. So wird's gemacht:
Drücken Sie 6 Knoblauchzehen durch eine Knoblauchpresse, geben Sie 3 Eigelb hinzu sowie eine Prise Salz und etwas Cayennepfeffer. Wie bei einer Mayonnaise tröpfeln Sie nun unter ständigem Rühren 1 Tasse Olivenöl dazu und ab und zu einige Tropfen Zitronensaft. Zum Schluß, damit das Ganze nicht gerinnt, geben Sie 1 TL heißes Wasser hinzu. Diese Knoblauchmayonnaise kann man aufheben wie andere Mayonnaise auch. Sie paßt herrlich zu hartgekochten Eiern und Artischocken, und vampirgefährdete Kinder mögen sie sogar als Brotaufstrich.
Eine Fischsuppe, zu der *Ailloli* serviert wird, verlangt natürlich einen besonders kräftigen Geschmack. Deshalb kommen zusätzlich in den Sud (vor dem Durchpassieren) 250 g kleingeschnittene Tomaten, etwas Tomatenmark, eine Messerspitze geriebene Orangenschale (gibt es als Gewürz zu kaufen) und ½ TL Safran. Dieses kostbare Gewürz gibt der Suppe die herrliche rot-gelbe Farbe und den unverwechselbaren Duft des Südens. Wenn auf ihrer Oberfläche in Scheiben geschnittene, geröstete Semmeln schwimmen und die Knoblauchmayonnaise in einem Schälchen griffbereit daneben steht, fehlt nur noch ein *Rosé de Provençe*, um die Illusion vollkommen zu machen. Trotzdem rate ich ab: Ein trockener Weißwein ist in jedem Fall die bessere Wahl!
Viel zarter und feiner ist eine

Diepper Muschelsuppe

Auch dafür brauchen Sie zunächst einmal den Fischsud. Daneben kochen Sie Muscheln, ungefähr 6 Stück pro Person. Wenn die gar sind, werden Sie aus den Schalen genommen und in den durchpassierten Sud gegeben. Dann nehmen Sie die gleiche Menge

Sahne wie Fischsud, rühren 2 Eigelb hinein und schütten alles zusammen. Kurz erhitzen, eventuell nachwürzen (Salz, weißer Pfeffer, Zitronensaft) und sofort servieren. Wem das noch nicht raffiniert genug ist und wer die Mühe nicht scheut, der kann noch eine delikate Verbesserung anbringen: Pro Person eine Tomate enthäuten und in Butter gardünsten. Mit Salz und getrocknetem Basilikum würzen, mit einer Gabel zerrupfen und vor dem Einfüllen der Suppe in die Teller geben. Hätte der Suppenkasper diese Suppe gekannt, er lebte noch heute!

Vor Stockfisch wird gewarnt

Eines meiner frühesten Eßerlebnisse hatte ich in den *12 Apostoli* in Verona. Es war ein *Saumon en croute*, ein in Teig eingebackener, ganzer Lachs, der da groß und stattlich in der kunstvoll verzierten Teighülle auf einer Anrichte lag und als Tagesspezialität angeboten wurde. Ich glaube mich zu erinnern, daß er nicht nur schön, sondern auch gut gekocht war, nämlich nicht zu lange. Doch auf den Lachs kommt es hier nicht an. Es war die dazu gereichte Sauce, die mich in Erstaunen und hellstes Entzücken versetzte: eine dickliche, graue, lauwarme Pampe, die sehr ungewohnt und außerdem nach Knoblauch schmeckte. Das sei, gab man mir Auskunft, eine Stockfischsauce. (Stockfisch = gepökelter Kabeljau, hart, salzig und einem Eskimo-Schneeschuh ähnlich.)

An diese Sauce erinnerte ich mich oft; und je häufiger ich in den folgenden Jahren in Italien und vor allem in Frankreich aß, je weiter ich wegen des Essens herumreiste, um so größer wurde meine Sehnsucht nach einer zweiten Probe dieser Sauce. Ich hatte inzwischen schon viel übers Kochen gelernt und wußte, daß es sich dabei um eine *Brandade de morue* handeln mußte, eine Spezialität der Provençe. Doch welche Speisekarte ich auch studierte, wo ich auch einkehrte, ich fand sie nicht. Eines Tages lud mich der französische Zeichner Roland Topor in Paris zum Essen ein. Er kannte mich und meine Neugier auf Restaurants sehr gut und hatte etwas Besonderes ausgesucht: ein winziges, sehr einfaches Restaurant – Kneipe ist zutreffender – in der Nähe der Place de la Republique, eine touristisch unattraktive Gegend, die auch in gastronomischer Hinsicht bisher nicht aufgefallen war. Diese Kneipe aber hatte etwas nicht Alltägliches: Es kochte dort eine Madame, und sie kochte »wie bei Muttern«, Hausmannskost. Das ist in Paris sehr in Mode gekommen als Reaktion auf den sich in der französischen Küche abzeichnenden Trend zum leichten, mageren Essen. Jedenfalls war das Essen bei Madame Cartet, so hieß sie und ihr Restaurant, nicht leicht und nicht mager. Es war auch nicht billig und nicht übermäßig gut. Aber sie hatte Speisen auf der Karte, die zumindest ungewöhnlich waren. Zum Beispiel einen Krabbenauflauf, in dem nicht wenige Stücke des Krabbenpanzers daran erinnerten, was man unter Hausmannskost auch zu verstehen hatte.

Brandade de morue

Außerdem gab es an jenem Tag bei Madame Cartet eine *Brandade de morue.* Sie wurde nicht, wie in Verona, als Beilage zu einem Fisch serviert, sondern, wie es ursprünglich auch ihre Bestimmung war, als selbständiges Zwischengericht in einer Schüssel, leicht im Ofen überbacken. Sie war viel heller als ich sie in Erinnerung hatte und schmeckte – scheußlich. Die Scheußlichkeit bestand darin, daß sie eben nicht nach Knoblauch schmeckte oder nach sonst einem Gewürz, sondern nur muffig. Außerdem war sie ungeheuer mächtig und man hatte das Gefühl, Zahngips oder sonst etwas Medizinisches im Mund zu haben; jedenfalls keine Delikatesse.
Doch weit davon entfernt, meinen Traum von einer Stockfischpaste nun endlich aufzugeben, benutzte ich die nächste Gelegenheit, um sie selbst zu machen.
Dank der Gastarbeiter ist es nicht schwer, auch in der Bundesrepublik einen Stockfisch aufzutreiben. Ich trieb einen halben auf, kleinere Portionen wollte mir die Verkäuferin in dem italienischen Spezialitätenladen nicht verkaufen. Dieser halbe Stockfisch (1200 Gramm) kostete 18 Mark – ungefähr den Preis für eine Lammschulter, aus der ich einen Leckerbissen zu machen verstehe, nach dem sich die Familie schon Stunden vor dem Essen die Finger leckt. Ich zerteilte den halben Fisch in große Stücke und wässerte sie nach Vorschrift 1½ Tage, wobei ich das Wasser mehrmals erneuerte. Da die Schüssel mit dem wässernden Fisch einen ziemlich

üblen Geruch verbreitete, stellte ich sie vors Haus auf eine Bank. (Ich wohne auf dem Lande; großer Garten ringsherum.) Um sie vor Katzen und anderen Tieren, die hier nachts munter werden, zu schützen, bedeckte ich sie mit einem engmaschigen Gitter. Eine völlig überflüssige Maßnahme, wie sich herausstellte. Ich hätte die Tiere vor dem stinkenden Fisch schützen müssen! Hunde rannten mit eingekniffenen Schwänzen davon, Katzen verzichteten auf ihre vor der Haustür stehende Milch, und sogar die Igel flohen in Scharen auf die Grundstücke der Nachbarn, bei denen das Essen erwiesenermaßen schlechter ist. Nachdem er lang genug gestunken hatte, schnitt ich den Fisch, der immer noch verdächtig fest war, in kleinere Würfel und pochierte sie ungefähr 15 Minuten mit einigen Gewürzen. Dann ließ ich die Stücke auskühlen und begann, sie sorgfältig zu entgräten. Diese Arbeit ist nicht allzu schwierig, aber doch recht unangenehm, weil der Stockfisch durchs Pochieren keineswegs ansehnlicher, jedoch furchtbar klebrig wird. Die Haut muß dranbleiben. Nun ließ ich vorschriftsmäßig eine große Tasse Olivenöl in einem schweren, eisernen Topf heiß werden, gab die Stücke dazu und begann, sie mit einem Holzspachtel gegen die Wände zu drücken, um sie kleinzukriegen. Denn das fertige Produkt soll ja eine schaumige, pastose Angelegenheit werden, auf keinen Fall aber noch erkennbare Fischstücke oder -fasern enthalten.

Der Stockfisch macht seinem Namen Ehre

Wenn man einige Erfahrung in der schönen Kunst des Kochens hat, merkt man auch bei einem neuen Rezept sofort, worauf man sich da eingelassen hat. Was ich nach den ersten Schlägen, den ersten Versuchen, den Stockfisch kleinzukriegen, merkte, entlockte mir einen leisen Fluch. Es war eine Heidenarbeit! Ich goß abwechselnd neues Olivenöl und heiße Milch dazu, rührte und preßte und schlug und drückte, mein Arm erlahmte, meine Finger schmerzten - kein nennenswerter Erfolg. Ich versuchte es mit dem Elektroquirl, was natürlich nicht half (verwandelt alle Pasten in Gummi), ich nahm eine Gabel zu Hilfe (schlechte Idee) und einen Kartoffelstampfer (gute Idee), ich versuchte, die Masse durch ein grobes Sieb zu streichen (völlig unmöglich). Ich verbrauchte einen halben Liter feinstes Olivenöl, noch etwas mehr Milch, ich preßte nach und nach vier Knoblauchzehen in die Pampe, ich probierte immer wieder, spritzte Zitronensaft, pfefferte mit Cayenne, stand schließlich minutenlang sinnend mit schmerzendem Arm und lahmem Kreuz vor meinen Gewürzen – und gab auf.

Es war nicht möglich, den Fisch so klein zu kriegen, daß er nicht mehr faserig war. Es war nicht möglich, ihm einen anderen Geschmack zu geben als jenes muffig-medizinische Aroma, und es war nicht möglich, irgend jemandem einzureden, das sei nun die neueste Delikatesse des Hauses. Nicht einmal die ewig hungrigen Katzen wollten probieren.

So hatte ich viel Geld, viel Zeit und viel Mühe geopfert, um dahinterzukommen, warum ich auf meinen vielen kulinarischen Reisen der letzten Jahre nie eine *Brandade de morue* auf den Speisekarten fand. Damals, in den *12 Apostoli*, das muß etwas ganz anderes gewesen sein.

Doch noch ein Stockfisch-Rezept

Und dann kam der Tag, da ich wieder in den *12 Apostoli* saß. Es war Winter, also keine Saison für Lachs, also auch keine Stockfischpaste. »Aber Sie haben sie doch serviert, zu Ihrem Lachs, nicht wahr? Ich habe sie hier selber gegessen!«

Der Kellner sah mich mißtrauisch an und schüttelte den Kopf. »Wir servieren unseren Lachs im Brotteig mit zwei verschiedenen Saucen: mit Buttersauce oder Kräutersauce!«

»Wollen Sie behaupten, ich hätte hier keine Stockfischpaste gegessen? Wollen Sie mir einreden, ich hätte das alles nur geträumt? Soll ich in all den Jahren einem Phantom nachgejagt sein?«

Ich muß ihn wohl ziemlich verzweifelt angesehen haben, denn jetzt lenkte er ein. »Früher haben wir tatsächlich eine *Baccal' alla Veneziana* serviert. Aber das war zu viel Arbeit. Und –«, er sah mich zweifelnd an, »– haben Sie die wirklich gemocht?« Doch ich brauchte ihm nicht zu antworten; er las die Antwort in meinem Gesicht. Und da gab er seine bisherige Zurückhaltung auf.

»Sie ist gut, die *Baccala*, nicht wahr? Ah –«, er schnalzte mit der Zunge, – »es ist eine Schande, daß wir sie nicht mehr haben. Aber viele Gäste mögen keinen Knoblauch, wissen Sie!« sagte er leise, wobei er sich vorsichtig umblickte und man ihm ansah, was er von Gästen hielt, die keinen Knoblauch mögen. Dann verschwand er in der Küche, und eine Viertelstunde später hielt ich das handgeschriebene Rezept für eine *Baccal' alla Veneziana* in den Händen. Ob es das Rezept jener Stockfischpaste ist, die ich in Erinnerung habe und die, wie ich glaube, mehr Saucencharakter hatte, kann ich nicht mit Bestimmtheit sagen. So jedenfalls empfiehlt sie der Küchenchef der *12 Apostoli* in Verona:

1500 g Stockfisch, ½ l Olivenöl, 2 Knoblauchzehen, 2 dl Sahne, gehackte Petersilie, Salz und Pfeffer

Den trockenen Stockfisch mit einem Hammer klopfen. Entgräten und abhäuten. In kochendes Wasser geben und weichkochen. Abtropfen lassen, mit dem Knoblauch durch den Fleischwolf drehen. In einem Topf auf kleiner Flamme erhitzen. Die Fischmasse mit dem Schneebesen kräftig bearbeiten, dabei tropfenweise Öl zugeben. Ist das Öl aufgebraucht, mit Salz und Pfeffer würzen und auf die gleiche Weise die Sahne untermischen. Hat die Paste eine zarte, cremige Konsistenz, ist sie fertig. Mit der Petersilie bestreut servieren.

Ausprobiert habe ich das Rezept nicht. Denn genau 24 Stunden später saß ich in Treviso bei *Alfredo* und hatte auf meinem Teller eine Stockfischpaste, die so leicht, so sanft, so locker, so weiß und so schaumig war, daß ich die Hoffnung, sie selber so hinzukriegen, gleich wieder aufgab.

Aber vielleicht versuchen Sie es einmal ...

Spargel

Es ist nicht gerade so, daß die Leute zum Spargelessen nach Schwetzingen pilgern wie zum Skilaufen nach St. Moritz. Doch es gibt wohl niemand, der den Namen des kleinen Ortes in der Nähe von Heidelberg hört und nicht automatisch an Spargel denkt. Und einmal im Jahr werden sechs Wochen lang, nämlich im Mai und Juni, in vielen guten Küchen wahre Spargelorgien gefeiert. Was ist also dran an diesem merkwürdigen Gemüse? Zunächst einmal: 95 Prozent der weißen Stangen mit dem undefinierbaren Geschmack bestehen aus Wasser. Außerdem ist Spargel teurer als fast alle Gemüse, er sättigt nicht und läßt sich fast nur auf eine einzige Art und Weise zubereiten: in Wasser gekocht, mit *Sauce Hollandaise.* Die nicht ganz glückliche Angewohnheit, ihn häufig zusammen mit Schinken zu servieren, ist lediglich das Eingeständnis, daß er als Beilage zu keinem anderen Fleisch paßt und letzten Endes nur eine Vorspeise ist und kein Hauptgericht. Also noch einmal, was ist dran an diesem merkwürdigen Gemüse? Vielleicht kann man es am besten am Beispiel des Champagners erklären. Im Gegensatz zum Wein ist guter Champagner nie schwer, nie wuchtig; er hat kein Bukett, man schmeckt weder die Traube heraus noch den Boden, auf dem er gewachsen ist – er hat, möchte man sagen, überhaupt nichts Typisches. (Außer der Kohlensäure, aber die hat Limonade auch.) Doch gerade das ist das Typische am Champagner. Denn all diese Nicht-Eigenschaften summieren sich zu dem, was man an ihm schätzt: Seine Flüchtigkeit, die bei jedem anderen Getränk ein negatives Kriterium wäre, und seine Eleganz, die eben *nicht* langweilig ist. So ähnlich, meine ich, kann man auch Spargel

definieren. Ohne ein typisches Merkmal, wie es, sagen wir, Erbsen haben oder Bohnen, vom Kohl ganz zu schweigen, besteht seine Eigenart in der Frische, der Zartheit und der Eleganz, die zusammen ein einziges Urteil zulassen: Spargel ist edel.
Wer jetzt protestiert und sagt: Spargel ist bitter, ist holzig, ist einfach sein Geld nicht wert!, dem kann ich nicht grundsätzlich widersprechen. Denn was er gegessen hat, war wahrscheinlich bitter, holzig und sein Geld nicht wert. Das ist nämlich das große Risiko beim Spargelessen: Er muß in einem bestimmten Zustand sein, damit er die hohen Erwartungen, die man ihm entgegenbringt, auch erfüllt. Er muß frischer sein als frisch. Am besten ist er, wenn er vom Spargelbeet ohne Umwege direkt in den Topf kommt. Deshalb ist es gar nicht so abwegig zu erwarten, es könnten die Spargelliebhaber jedes Jahr im Mai dorthin pilgern, wo er wächst. Viele tun das auch, und ihnen kann ich ebenfalls nicht widersprechen, wenn sie sagen: Frischer Spargel ist das Größte!

Jugenderinnerungen an sparsame Spargelzeiten

Allerdings war ich nicht immer dieser Meinung. Meine kulinarischen Erfahrungen in meiner Jugend waren im höchsten Grad unzureichend. Ich verkneife mir, diesen Tatbestand mit dem Beiwort »bedauerlicherweise« zu bezeichnen, weil ich nicht sicher bin, ob ich mich später mit der gleichen Freude dem guten Essen zugewandt hätte, wenn meine Mutter mir von Kindheit an täglich kulinarische Genüsse verschafft hätte. Sie war einfach keine gute Köchin. Das hing keineswegs allein damit zusammen, daß meine Jugend in die Zeit des Krieges fiel, als gute Nahrungsmittel rar waren. Wenn es damals auch kaum Butter und fast nie Sahne gab, von so schönen Dingen wie Perlhühnern und zarten Lämmern ganz zu schweigen, so war doch das Gemüse mindestens so gut wie heute. Und auch in schlechten Zeiten ist es möglich, Gemüse so anzurichten, daß es eine Delikatesse ist. Doch wenn Generationen von Kindern schon bei dem Wort »Spinat« kreidebleich wurden, so lag das ausschließlich an der barbarischen Art und Weise, wie dieses feine Gemüse damals allgemein zubereitet wurde: Durchgedreht mit gehackten Zwiebeln in Wasser gekocht! Man lese nur in deutschen Kochbüchern aus jener Zeit nach, welche Vorstellungen vom

Essen eine Nation hatte, die sich ohne Hemmungen als Hüter der abendländischen Kultur betrachtete.
Ähnlich wie mit dem Spinat, mit dem deutsche Kinder erst versöhnt wurden, als ihre Eltern in Italien lernten, wie man ihn richtig kocht, ging es mir mit Spargel. Weil man an vielen Dingen sparen mußte, sparte meine Mutter auch am Spargel. Das heißt, er wurde dünn geschält, und bevor sie vielleicht versehentlich etwas abgeschnitten hätte, was eßbar war, ließ sie großzügig holzige und bittere Teile stehen. Diese Sparsamkeit war durchaus keine persönliche Marotte meiner Mutter. Ich erinnere mich gut, daß auch der Spargel in den Restaurants kaum besser war. Die Folge davon war, daß ich noch in einem Alter, in dem ich bereits außergewöhnliche kulinarische Erfahrungen gemacht hatte, Spargel immer noch für ein völlig überschätztes Gemüse hielt. Meine Bekehrung fand in Burgund statt - in jener schönen französischen Landschaft, der wohl jeder Liebhaber guter Küche das eine oder das andere zu verdanken hat. Ich war damals zum ersten Mal mit Johanna unterwegs, und ich hatte mir als festlichen Auftakt unserer Reise ein Mittagessen im Restaurant *Côte d'Or* in Saulieu ausgesucht, das unter seinem Gründer Alexandre Dumaine stets einer der berühmtesten Wallfahrtsorte für die Freßtouristen war, und auch unter seinem Nachfolger François Minot zu den besten Restaurants Frankreichs gehörte. Es war im Mai: Spargelzeit. Natürlich dachte ich keine Sekunde daran, in diesem Restaurant Spargel zu essen. Schon hundert Kilometer vor Saulieu hatte ich Johanna von den herrlichen Terrinen und Pasteten erzählt, die in der *Côte d'Or* so unvergleichlich waren, und von der Spezialität des Hauses, einen frischen Lachs in Champagner so kurz zu pochieren, daß er am Rückgrat fast noch blutig ist. Ich schwärmte von den erlesenen Desserts und von dem wunderbar frischen und fruchtigen *Puilly-Fuissé,* den ich dort getrunken hatte. Als wir dann an unserem Tisch saßen und ich endlich die Speisekarte in der Hand hatte, passierte es. Es gibt zwei Situationen, in denen ich alle Vorsichtsmaßnahmen außer acht lasse und meine Aufmerksamkeit von einer schönen Begleiterin abwende: wenn eine noch schönere vorbeigeht, und wenn ich eine Speisekarte in der Hand habe. Mit der Karte vor Augen achtete ich also nicht auf Johanna. Deshalb traute ich meinen Ohren nicht, als sie mir zuflüsterte: »Ich möchte auch Spargel!« Und sie zeigte diskret auf den Nebentisch, wo gerade ein

Kellner dabei war, etwas zu servieren, auf das die Bezeichnung »Spargel« eigentlich nicht zutraf. Es waren Stangen von der Dicke einer Banane, mit Köpfen so lang wie Finger. Wie Kinderfinger, zugegeben, aber trotzdem: sowas hatte ich noch nicht gesehen. Außerdem waren sie nicht weiß, sondern hellgrün, oder richtiger: grüngelb. »Kann ich nicht zuerst eine Portion Spargel essen?« drängte Johanna. Dieses »zuerst« versöhnte mich auf der Stelle. Einen Augenblick lang hatte ich nämlich geglaubt, sie wolle hier, wo sich die größten Köche die größte Mühe geben mit verschwenderisch getrüffelten Bresse-Hühnern und Ochsenkoteletts von den sagenhaften Charollaisrindern, sie wolle hier als Hauptgericht lediglich Spargel essen.
Also bestellte ich zuerst einmal eine Portion Spargel für Johanna und danach zwei vollständige Menüs. Als der Kellner den Spargel brachte, fragte er, ob ich davon vielleicht etwas mitessen wolle, und schon hatte ich einen Teller vor mir und eine Stange Spargel in der Hand. »In der Hand« ist tatsächlich der richtige Ausdruck; denn diesen Superspargel konnte man kaum, wie es die feine Art ist, etepetete mit den Fingern zum Mund führen, sondern man hatte das Bedürfnis, ihn in die Faust zu nehmen wie der Läufer von Olympia seine Fackel. Was soll ich sagen: Beim ersten Biß in den überirdisch zarten Spargelkopf brach in mir ein Vorurteil zusammen, beim zweiten Biß war ich ein Spargel-Fan. Danach aßen wir unsere Vorspeise. Wenn auch hier vom Spargel die Rede ist, so hielte ich es für unfair, würde ich die Gelegenheit verstreichen lassen, ohne über die Terrinen und Pasteten des François Minot zu berichten. Wohl habe ich woanders ein- oder zweimal genauso gute gegessen, aber nie bessere. Die *Galantine de Saumon*, die Johanna aß, war eine Forellen*mousse* mit Stücken vom Lachsrücken, mit Trüffeln und Pistazien. Diese prosaische Inhaltsangabe kann weder den optischen Eindruck beschreiben, den dieses äußerst schwierig herzustellende Kunstwerk machte, noch eine annähernde Vorstellung davon vermitteln, wie es schmeckte. Aussehen tat es übrigens ein bißchen wie der bunte türkische Honig, den es auf Rummelplätzen gibt. Der rosa Lachs in der weißen *Mousse*, dazwischen schwarze Trüffelstücke und grüne Pistazien, und das alles so arrangiert, daß man sah: Hier war nichts dem Zufall überlassen! Noch schwieriger als das Arrangement ist es aber, den richtigen Geschmack und die richtige Konsistenz hinzukriegen. Wie leicht bleibt eine Forellen-

mousse fade, wie schnell ist sie trocken gekocht! Nachdem ich Johannas Lachsterrine probiert hatte, wandte ich mich meiner Vorspeise zu. Ich aß eine *Paté de Brillat-Savarin.* Das waren in Blätterteig eingebackene, kleingeschnittene Kutteln und Stücke von Truthahnfleisch, mit Nelken und Rosinen gewürzt. Ich hatte Truthahn immer für etwas trocken gehalten und vor Kutteln sogar ein heimliches Grauen. Doch nur bis zu diesem Tag.
Als wir uns aufatmend zurücklehnten und der Kellner den letzten Tropfen *Pouilly-Fuissé* aus unserer Flasche in die Gläser goß, sagte Johanna: »Wie wär es, könnten wir zwischendurch nicht schnell noch eine Portion Spargel essen? Er war doch sooo wunderbar ...!« Also teilten wir uns vor dem Hauptgericht noch eine Portion von diesem unglaublich dicken, unglaublich zarten und unglaublich delikaten Spargel. Und wir aßen noch eine dritte Portion. Als nämlich der Kellner den Rotwein brachte und zweifelnd fragte, ob wir zu unserem *Côte de Bœuf* noch eine Beilage essen wollten, antwortete Johanna kaltblütig: »Warum nicht Spargel?« Und so geschah es.

Nicht nur in Frankreich und nicht einmal nur in Schwetzingen

Es soll hier nicht der Eindruck entstehen, als wäre vollkommener Spargelgenuß – wie allerdings viele andere kulinarische Dinge – nur in Frankreich möglich. Man muß nicht einmal unbedingt nach Schwetzingen. Denn die modernen Transportmittel ermöglichen es uns glücklicherweise, daß Spargel auch noch 1000 Kilometer von seinem Anbauort entfernt herrlich frisch gegessen werden kann. Wer ihn kauft, muß aber unbedingt auf Folgendes achten: Die Schnittenden dürfen noch nicht angetrocknet oder gar eingeschrumpft sein. Beim Zusammendrücken – und genieren Sie sich keinesfalls vor dem Kauf, diese Probe zu machen! – muß noch Wasser herausquillen, wenn der Spargel frisch ist! Mit jedem Tag, den er älter wird, verliert er mehr von seinem Saft. Dadurch wird er zäh und holzig.

Großzügig beim Spargelschälen!

Die zweite wichtige Bedingung ist, daß er sorgfältig geschält wird. In diesem Fall heißt das: großzügig! Und zwar mit einem kleinen, scharfen Messer, von der Stelle hinter dem Spargelkopf abwärts bis zum Spargelende. Denken Sie beim Schälen bitte nicht daran, wie teuer das Kilo war, das Sie für zwei Personen brauchen: rechnen Sie nicht aus, daß der Abfall allein so viel kostet, wie eine Dose Formosaspargel im Sonderangebot des Supermarktes. Fangen Sie oben am Kopf dünn an, weil nicht nur der Kopf, sondern auch der obere Teil der Stange am zartesten ist. Je näher Sie aber dem Spargelende kommen, um so dicker müssen Sie die Schale wegschneiden. Denn nichts ist ärgerlicher, als wenn man sich genußvoll über eine Portion Spargel hermacht und dann auf jeder Stange herumkaut wie auf nassem Stroh. Für den Geschmack des Spargels spielt es übrigens keine Rolle, ob er dick oder dünn ist. Der dünne hat nur den Nachteil, daß von ihm nicht viel übrigbleibt, wenn er gut geschält wird. Schließlich gibt es noch eine dritte Möglichkeit, den schönsten Spargel zu ruinieren: indem man ihn zu weich kocht. Wie lange er nun kochen muß, läßt sich nicht genau sagen; der eine Spargel ist schon nach 15 Minuten gar, der andere braucht eine halbe Stunde. Es gibt die verschiedensten Ratschläge, den richtigen Zeitpunkt zu erkennen: Man kann mit einer Nadel in einen Spargelkopf stechen, man kann mit den Fingern probieren, ob sich der Spargel kurz hinter dem Kopf eindrücken läßt. Am einfachsten wäre es, eine Stange aus dem kochenden Wasser zu nehmen und sie zu essen. Aber – Spargel sollte immer gebündelt sein, das heißt, mit einem dünnen Bindfaden hinter den Köpfen und am Schnittende zusammengebunden ins kochende Wasser gelegt werden. Nur so kann man ihn, wenn er gar ist, mühelos herausnehmen, ohne daß die wertvollen und empfindlichen Köpfe abbrechen.

Denken Sie jedenfalls daran, daß Spargel mit den Fingern gegessen wird. Die Stangen dürfen also nicht so weich sein, daß sie, wenn man sie vom Teller nimmt, schlaff nach unten hängen. Serviert wird Spargel übrigens auf einer zusammengefalteten Serviette, damit das Wasser möglichst aufgesaugt wird. Nasser Spargel verbindet sich nur schlecht mit Saucen, und mit heißer Butter schon gar nicht. Vergessen Sie auch nicht, Ihren Gästen eine Fingerschale mit lauwarmem Wasser auf den Tisch zu stellen. Denn mag es noch so rustikal aussehen, wenn man Spargel mit den Fingern ißt, so bedeutet das noch lange nicht, daß sich Ihre Gäste den Spargelsaft an der Serviette abwischen müssen. Was nun die unterschiedlichen Sorten angeht, den Spargel mit den langen, blauen Köpfen, den grünen Spargel, den geraden, weißen Kurzkopfspargel, so sind diese zwar auch von unterschiedlichem Geschmack, jedoch nur in Nuancen. Der eine schmeckt ein wenig intensiver, der andere vielleicht eine Spur bitterer – aber ich möchte behaupten, daß das alles keine qualitativen Unterschiede sind. Ein Spargelesser bevorzugt diese Sorte, ein anderer jene; und ich glaube, eine Wertung ist hier unangebracht. Jede Sorte kann zur Handelsklasse A gehören. Wichtig ist nur, um das noch einmal zu wiederholen, daß er frisch ist. Wenn man mich fragt, was denn ein Amateurkoch tun könne, damit seine Gäste nicht nur von dem edlen Spargel begeistert sind, sondern auch dem Koch Respekt bezeugen müssen, so kann ich nur sagen: das schafft er mit der Sauce. Denn Spargelkochen ist keine Kunst. Aber jeder, der etwas vom Kochen versteht, wird sich achtungsvoll die Lippen lecken, wenn Ihnen eine Holländische Sauce perfekt gelungen ist. Das ist nämlich eine ziemlich vertrackte Angelegenheit. Und wenn Sie in Ihren Kochbüchern nachsehen, werden Sie finden, daß es für diese berühmte Sauce in sieben verschiedenen Büchern sieben verschiedene Rezepte gibt. Aus den verschiedenen Möglichkeiten habe ich eine herausgesucht, die zwar nicht die einfachste ist (die wird mit Mehl gemacht, danke!), aber eine besonders pikante Variante darstellt.

Sauce Hollandaise

Eine *Sauce Hollandaise* besteht hauptsächlich aus Eigelb und Butter, das bedeutet, daß sie auf keinen Fall stark erhitzt werden darf, weil sonst das Eigelb stockt. Die wichtigste Voraussetzung für das Gelingen ist also eine schwache und vor allem gleichmäßige Hitze. Die erreichen Sie am sichersten, wenn Sie die Sauce im Wasserbad montieren.

Also zuerst eine große, hochwandige Pfanne mit Wasser aufsetzen. Daneben lassen Sie in einem kleinen Pfännchen frische Butter langsam schmelzen, und zwar pro Eigelb 60 Gramm, das bedeutet für 4 Personen: 3 Eigelb = 180 g Butter. In eine schwere Kasserolle geben Sie 1 TL Butter, 1 EL Wasser, 1 EL Zitronensaft und 3 Eigelb. Diese Kasserolle in die Pfanne mit dem heißen Wasser stellen und langsam, aber ständig mit dem Schneebesen schlagen, während sich Eigelb, Wasser und Butter erwärmen. Mit dem Finger prüfen, daß die Wärme nicht zur Hitze wird! Haben Sie eine Temperatur von ungefähr 40 Grad erreicht, gießen Sie die inzwischen flüssig, aber nicht heiß gewordene Butter portionsweise, also nicht auf einmal, in das Eigelb, wobei Sie ständig weiter schlagen. Die weiße Molke, die sich auf dem Boden des Butterpfännchens abgesetzt hat, verwenden Sie nicht. Zwischendurch schmecken Sie mit Salz und feinem, weißem Pfeffer ab und geben eventuell noch etwas Zitronensaft hinzu. Sie werden merken, wie die Masse nach und nach wunderbar sämig wird. Dann ist Ihre *Sauce Hollandaise* auch schon fertig. Das dauert ungefähr 15 Minuten, und wenn man es kann, ist es wirklich kein Grund zur Aufregung, besonders wenn man sie im Wasserbad montiert. Profis machen die Sauce am Rande des Herdes, und manche schlagen die ungeschmolzene Butter stückchenweise hinein wie bei einer *Sauce Beurre Blanc.* Dadurch wird sie noch sämiger, fast so steif wie Mayonnaise; die Herstellung dauert aber länger. Und da man Buttersaucen nur frisch machen kann, halte ich es für unzumutbar, daß ein Amateurkoch sich eine halbe Stunde in der Küche mit der Sauce abmüht, während sich seine Gäste auf dem Sofa verlustieren. Wenn Sie es noch raffinierter lieben, so ziehen Sie unter die fertige, diesmal aber stärker gewürzte *Sauce Hollandaise* noch 3 EL steifgeschlagene Sahne: dann haben Sie eine *Sauce Mousseline* montiert, und das macht Ihnen so leicht keiner nach.

Zum Spargel passen aber auch kalte Saucen, wie eine *Sauce Vinaigrette,* eine *Sauce Tartar* usw. Die entsprechenden Rezepte finden Sie in allen Kochbüchern. Natürlich kann man Spargel auch kalt als Vorspeise essen. Das hat den Vorteil, daß man ihn vor Ankunft der Gäste vorbereiten kann. Und ebenfalls die Sauce, die berühmte *Grüne Frankfurter Sauce* – Goethes Lieblingssauce. Das ist eine Kräutersauce, die gerade zur Spargelzeit, wenn es frische Kräuter gibt, am besten schmeckt.

Das Rezept zu Goethes Lieblingssauce

1 Tasse feingehackte Petersilie, Estragon und Kerbel; 1 Tasse feingehackter Borretsch. Die Kräuter vermengt man mit 1 TL Senf, 1 Tasse Olivenöl, 3 EL Weinessig, 3 hartgekochten Eigelb sowie Salz und Pfeffer und streicht sie durch ein feines Sieb. Experimentierfreudigen Köchen ist auch etwas Dill und Majoran erlaubt. Schließlich kann man das Eiweiß feinhacken und zum Schluß unter die Sauce rühren. Wichtig ist nur, daß der Spargel makellos ist, so frisch, so zart und so delikat, daß sich auch der passionierte Wintersportler nach dem Mai und Juni sehnt - der Spargelzeit.

Welcher Wein zum Spargel paßt, ist gar nicht so leicht zu sagen. Eigentlich passen alle Weißweine, wenn sie nicht süß sind. Aber man sollte doch darauf achten, daß sie nicht zu sauer sind. Bei den Elsässern bedeutet das: lieber einen *Tokay d'Alsace* (Ruländer) als einen *Riesling*. Und wer das Gefühl hat, zum Spargel passe auch ein leichter Rotwein, wie ein fruchtiger *Chinon*, ein *Trollinger* (sofern er keine Restsüße hat), oder ein Südtiroler, der hat zwar einen eigenwilligen, aber keinen schlechten Geschmack.

Pilze

Wenn es im Walde röhrt, und es sind nicht die Hirsche, dann ist Pilzzeit. Den Sammler möchte ich sehen, der beim Anblick eines wurmfreien Steinpilzes einen Freudenschrei unterdrücken kann. Seit die Familien geschlossen auf die Pilzjagd gehen, herrscht in stadtnahen Pilzgebieten ein Getöse wie in Italiens Auen zur Zeit der Niederwildjagd. Und fast so gefährlich ist es auch. Denn obwohl er seltener ist als man annimmt, fordert der tödliche Knollenblätterpilz jedes Jahr seine Opfer.

Zwar ist die überwiegende Mehrzahl der bei uns vorkommenden Pilze eßbar, doch kann man leider nicht von allen sagen, daß sie hervorragend schmecken. Viele sind nämlich, was die Pilzbücher einen »minderwertigen Speisepilz« nennen: nichtssagend im Geschmack oder bitter, zäh oder in der Pfanne auf ein Nichts zusammenschrumpfend und für empfindliche Mägen sogar schlecht bekömmlich. Es ist wie mit dem Leitungswasser. Vielen machen ein paar Millionen Bakterien mehr oder weniger nichts aus. Aber den an totale Keimfreiheit gewöhnten Whiskytrinker wirft schon der Eiswürfel im Scotch aufs Krankenlager.

Ängstliche und Hypochonder sollten Pilze erst gar nicht versuchen. Schon manchem wurde grün und übel, wenn der Gastgeber nach einem Pilzgericht den Standardscherz der Pilzsammler servierte: »Einer war allerdings dabei, den kannte ich nicht!« Die Amateursammler beschränken sich vernünftigerweise auf die wenigen Sorten, die fast jeder mit Sicherheit erkennen kann und die auch zufällig zu den besten Speisepilzen gehören: Steinpilz und Pfifferling, Birkenpilz und Maronenpilz, Reizker und Wiesenchampignon. Letzterer wird von vorsichtigen Sammlern oft stehengelassen, weil

er eine oberflächliche Ähnlichkeit mit dem Knollenblätterpilz hat. Seine fleischroten bis schokoladenbraunen Lamellen unterscheiden ihn aber doch von dem ganz weißen Giftpilz. Der Reizker andererseits ist nicht immer gleichwertig. Am besten eignet er sich zum Einlegen in Essig, was allerdings den Vorstellungen der meisten Pilzsammler nicht entspricht. Sie wollen nach dem Grundrezept zubereitete frische Pilze: Kleingehackte Zwiebeln in reichlich Butter andünsten, die in Stücke geschnittenen Pilze dazugeben, auf großer Flamme braten lassen, mit Salz und Pfeffer würzen (je nach Geschmack auch Knoblauch) und zum Schluß gehackte Petersilie darüberstreuen. Tatsächlich bringt dieses Rezept den Eigengeschmack der Pilze am besten hervor. Bei einigen Sorten empfiehlt sich die Verwendung von Butter und Speck, bei anderen ein Spritzer Zitronensaft. Wichtig ist eine große Pfanne. Die Pilze sollen möglichst alle gleichzeitig mit dem heißen Fett in Berührung kommen. Wenn sie aufeinanderliegen, ziehen sie zuviel Wasser und werden mehr gekocht als gebraten. Den besten Pilz überhaupt findet man kaum noch: die Speisemorchel. Glücklicherweise schmeckt er getrocknet mindestens so gut wie frisch.
Der unverwechselbare Fliegenpilz schließlich ist sogar notorischen Städtern als Gartenzwergzubehör bekannt. Sein Gift enthält bewußtseinsverändernde Substanzen, weshalb er, nach der Theorie eines englischen Professors mit dem lebhaften Namen Allegro, im Altertum Mittelpunkt eines Pilzkultes gewesen sein soll. Wer je einen vom Jagdfieber befallenen Pilzsucher auf allen Vieren stundenlang durchs nasse Unterholz hat kriechen sehen, glaubt's gern.

Zu Pilzen passen sowohl Weiß- wie Rotweine, wenn die ersteren nicht zu viel Säure haben (trocken müssen sie natürlich sein) und die letzteren nicht zu schwer sind. Werden Pilze als Beilage zu einem Fleischgericht serviert, richtet sich die Wahl des Weines selbstverständlich nach dem Fleisch.

Morcheln

Es gibt erfahrene Esser, die behaupten, nicht die kostbare Trüffel (Kilopreis irgendwo zwischen 300 und 700 Mark) sei der beste Pilz, sondern die Morchel. Das mag sich für den Normalverbraucher an-

hören wie die Behauptung, der Ferrari habe eine bessere Hinterachse als der Maserati. Darüber hinaus gibt es beide Pilzarten bei uns nie frisch, sondern Trüffeln nur in Dosen und Morcheln getrocknet. In diesem Zustand finde ich allerdings die Morchel tatsächlich schmackhafter und vielseitiger.
Das finden die Schweizer auch. Die Morchelsauce, mit der in vielen Schweizer Restaurants Kalbschnitzel, -filets, oder -koteletts begleitet werden, ist fast so typisch schweizerisch wie das berühmte *Rösti*. Ob in Genf, Zürich oder Solothurn – in allen Kantonen findet man getrocknete Morcheln in kleinen Lebensmittelgeschäften.
Billig sind sie deshalb noch lange nicht. In 20 g-Tüten abgepackt, kosten sie in der Schweiz 5 Mark bis 5 Mark 50, bei uns oft das Doppelte. Getrocknet ist ihr Geschmack am intensivsten. Da reichen 20 Gramm für 2 Portionen. Wenn Sie aber ganz festlich und fürstlich kochen wollen, dann nehmen Sie die doppelte Menge und bereiten daraus ein reines Morchelgericht – von dem Sie allerdings nicht satt werden. Als erster Gang oder als Zwischengericht eines Festessens ist es jedoch eine der delikatesten und ungewöhnlichsten Speisen, die ich kenne. Doch zuerst zur

Morchelsauce mit Kalbschnitzel

Die getrockneten Morcheln in lauwarmem Wasser einweichen, daß sie gut bedeckt sind. Es gibt erbsenkleine und eiergroße Morcheln, aber ich lasse sie in jedem Fall ganz, auch wenn der Größenunterschied erheblich ist. Nach 1–2 Stunden, länger ist nicht nötig – auch wenn's manchmal auf der Packung anders heißt! – herausnehmen und unter fließendem Wasser gründlich und einzeln waschen. So gut es geht abtrocknen. Das jetzt dunkelbraune Einweichwasser durch ein sehr feines Haarsieb oder ein Filterpapier in ein Gefäß abgießen.
In einer schweren, gußeisernen Pfanne 2 EL Butter heiß werden lassen und die Morcheln darin anbraten. Der Sinn dabei ist weniger, daß sie braun werden (das sind sie sowieso), sondern daß sie ihren hohen Wassergehalt möglichst verlieren. Mit Salz, Pfeffer und einigen Tropfen Zitronensaft würzen; ein kleines Glas Cognac angießen. Nun etwas Sahne hinzugeben und einkochen lassen, bis sie eine hellbraune Farbe annimmt. Etwas vom durchgesiebten

Morchelwasser dazu. Einkochen lassen, bis die Flüssigkeit auf die Hälfte reduziert ist. Und wiederholen: zuerst Sahne, Farbe annehmen lassen, Morchelwasser dazu, einkochen lassen, wieder Sahne, usw. Dieses Einkochen ist, wie gesagt, der wichtigste Vorgang beim Saucenkochen überhaupt. In 10 bis höchstens 15 Minuten sollten Sie dabei ungefähr $\frac{1}{4}$ l Sahne verbraucht haben. Und wenn Sie einen vorbereiteten Kalbsjus im Eisschrank haben und davon auch noch 3 EL dazugeben – um so besser. Zwischendurch immer wieder abschmecken, und wenn nötig, mit einigen Tropfen Zitronensaft oder Salz nachwürzen. Und ganz zum Schluß Portwein. Oder Madeira. Oder Wermuth. Alles geht; jedes Mal schmeckt es etwas anders, aber richten Sie sich da ganz nach Ihrem Geschmack und nicht nach einem Rezept: Kochen sollte nie zum Dogma werden!
Ja, das war's schon. Nun braten Sie schnell Ihre Kalbschnitzel, erhitzen die Morchelsauce noch einmal, gießen sie über das Fleisch und servieren mit – möglichst selbstgemachten – Nudeln. Und wenn Sie sich beim Essen noch auf etwas anderes konzentrieren können als auf das, was Ihnen da so unvergleichlich wohlschmekkend über die Zunge geht, so wird Ihnen vielleicht auffallen, daß man diese Sauce auch mit geschmortem Huhn und überhaupt zu jedem weißen Fleisch servieren kann.
Man kann sie aber auch, wie oben angedeutet, allein als Vor- oder Zwischengericht servieren:
Sie nehmen eine doppelte Portion getrockneter Morcheln und erhöhen auch die Sahnemenge etwas. Sodann die, wie oben beschrieben, zubereitete, fertige Sauce oder, besser gesagt, das Morchelragout, in eine feuerfeste Porzellanform mit geraden Wänden füllen (Souffléform). $\frac{1}{2}$ Paket tiefgefrorenen Blätterteig so weit ausrollen, daß der Teig als Deckel auf die Form gelegt werden kann. Diese sollte nicht größer als 18 cm im Durchmesser sein, weil der Deckel sonst einfiele. In eine 18 cm-Form passen allerdings nicht mehr als 4 Portionen. Die Ränder des Blätterteigdeckels mit Eiweiß an den Seitenwänden der Form verkleben und den Teig mit 1 Eigelb, gemischt mit 1 TL Wasser, bestreichen. In den auf 200 Grad vorgeheizten Ofen schieben und backen lassen, bis der Teig aufgegangen und goldbraun ist, was ungefähr 30–50 Minuten dauert. In der Form servieren. Wer sich vorstellen kann, wie das aussieht und duftet, wenn die Form mit dem appetitlichen Blätterteigdeckel auf-

getragen wird, der begreift, daß so servierte Morcheln eine kleine Sensation sein können. Und wer sie probiert, der träumt noch lange davon.

Unser liebster Küchenpilz: Der Champignon

Gratin von Champignons

Dazu braucht man zunächst einmal eine flache, feuerfeste Form, die man in den Backofen schieben kann. Für 4 Personen brauchen Sie:

500 g frische Champignons, 150 g geriebenen Gruyère, 2 Schalotten, 2 Eier, Saft von ½ Zitrone, ¼ l süße Sahne, Butter, Salz, Pfeffer, Muskatnuß

Die Champignons waschen, putzen und abtrocknen. In nicht zu dünne Scheiben schneiden. Die Schalotten *sehr* fein hacken. Wenn Sie keine Schalotten auftreiben, dann nehmen Sie eine möglichst junge und kleine Zwiebel. In 1 EL Butter auf kleiner Flamme glasig dünsten, bis sie gar sind. Die Champignons dazugeben und die Flamme größer stellen, aber nicht so groß, daß die Pilze anbraten. Den Zitronensaft hinzufügen, salzen, pfeffern. Wenn sie gar sind, dürfen sie nicht trocken gekocht sein, aber auch nicht gerade im eigenen Saft schwimmen.
Inzwischen haben Sie die Eier, Pfeffer und Muskatnuß in der Sahne verquirlt. Da hinein kommt jetzt auch der geriebene Gruyère. Gerieben heißt, daß *Sie* ihn soeben gerieben haben, und Gruyère bedeutet, daß Sie keinen anderen Käse nehmen. Den geriebenen Gruyère also unter die Sahne mischen. Die Champignons nun in die gut ausgebutterte feuerfeste Form geben und mit dem Eier-Sahne-Käse-Gemisch übergießen, bis sie fast mit Flüssigkeit bedeckt sind. Darauf Butterflöckchen verteilen und alles im oberen Drittel des Backofens bei starker Hitze gratinieren, bis die Oberfläche goldbraun ist. In der Form servieren. Dazu kann man, wenn es denn sein muß, Reis essen; aber es genügt auch ein Stück Weißbrot. Schließlich handelt es sich hier nur um ein Vorgericht. Das darauf folgende Hauptgericht sollte übrigens möglichst wenig

Sauce haben. Vor ein Hauptgericht mit viel Sauce paßt besser ein Käse*soufflé.*
Ein *Soufflé* ist ein Auflauf mit vielen Eiern, der während des Backens aufgeht. Je weniger Mehl ein *Soufflé* enthält, um so feiner wird es sein – wenn es etwas wird. Denn je weniger Mehl ein *Soufflé* enthält, um so schwieriger ist es zu machen. Es fällt, wenn man es aus dem Ofen nimmt, leicht zusammen. Das hier beschriebene Käse*soufflé* gehört zu der einfachen Sorte – was die Herstellung betrifft. Als Vorspeise jedoch ist es ein unerhört dekoratives und höchst delikates Gericht. Für 4 Personen braucht man

250 g geriebenen Gruyère, 4 Eigelb, 6 Eiweiß, 2 EL Mehl, 50 g Butter, 1/4 l Milch, 3 EL süße Sahne, Salz, Cayennepfeffer, Muskatnuß

Eine feuerfeste Auflaufform mit senkrechten Wänden aus Porzellan oder Steingut gut ausbuttern und mit etwas geriebenem Käse ausstreuen. Den Backofen auf 200 Grad vorheizen. In einer Kasserolle die restliche Butter zergehen lassen und das Mehl dazugeben. Gut mischen und unter ständigem Rühren mit einem Holzlöffel einige Minuten köcheln lassen. Diese Mischung, die man *Roux* nennt, darf nicht braun werden. Den Topf vom Feuer nehmen und die Milch dazu gießen. Mit einem Schneebesen schlagen, salzen und pfeffern und mit Muskat würzen. Wieder aufs Feuer setzen und kurz weiterkochen lassen.
In einem anderen Topf mischt man die Eigelb mit der Sahne. Man gießt etwas von dem heißen *Roux* dazu, verrührt und gibt dann alles zusammen in eine Kasserolle; verrühren. Vom Feuer nehmen und vorsichtshalber abschmecken.
Nun schlägt man die Eiweiß zu steifem Schnee, bis sie feste Spitzen bilden. Das geht am schnellsten mit dem elektrischen Schneebesen. In guten Küchen wird es jedoch immer mit der Hand gemacht! Von diesem Schnee rührt man einen Löffel in den dicken, warmen Eiercreme, damit er etwas flüssiger wird. Dann rührt man den geriebenen Käse hinein und hebt als letztes *vorsichtig* den restlichen Eierschnee unter. Diese *Soufflé*masse füllt man in die Auflaufform, die nur zu zwei Drittel voll sein darf; denn im Ofen geht das alles ja noch schön in die Höhe! Die Oberfläche mit dem Spachtel glattstreichen und etwa 2 cm vom Rand eine kreisrunde Furche ziehen. Dadurch entsteht während des Backens eine dekorative Kappe. Nun kommt

die Form in den Ofen, den man sofort auf 180 Grad heruntergeschaltet. Ungefähr 20–30 Minuten backen. So lange jedenfalls, bis das *Soufflé* über den Rand hinaus aufgegangen und an der Oberfläche appetitlich goldbraun geworden ist. Sofort servieren und dabei die am Tisch versammelten Esser beobachten; die werden ihre Verblüffung und Bewunderung nicht verbergen können.

Nicht immer gilt: Rotwein zum Käse

Weil Käse der Hauptbestandteil dieser Speise ist, liegt es nahe, einen Rotwein dazu zu trinken. Doch Vorsicht! Die Regel »Rotwein zum Käse« stimmt nicht in allen Fällen! Zu vielen Ziegenkäsen, besonders zu frischen, passen einige Weißweine mindestens genausogut! Ähnlich ist es beim Käse*soufflé*. Ich meine, daß ein voller, weißer Burgunder oder ein *Arbois*, ein Ruländer und sogar ein Gewürztraminer (von der trockenen Sorte) möglich sind. Wenn aber schon Rotwein, dann sollte es auch ein guter Burgunder sein, der allerdings durch einen klassifizierten älteren Bordeaux noch übertroffen würde.

Champignonpüree

Oft sind es einzelne Bestandteile eines Gerichtes, die diesem zu seiner geschätzten Eigenart verhelfen: eine spezielle Füllung; eine besondere Saucenart; eine Marinade; eine Kruste aus überbackenem Käse. Zu diesen vorzüglichen Dingen gehört die *Duxelles*, ein Champignonpüree, das nach seinem Erfinder, dem französischen Marquis d'Uxelles, benannt ist. Wo die *Duxelles* einem Stück Fleisch von ihrem Geschmack abgibt, darf man mit Recht eine außergewöhnliche Delikatesse erwarten. Man verwendet sie für Kalbskoteletts, oder -filets, die man damit bestreicht und dann überbäckt; oder im Filet Wellington, jenem Pracht- und Staatsbraten, bei dem ein ganzes Rinderfilet in Blätterteig eingebacken wird (s. S. 172). Auch als Bestandteil vieler Aufläufe eignet sie sich hervorragend. Eine Schicht Champignonpüree in einem Auflauf von rohen, dünnen Kartoffelscheiben, der mit einer Mischung aus Milch, Eigelb und geriebenem Gruyère übergossen und im Ofen braun gebacken wird, das macht jedes Fleisch überflüssig und ist trotzdem etwas Besonderes. Als Omelettfüllung ist eine *Duxelles* geradezu sensationell. Vermischt man sie dagegen mit der gleichen Menge bulgarischen Schafskäse, so hat man eine Füllung für Tauben, Wachteln und Stubenkücken, die nach meiner Meinung kaum zu übertreffen ist. Und so wird sie gemacht:

Man rechnet ungefähr 125 g Champignons pro Portion. Man wäscht und putzt sie und läßt sie auf Küchenkrepp abtrocknen. Dann dreht man sie durch eine Mühle. Das kann die feinste Scheibe des Fleischwolfes sein, eine Nußmühle oder sonst eine der verschiedenen Küchenmühlen, die es gibt. Man kann die Pilze auch mit dem Messer fein – sehr fein! – hacken, aber das dauert natürlich ganz schön lange. Danach legt man die durchgedrehten Champignons auf ein sauberes Küchentuch, dreht es zusammen und preßt alle Flüssigkeit heraus. Übrig bleibt ein unansehnlicher, dunkelgrauer Klumpen. Nun nimmt man 1 oder 2 Schalotten – je nach deren Größe und Menge der Champignons. Diese nun sehr fein hacken und in reichlich Butter auf kleiner Flamme unter öfterem Umrühren mit einem Holzlöffel gar schwitzen lassen. Die Zwiebeln dürfen dabei nicht braun, sondern nur glasig werden. Wenn sie soweit sind, kommen die ausgepreßten Champignons dazu. Jetzt merken Sie, daß Sie immer noch nicht genug Butter genommen haben; denn die durchgedrehten, trockenen Pilze saugen die Butter auf wie Löschpapier. Also nochmals Butter dran. Sollten sie, was vorkommen kann, zu feucht oder zu fett sein, lassen Sie sie in einem Sieb abtropfen, wobei Sie eventuell mit einem Löffel nachhelfen. Die Flamme jetzt größer stellen und die Champignons nur kurze Zeit braten (ca. 5 Minuten). Einige Tropfen Zitronensaft darüberträufeln und mit Salz, Pfeffer und ein wenig Tomatenmark würzen. (Bei 250 g Champignons genügt 1 knapper Teelöffel.) Das war's. Die *Duxelles* ist fertig.

Beim Abschmecken denken Sie sofort: Donnerwetter, das kann man ja auch so essen, wie es ist! Kann man auch. Zum Beispiel als Beilage zu Wild (wenn Sie nicht gerade Rotkohl auf dem Teller haben), zu hartgekochten Eiern oder in ausgehöhlten Tomaten. Man kann sogar eine Sauce davon machen, indem man trockenen Weißwein und konzentrierte Bouillon mit Petersilie, Kerbel und Estragon zur *Duxelles* gibt und 5 Minuten kochen läßt. Doch wie Sie sie auch verwenden – tun Sie es öfter! Sie wird die Qualität ihrer Küche verbessern!

Die Kartoffel

Die Kartoffel ist gesünder als man glaubt und hat weniger Kalorien als allgemein angenommen wird. Dennoch ist viel gegen das Kartoffelessen einzuwenden – wenn es in der in Deutschland üblichen Form geschieht: als Salzkartoffel.
Schon aus geschmacklichen Gründen ist jede andere Zubereitungsart vorzuziehen; vor allem aber ist die Salzkartoffel die Hauptursache für die berüchtigten Saucen der deutschen Küche. Denn weil sie trocken ist und verhältnismäßig wenig Eigengeschmack hat, braucht die Salzkartoffel mehr Sauce als andere Beilagen. Aber nur die wenigsten Fleischgerichte ergeben so viel Sauce, daß diese nicht künstlich verlängert werden müßte.
Abgesehen von Ragouts, *Bœuf Bourguignon* oder ähnlichen Fleischgerichten, die mariniert werden und schon von der Marinade her über genügend Saucenbasis verfügen, gibt es eigentlich nur eine Art von Speise, bei der Salzkartoffeln berechtigt sind: Gekochter Fisch.
Ich will auch nicht verschweigen, daß gekochte, große Kartoffeln, die vorher zerschnitten wurden, damit sie gleichmäßig garen, nicht gerade einen Anblick bieten, den man von der feinen Küche erwartet. Dort werden Kartoffeln, wenn sie schon gekocht werden, mit dem Messer zurechtgeschnitzt, bis sie alle eine gleichmäßige, hübsche, ovale Form von höchstens Eigröße haben.
Ähnlich präpariert man übrigens auch Karotten, die niemals einfach nur in Stücke geschnitten, sondern an den Enden zusätzlich abgerundet werden. Für Privathaushaltungen allerdings, die keinen billigen Küchenlehrling zum Karotten- und Kartoffelschnitzen haben, ist dieses Problem zugegebenermaßen nicht so einfach zu lösen.
Am plausibelsten ist der Verzicht auf Salzkartoffeln bei kurzge-

bratenem Fleisch, bei Wildgeflügel und feinen Innereien wie Kalbsleber und -bries. Die internationale Küche serviert daher häufig die überall beliebten Pommes frites, wogegen vom Geschmack her gar nichts zu sagen wäre – wenn sie nicht geradezu Kalorienbomben wären. Wer auf das Eisbein verzichtet, um nicht dick zu werden und statt dessen ein Steak mit Pommes frites ißt, hat nicht viel gewonnen.

Ein *Gratin* von Kartoffeln ist zwar auch nicht kalorienarm, aber es gehört in eine Geschmackskategorie, wo solche Überlegungen dann doch nicht mehr zählen.

Gratin Savoyarde

Ein *Gratin Savoyarde* zum Beispiel ist nicht nur ein ideales Beigericht zu solchen Köstlichkeiten wie Lammkeule, es paßt nicht nur ebensogut zu allen Koteletts wie zu jeder Art von Schmorbraten, es ist ein selbständiges und vorzügliches Gericht auch ohne Fleisch. Mit Lauchgemüse ergibt es eine perfekte Kombination, und zusammen mit Blattspinat und Champignons wird es oft das Lieblingsessen von Kindern, die früher bei dem Wort Spinat erbleichten.
Schon allein der Anblick eines *Gratin*, wenn es in der Backform auf den Tisch gebracht wird, mit einer goldgelben Schicht geschmolzenem Käse bedeckt, vor Hitze dampfend und herrlichen Duft verbreitend – ist ein Augenschmaus!
Zum *Gratin Savoyarde* für 4 Personen brauchen Sie:

1 kg Salatkartoffeln (festkochende Sorte), ¼ l Milch, ⅛ l süße Sahne, 2 Eier, 200 g geriebenen Gruyère, Butter, Knoblauch, Muskat, Salz, Pfeffer

Die Kartoffeln schälen, abtrocknen und auf einem Gemüsehobel in sehr dünne Scheiben von höchstens 3 mm Dicke schneiden. Sofort weiterverarbeiten: Eine flache, feuerfeste Auflaufform, möglichst aus emailliertem Gußeisen oder Keramik, mit Knoblauch gründlich ausreiben. Knoblauchfreunde dürfen den Lauch durchpressen und die Form damit ausstreichen. Die Form großzügig ausbuttern.
Eine Schicht Kartoffelscheiben einlegen. Mit Muskat, Pfeffer und Salz würzen und etwas geriebenem Käse bestreuen. Darauf eine

zweite Schicht Kartoffeln legen, wieder würzen, mit Käse bestreuen und mit einer dritten Schicht ebenso verfahren. Auf diese Schicht wird der restliche Käse dick gestreut.
Die Milch, die Sahne und Eier gut verquirlen, ebenfalls würzen und über die Kartoffeln gießen. Die Flüssigkeit muß die oberste Kartoffelschicht erreichen, ohne sie zu bedecken.
In dichtem Abstand mit Butterflöckchen besetzen und in die Mitte des auf 180 Grad vorgeheizten Ofens schieben. Nach ungefähr 30 Minuten wird die Oberfläche braun werden, dann mit Alufolie abdecken und noch weitere 15–20 Minuten garen lassen. In der Form servieren.
Das Gelingen des *Gratin* hängt eigentlich nur vom richtigen Würzen ab, und das bedeutet wie bei allen Kartoffelgerichten zuerst einmal: salzen! Auch der beste Käse und die dickste Sahne nützen wenig, wenn die Kartoffeln nicht genug gesalzen sind. Erfahrungsgemäß wird in der Küche selten etwas versalzen: vor allem unerfahrene Köche sparen sehr häufig mit dem Salz, aus Furcht, eine Speise zu versalzen und damit ungenießbar zu machen. Es ist aber eine Tatsache, daß bei vielen Grundmaterialien der Geschmack erst durch die richtige Menge Salz hervorkommt. Jedenfalls ist die Kunst, mit Salz umzugehen, in der Küche viel wichtiger als der Mut zu einem exotischen Gewürz.
Jede Art von Würzen ist eine Frage des Fingerspitzengefühls, das kein Kochbuch vermitteln kann.

Zum Überbacken

Die meisten Kochbücher empfehlen, Kartoffeln (wenn überhaupt) mit Emmentaler zu überbacken. Ich habe die Erfahrung gemacht, daß der Emmentaler Käse, auch der echte Schweizer, heute kaum noch so schmeckt, wie er früher einmal geschmeckt hat. Ich nehme deshalb für alle Gerichte, die mit geriebenem Käse zubereitet werden, *Gruyère*.
Eventuell kann man dem *Gruyère* auch noch Parmesan zusetzen, im Verhältnis 2:1.
Niemals aber unvermischten Parmesan auf eine Speise streuen, die überbacken werden soll! Parmesan wird dann hart und bitter! Unerläßlich für ein *Gratin* ist in jedem Fall eine große Anzahl auf der Oberfläche verteilter Butterflöckchen.

Die Bezeichnung *Savoyarde* deutet immer darauf hin, daß das entsprechende Gericht mit Sahne und *Gruyère* bzw. Emmentaler zubereitet wird. *Savoyen* ist eine französische Alpenlandschaft wie das Allgäu. Das *Gratin Dauphinois* ist eine etwas magere Variation. Es empfiehlt sich vor allem dann, wenn das Fleischgericht selber schon reichhaltig und mächtig ist.

Beim *Gratin Dauphinois* verzichtet man auf Sahne und Eier, begnügt sich also mit Milch, und legt die Kartoffelscheiben nur in *zwei* Lagen aus. Auch streut man den Käse nicht so dick wie beim *Gratin Savoyarde.* Dadurch wird der goldgelbe Ton der Oberfläche nicht gelingen; das *Gratin* backt richtig braun.

Auch backen die Kartoffelscheiben bei dieser Version leicht am Boden und an den Rändern an. Das ist jedoch nicht nur nicht schlimm, manche Esser mögen diese braunen Kartoffelscheiben besonders gern. Jedenfalls kann ein *Gratin* bei einer Ofentemperatur von nur 180 Grad in einer gut ausgebutterten Form nicht anbrennen.

Mit dem gleichen Namen – *Gratin Dauphinois* – wird eine Variation bezeichnet, die geschmacklich in eine andere Richtung geht. Dabei wird völlig auf Käse verzichtet, die Milch aber wieder mit Sahne angereichert. Gewürzt wird nicht mit Muskat, sondern zwischen die beiden Lagen Kartoffelscheiben wird fein zerriebener, getrockneter Thymian eingestreut. Dieses Gericht ist vor allem zu empfehlen bei Speisen, zu denen Käse nicht paßt: Enten und Wildgeflügel, sowie dann, wenn das Fleisch von besonderer Feinheit ist, wie Rehrücken, Lammrücken, Filet Wellington usw. Wieder mit Käse, aber an Stelle von Milch und Sahne mit Hühnerbrühe aufgeschüttet wird eine andere Variation, das *Gratin du Bugey.* Als Flüssigkeit wird dabei eine kräftige Hühnerbrühe verwendet. Statt mit Butterflocken bedeckt man den Käse auf der Oberfläche mit Hühnerfett.

Gratin mit Steinpilzen. Für dieses aromatische *Gratin* nimmt man nur getrocknete Pilze, die man mindestens 1½ Stunden vorher in Wasser einweicht. Sie haben einen intensiveren, würzigeren Geschmack als frische Pilze (deren Vorzüge woanders liegen). Theoretisch kann man nach dem *Gratin*-Prinzip unzählige Variationen herstellen. Hier haben vor allem Köche mit Fantasie und Experimentierfreude Gelegenheit, ihr Talent unter Beweis zu stellen.

Zu Wildgeflügel, aber auch zu Hasen und Kaninchen, empfehle ich ein *Gratin* nach Art des *Gratin Dauphinois,* das mit einer Masse gefüllt wird, die man aus der zerdrückten, rohen Leber des jeweiligen Tieres und bulgarischem Schafskäse herstellt. *Gratins* dürfen nie sehr hoch sein. Wenn Sie 6 Personen zu Tisch haben, brauchen Sie eine entsprechend große Form. Liegen die Kartoffelscheiben nämlich in einer kleinen Form hoch aufeinander, kann es passieren, daß die Flüssigkeit nicht genügend verkocht, und das *Gratin* wird pappig. Außerdem werden die in der Mitte liegenden Kartoffeln erst viel später gar als die an der Oberfläche oder die auf dem Boden der Form.

Das muß man bei einem *Kartoffelauflauf* berücksichtigen. Er unterscheidet sich vom *Gratin* durch die Höhe. Einen Auflauf kocht man in einer hohen *Soufflé*form (mit geraden Wänden) oder in einem feuerfesten Glastopf.

Als Füllung für einen Kartoffelauflauf geht praktisch alles: Enthäutete und kleingeschnittene Tomaten (Basilikum oder Thymian), Gurken (Dill oder Estragon), Pilze jeder Art (frische Pilze müsen vorher extra angebraten werden, damit sie den größten Teil ihres Wassers verlieren), Blattspinat (mit Parmesan), ebenfalls vorkochen, und schließlich Fischstücke oder Hackfleisch. Doch das gehört dann schon zu den Eintopfgerichten. Für alle *Gratins* wie auch für Aufläufe nur festkochende Salatkartoffeln verwenden! Mehlige Kartoffeln braucht man nur für Klöße, Knödel und Kartoffelpüree.

Zu allen *Gratins* trinkt man Rotwein.

Kartoffelpüree stampfen, nie rühren!

Wie Kartoffelpüree gemacht wird, glaubt jeder zu wissen. Dennoch wird dabei die wichtigste Regel oft mißachtet: Niemals mit dem Elektroquirl pürieren; und auch mit dem Handstampfer nie rühren, sondern die gekochten Kartoffeln immer nur von oben nach unten zerdrücken! Durch Rühren wird Kartoffelpüree klebrig. Auch dürfen Kartoffeln immer erst in der letzten Minute püriert werden, und zwar auf dem heißen Ofen und so lange, bis alle Feuchtigkeit verdampft ist. Dann erst gibt man Milch und Sahne und auch noch eine gute Portion Butter hinzu. Nachsalzen wird wohl in jedem Fall erforderlich sein.

Eintopfgerichte

Es gibt einen Eintopf, dessen Rezept wohl jeder kennt: »Man nehme einen nicht zu mageren Missionar, entkleide ihn sorgfältig und gebe ihn in einen großen, gußeisernen Kessel. Bis zu Dreiviertel mit kaltem Wasser auffüllen und den Inhalt auf mäßigem Feuer langsam zum Kochen bringen. Abschäumen und würzen ...« Womit man einen Missionar würzt, hängt davon ab, wo er gekocht wird, das heißt von den Kräutern, die man zur Verfügung hat. Daß aber Eintopfgerichte über den ganzen Erdball verteilt zu finden sind (wie die Missionare), und sich auch heute noch der größte Teil der Menschheit davon ernährt wie vor zweitausend Jahren, vergessen wir nur zu leicht, wenn wir uns Kartoffeln und Gemüse, alles separat gekocht, zum Steak auf den Teller legen. Ein Hirsebrei hat nun mal nichts Sensationelles an sich; es ist interessanter zu hören, daß Kleopatra alle Stunde einen frischen, wilden Eber an den Spieß stecken ließ für den Fall, daß ihr geliebter Antonius heimkehren und Hunger haben sollte. Dabei hätte dem ein Fischragout mit Äpfeln und Curry oder ein provençalischer Kartoffelauflauf bestimmt genauso gut schmeckt. Doch so was kannte er nicht; möglicherweise wäre es ihm auch nicht fein genug gewesen. Denn die Römer waren damals, was wir »Neureiche« nennen; und entsprechend snobistisch. Der Feinschmecker Lukullus, der reicher war als Cäsar, prahlte öffentlich damit, wieviel Geld er für die Genüsse seiner Tafel ausgab. Es waren horrende Summen. Aufwendiges und kostspieliges Essen war im alten Rom ein Statussymbol wie heute die Yacht in Cannes. Geschlemmt wurde erst einmal, um Eindruck zu machen. Die meisten der antiken Delikatessen würden uns heute gar nicht so besonders schmecken. Die Römer hatten auf ihren Eroberungszügen zwar viele unbekannte Kochmethoden entdeckt und neue Eßgewohnheiten angenommen, das alles aber ziemlich wahllos ihrem Speisezettel einverleibt und darauflosgefuttert.

Die da so schlemmten, das waren jedoch nur wenige Privilegierte, die große Mehrzahl der Römer aß mehr als bescheiden; nach unseren Vorstellungen geradezu erbärmlich: Flache Getreidekuchen, Brot, Zwiebel und manchmal etwas Käse. Wenn sie überhaupt etwas Warmes aßen, dann aßen sie einen Eintopf. Auch die Vorstellung, daß die Germanen oder die Gallier oder wer sonst gerade Mitteleuropa bevölkerte, am lodernden Holzfeuer saßen, Wildschweinkeulen in der Hand und Bier im Bart, stimmt leider nicht. Die Wahrheit ist, daß sie bis in die Neuzeit hinein von Brei lebten oder ihr hartes Brot in eine Wassersuppe tunkten, in jedem Fall also Durcheinandergekochtes aßen: Eintopf. Raymond Oliver, der Besitzer des berühmten Pariser Restaurants *Grand Vefour,* einer der großen französischen Köche und gleichzeitig ein gründlicher Kenner der Geschichte der Eßkultur, hat diesen Eintopf folgendermaßen beschrieben: »Die Suppe war bis zur Regierungszeit Heinrich IV., der sie so besonders rühmte, und noch über sie hinaus, das Hauptgericht. Die Methode der Zubereitung war höchst einfach. Ein riesiger, mit Wasser gefüllter Kessel, der ständig über dem Feuer hing, kochte einfach alles. Bis zur Zeit Karls des Großen wurde alles unterschiedslos hineingeworfen. Man schöpfte die Portionen heraus und füllte den Topf mit anderen Ingredienzen wieder auf. Zuweilen fand sich sogar Fisch und Fleisch gleichzeitig im großen Kochtopf; ... doch geschah dies selten und ausnahmsweise, denn die Lebensmittel waren nicht häufig in großer Fülle und Abwechslung vorhanden.«

Ich weiß, das klingt nicht gerade wie eine Empfehlung für Eintopfgerichte, die ich Ihnen hier schmackhaft machen möchte. Doch haben wir inzwischen ganz andere Kenntnisse von der Kochkunst als die Menschen früherer Zeiten, und in Verbindung mit damals unbekannten oder seltenen Gewürzen sind wir in der Lage, in einem einzigen Topf Gerichte von größtem Wohlgeschmack herzustellen, die man auch nach strengen Maßstäben als Delikatesse bezeichnen kann.

Cassoulet: Bohneneintopf aus dem Südwesten Frankreichs

Eines der ältesten Nahrungsmittel ist die getrocknete Bohne, und es ist ziemlich sicher, daß Bohnengerichte schon vor vielen tausend Jahren gegessen wurden. Es ist allerdings auch sicher, daß sie damals nicht annähernd so herrlich geschmeckt haben wie ein *Cassoulet.* Dieser Bohneneintopf stammt aus der südwestlichen Ecke Frankreichs und hat sich unter den kunstvollen Händen französischer Köche von einem mittelalterlichen Magenfüller zu einer Spezialität entwickelt, die dem Kenner das Wasser im Munde zusammenlaufen läßt. Offiziell gibt es vom *Cassoulet* vier verschiedene Rezepte, je nachdem, ob es ein *Cassoulet* ist, wie man es in Castelnaudary kocht oder in Toulose, oder eins aus der Gegend von Carcasson oder Catsannau – doch in Wirklichkeit gibt es so viele Variationen des *Cassoulet,* wie es Köche gibt, die es zubereiten.
Gemeinsam ist allen Rezepten nur das Grundprinzip: Weiße Bohnen werden mit Gänsefleisch, Knoblauchwurst, Zwiebeln und Knoblauch in Gänseschmalz geschmort. Aber nicht nur Gänsefleisch gehört dazu. Auch Schweine- oder Hammelfleisch wird mitgekocht, und wenn es gerade keine Gänse gibt, bitte sehr, eine Ente darf es auch sein. Was die Gans betrifft – bzw. die davon benötigten Stücke –, so sollte sie *eingemacht* sein. Wer es jedoch aus irgendeinem entschuldbaren Grund versäumt hat, im letzten Winter ein paar Gänse einzumachen, nun, der nimmt eben frisches Gänsefleisch. Auch bequeme Köche werden begeistert sein: Sie können gewaltige Mengen davon im voraus kochen; es läßt sich immer wieder aufwärmen. Anatole France beschrieb in seiner »Histoire comique« das Restaurant einer gewissen Mutter Clémence in der Rue Vavin in Paris, wo das *Cassoulet* seit 20 Jahren (!) koche. Die verschiedenen Möglichkeiten bei der Wahl der Fleischeinlage lassen auch verschmerzen, daß es bei uns die vorgeschriebene, spezielle Knoblauchwurst nicht gibt, die *Saucisse de Toulouse.* Man kann sie durch die italienische *Zampone* ersetzen – die es allerdings auch nicht gibt. Irgendwie kochbare Knoblauchwurst sollte sich aber im Heimatland der Würste wohl auftreiben lassen. Die einzige Zutat, die Sie nicht ersetzen können, wenn Sie sich an den Herd stellen, ist Zeit. Denn unter vier Stunden ist so ein *Cassoulet* nicht gar zu kriegen. Trotzdem brauchen Sie nicht erschöpft zusammenbrechen, wenn

Ihre Gäste kommen, weil man es etappenweise im voraus kochen kann – wenn es sein muß, 20 Jahre im voraus, wie wir gehört haben. Das folgende Rezept ist weder ein *Cassoulet Castelnaudary* noch sonst eine der anderen Grundarten, es ist eine willkürliche und persönliche Zusammenstellung aus den bekannten Variationen, wie ich sie am liebsten mag, wobei ich dem Lammfleisch – neben der Gans – besondere Wichtigkeit beimesse. Aber sollte der eine oder andere Leser eine Aversion gegen Lamm haben (warum nicht? Es gibt sogar Menschen mit sonst hervorragend ausgebildetem Geschmack, die mögen keine Kalbsnieren), so kann er es durch eine entsprechend größere Menge Schweinefleisch ersetzen. Und es muß nicht unbedingt das Fleisch von Schweinekoteletts sein; Schweinenacken oder -schulter schmeckt fast noch besser, ist allerdings auch fetter. Nur Rind- und Kalbfleisch gehören nie in diesen Bohnentopf. Für 6 Personen brauchen Sie dazu:

500 g getrocknete weiße Bohnen, 1500 g Gänsefleisch (eingemacht oder frisch), 300 g Lammschulter ohne Knochen, 300 g Schweinekoteletts ohne Knochen, 300 g Knoblauch-Kochwurst, 250 g geräucherter, durchwachsener Bauchspeck (Wammerl), 500 g enthäutete und entkernte Tomaten oder die entsprechende Menge Dosentomaten, abgetropft, 2 l Bouillon oder Hühnerbrühe, Gänseschmalz, Thymian, 2 Lorbeerblätter, 2 große Zwiebeln, 4 Zehen Knoblauch, 2 Stangen Staudensellerie, das Weiße einer Lauchstange, 1 Karotte, Petersilie, Semmelbrösel, 1 Glas trockener Weißwein

(Die Gewichtsangaben beim Fleisch brauchen Sie nicht so genau zu nehmen. Es darf auch mehr sein – solange man die Bohnen dazwischen noch wiederfindet).

Ob man die Bohnen über Nacht in kaltem Wasser einweichen muß, hängt von ihrem Alter ab. Sind sie frisch, werden sie durch langes Einweichen zu schnell gar und mehlig. Da man den Bohnen ihr Alter nicht ansieht, vor allem, wenn sie in einer Schachtel sind, sollte man möglichst eine populäre Marke in einem Geschäft mit großem Umsatz kaufen. Dort werden sie meistens so frisch sein, daß man sie folgendermaßen zubereiten kann:

Die Bohnen 2 Stunden in kaltem Wasser einweichen, zum Kochen bringen und wieder – ca. 40 Minuten – abkühlen lassen. Durch ein

Sieb abtropfen. Nun mit der gesalzenen Bouillon erneut aufsetzen, den Speck, eine mit Gewürznelken gespickte Zwiebel, die Karotte, den Lauch, 1 Lorbeerblatt hinzugeben und ungefähr 2 Stunden kochen lassen, bis die Bohnen fast, aber noch nicht ganz weich sind. Nach 1 Stunde Kochzeit geben Sie die Knoblauchwurst hinzu, die Sie vorher mit der Gabel mehrfach einstechen, damit sie etwas von ihrem Fett loswird. Nach Beendigung dieses ersten Arbeitsganges werden die Bohnen durchgesiebt, die verschiedenen Gemüse und Gewürze herausgefischt und weggeworfen. Die Brühe heben Sie auf.

Inzwischen haben Sie das Fleisch in Gänseschmalz angebraten. Wenn Sie einen Grill haben, grillen Sie die Gänsestücke, die vorher mit etwas Schmalz eingepinselt werden müssen. Das andere Fleisch wird in 4 cm große Würfel geschnitten und in einer schweren, großen Pfanne in sehr heißem Gänseschmalz angebraten, und zwar immer nur wenige Stücke auf einmal. Wenn sie eine schöne braune Farbe angenommen haben, herausnehmen, salzen und pfeffern. Jetzt kommt es auf die Fleischqualität an, ob Sie die angebratenen Stücke anschließend noch 1 Stunde lang in einer offenen, feuerfesten Form bei 200 Grad im Backofen gar braten müssen. Verwenden Sie Fleisch vom Schweinerücken (Kotelett), ist das nicht notwendig; Stücke von der Schulter aber kriegen Sie in der Pfanne so einfach nicht gar. Das gleiche gilt für Lammfleisch. Sie müssen probieren und dabei einkalkulieren, daß das Fleisch nachher noch einmal mindestens 1½ Stunden zusammen mit den Bohnen im Ofen gekocht wird. Nach den Fleischstücken röstet man in dem Bratfett der Pfanne die kleingehackte Zwiebel und die ebenfalls kleingehackten Knoblauchzehen an, gibt die kleingeschnittenen Selleriestangen dazu und läßt alles unter häufigem Rühren mit einem Holzlöffel Farbe annehmen. Dann mit dem Weißwein ablöschen und auf großer Flamme einkochen lassen, bis nur noch sehr wenig Flüssigkeit in der Pfanne übrig bleibt. Da hinein geben Sie nun die kleingeschnittenen Tomaten, 1 Lorbeerblatt, Salz, Pfeffer und Thymian. Wieviel Salz, entscheiden Sie durch Abschmecken. Überhaupt ist das Abschmecken der einzelnen Bestandteile eines *Cassoulets* sehr wichtig, weil das Nachwürzen zum Schluß, wenn alles vermischt ist, nicht ganz einfach ist.

Nun geben Sie diese saucige Tomaten-Gemüse-Mischung zu den Fleischstücken und lassen alles zusammen im Ofen garen, oder,

wenn das Fleisch vom bloßen Anbraten in der Pfanne bereits gar genug sein sollte, stellen alles beiseite.
Die gegrillten Gänsestücke lassen Sie abkühlen, schneiden die Knochen heraus und alles überflüssige Fett und die Haut weg, und zerteilen sie in mundgerechte Stücke. Haben Sie das Gänsefleisch aber ebenfalls in der Pfanne angebraten, so muß es auf jeden Fall im Ofen fertiggebraten werden. Während das geschieht, was ungefähr eine Stunde dauert, können Sie in den Keller gehen, um sich zu überzeugen, daß Sie auch noch genug *Beaujolais* für Ihre Gäste vorrätig haben; denn das ist der Wein, der, möglichst frisch und kühl getrunken, am besten zu einem *Cassoulet* paßt.
Dann kommt der letzte Arbeitsgang. Den Boden eines großen, feuerfesten Topfes – möglichst aus emailliertem Gußeisen oder Keramik, aber Glas geht auch – bedecken Sie mit einer Schicht Bohnen. Darauf legen Sie eine Schicht mit den verschiedenen Fleischarten, auch der Bauchspeck, in kleine Würfel geschnitten, kommt dazu sowie die *enthäuteten und in Scheiben geschnittenen Würste*. Das alles bedecken Sie mit einer zweiten Lage Bohnen. (Wenn Sie für 8 Leute oder mehrere Tage gekocht haben, können Sie das jetzt noch einmal wiederholen: eine Lage Fleisch, eine Lage Bohnen.) Nun gießen Sie den Bratensaft, in dem das Fleisch gar gemacht wurde, zu der Bouillon, und mit dieser füllen Sie die Bohnen auf, bis die Flüssigkeit die obersten Bohnen erreicht, sie aber nicht bedeckt. Bedeckt wird die oberste Lage mit einer dicken Schicht Semmelbrösel, die man mit Gänseschmalz beträufelt. Nun bringen Sie den Topf auf dem Herd zum Erhitzen und schieben ihn dann ohne Deckel in den Backofen, wo er bei 180 Grad leise vor sich hin schmurgeln soll. Nach ungefähr 1 Stunde wird sich eine schöne goldbraune Kruste gebildet haben. Diese wird zerrupft und unter die Bohnen gemischt. Bald wird sich eine neue, zweite Kruste bilden. Eine alte Tradition schreibt vor, daß ein richtiges *Cassoulet* sieben Krusten bilden muß, bevor es serviert werden darf. Dann allerdings brauchen Sie den ganzen Tag zum Kochen. Das fertige Gericht wird in der Backform serviert. Lassen Sie Ihre Gäste sich selber bedienen: Das Eintauchen eines großen Löffels in die heiße, dampfende Köstlichkeit, wenn die goldene Kruste zerbricht und den herrlichen Duft freigibt, ist einer der schönsten Momente rustikaler Tafelfreuden, auf die der Genießer nicht verzichten möchte.

Das Synonym für Eintopf: Erbsensuppe

Wenn es ein deutsches *Cassoulet* gäbe, es wäre die Erbsensuppe. Sie ist bei uns das Synonym für Eintopf, und das nicht nur wegen der fragwürdigen Popularität, die sie während des Dritten Reiches genoß. Wer jemals morgens um 5 Uhr nach einer durchfeierten Nacht einen Teller heiße Erbsensuppe aß, der weiß, wie sie die Lebensgeister wieder beleben kann! Ob sie mit grünen oder gelben Erbsen gekocht wird, ob diese durchpassiert, zerkocht oder ganz gelassen werden; ob man ihr frisches, fettes Schweinefleisch (Eisbein) beigibt oder geräuchertes (Kassler) oder verschiedene Würste – sie ist, bei aller Einfachheit, eine Speise, von der auch der verwöhnteste Feinschmecker sagen muß, daß sie herrlich schmeckt, und daß es, zur rechten Zeit und bei passender Gelegenheit, kaum etwas Besseres gibt. So wird sie gemacht:

400 g ungeschälte grüne oder gelbe Erbsen, 500 g festkochende Kartoffeln, in kleine Würfel geschnitten, 250 g geräucherter Bauchspeck (Wammerl), 500 g Schweinefleisch, frisch (Haxe, Eisbein), oder geräuchert (Kassler), 1 Stange Lauch, 1 große Zwiebel, 1 Karotte, Majoran, Gewürznelken, Salz und Pfeffer, Speckschwarten (nach Belieben)

Die Erbsen gründlich waschen und 12 Stunden einweichen. Im Einweichwasser mit dem Fleisch, dem Speck, der Karotte, einer halben Zwiebel, Salz und Pfeffer 1½ Stunden kochen lassen, den kleingeschnittenen Lauch und die Kartoffeln dazugeben und weiterkochen lassen, bis alles gar ist. Die andere halbe Zwiebel sehr fein hacken und in Schweineschmalz dunkelbraun rösten und auf die Suppe geben. Mit Majoran, Salz und Pfeffer noch einmal abschmecken. Auf eine Mehlschwitze nach Art unserer Großmutter sollte man in jedem Fall verzichten. Je nach Kartoffelsorte und Qualität der Erbsen wird die Suppe mehr oder weniger sämig sein. Wer sie gern besonders dick hat, kann von Anfang an eine große, mehlige, gewürfelte Kartoffel mitkochen. Geschälte Erbsen weicht man nicht ein; sie zerkochen sehr schnell und geben der Suppe einen cremigen Charakter. Undeutsch zwar, aber von delikatem Geschmack ist es, wenn man eine oder zwei Knoblauchzehen durchpreßt und zum Schluß in die Suppe gibt. Vorzüglich eignen sich auch Kochwürste wie Lyoner oder die berühmten Wiener als

Einlage, die man natürlich nicht so lange mitkochen läßt wie Fleisch. Wenn ich auch meine besten Freunde nicht gerade zu einer Erbsensuppe einladen würde, so halte ich eine Erbsensuppe doch für den idealen Eintopf für eine größere Party. Wenn Sie also 20 Gäste einladen, gibt es eigentlich keine lange Überlegung: eine Erbsensuppe muß es sein!

Fischcurry

Eintopf bedeutet natürlich nicht immer Hülsenfrüchte. Auch ein *Fischcurry* gehört dazu, und der ist nun von Erbsensuppe oder einem Bohneneintopf so weit entfernt, wie gefüllte Kohlrouladen von chinesischen Frühlingsrollen.
Meine Variation ist eine extravagante Verbindung von Äpfeln, Seefisch, Reis und Curry, sehr exotisch also das Ganze - und sehr lecker. Wie bei allen Eintopfgerichten kommt es auch hier nicht so darauf an, daß Sie die Zutaten auf das Gramm genau abwiegen, es ist auch ziemlich egal, welche Art Fisch Sie nehmen. Natürlich ist der eine besser, der andere weniger gut, und Seefische sollen es schon sein, aber wirklich wichtig sind eigentlich nur zwei Dinge: einmal die Qualität des Reis, der muß nämlich sehr trocken sein und zu der langkörnigen Sorte gehören, Patna-Reis wird sie genannt. Und dann die Äpfel. Die dürfen auf keinen Fall fad oder süß sein, sondern säuerlich. Und wenn sie das nicht sind, müssen Sie mit Essig nachhelfen: beträufeln und ziehen lassen. Schließlich darf es sich beim Curry nicht um Ersatz handeln, echter Curry muß es schon sein. Aber das sollte sich bei ambitionierten Amateurköchen von selbst verstehen. Und das sind die Zutaten:

1000 g Seefisch; besonders geeignet sind Rotbarschfilets, in mundgerechte Stücke geschnitten, 500 g feste, säuerliche Äpfel, geschält und in Scheiben geschnitten, 2 Tassen Patna-Reis, 2 EL eingeweichte Rosinen, 3 TL Curry, Butter

Zuerst kochen Sie den Reis: In einen schweren Topf geben, mit kaltem Wasser auffüllen, daß er gerade bedeckt ist. Salzen. Bei offenem Deckel zum Kochen bringen, ganz kurz sprudeln lassen, dann den Topf auf eine andere, nur schwach warme Herdplatte stellen

und bei geschlossenem Deckel ziehen lassen. (Bei Gas: Die Flamme nach dem Aufkochen auf ganz klein drehen.) Nach ungefähr 30 Minuten wird der Reis das Wasser aufgesogen haben. Dann probieren Sie, ob er schon fast gar, aber noch körnig-knackig ist. Ist er noch zu hart, hat er zu wenig Wasser gehabt. Sie geben noch 2–3 EL kaltes Wasser hinzu – nicht rühren! – und lassen auf der warmen Platte noch weitere 10 Minuten ziehen. Fertig.
Inzwischen haben Sie die geschälten Äpfel in heißer Butter leicht angebraten, ohne daß sie völlig gar geworden sind. Die Fischstücke salzen, in Butter nur leicht anbraten, mit den Äpfeln vermischen und mit dem Curry bestreuen. Die Rosinen hinzugeben und alles unter den Reis mischen. In eine Glasform füllen, mit dem Deckel oder einer Alufolie verschließen und in den auf 180 Grad vorgeheizten Ofen schieben, wo alles noch rund 30 Minuten garen soll. Zu achten ist lediglich darauf, daß der Auflauf – denn um einen Fischauflauf handelt es sich hier – weder zu feucht noch zu trocken ist. Ist der Reis besonders trocken geraten (wozu Sie sich beglückwünschen sollten; denn feuchter oder pappiger Reis ist immer schlecht. Lieber hinterher noch Flüssigkeit anschütten müssen, um dem Gericht die richtige Konsistenz zu geben!), wenn er also zu trocken ist, löschen Sie die Pfanne, in der Sie den Fisch angebraten haben, mit etwas Weißwein ab und schütten ihn über das Reis-Fisch-Äpfel-Gemisch. Dieser *Fischcurry* ist ein leichtes Essen; seine exotische Geschmacksrichtung hat einen Nachteil: man weiß nicht so recht, was man dazu trinken soll. Zu Fisch wäre ein trockener Weißwein angebracht, aber die fremde Süße der Äpfel und Rosinen spricht dagegen. Der scharfe Curry schließlich übertönt das Bukett eines guten Weins sowieso. Also Bier? Mein Vorschlag: machen Sie das Beste aus der Situation, servieren Sie Champagner.

Für Hammelfreunde: Irish Stew

Man kann nicht über Eintopfgerichte schreiben, ohne *Irish Stew* zu erwähnen. Das ist ein Kohleintopf mit Hammelfleisch. Ursprünglich ein einfaches irisches Gericht, das nur mit Kartoffeln, Hammel und Zwiebeln gekocht wurde. So kann man es auch machen. Um es aber nicht ganz so anspruchslos aufzutischen, sollten Sie es so zubereiten, wie es heute allgemein serviert wird: Mit Kohl und Kümmel.

Letzteren kann man weglassen, wer ihn nicht mag. Ich mag's und koche es folgendermaßen (für 6 Personen):

1250 g Hammelfleisch ohne Knochen, von der Schulter und vom Hals, 6–8 große Kartoffeln, geschält und geviertelt, das Weiße von 3 Lauchstangen, 3 große Zwiebeln, 3 Zehen Knoblauch, 1 Karotte – alles feingehackt, 1–1 ½ Kopf Weißkohl, Salz, Pfeffer, Thymian, Kümmel, Bouillon

Den Weißkohl in grobe, ca. 5 cm lange Streifen schneiden, die Strünke entfernen. Kurz in kochendes Wasser geben, aufkochen lassen, herausnehmen und abtropfen. In einen großen, gut verschließbaren Schmortopf eine Schicht Kraut legen, salzen, pfeffern und mit Kümmel bestreuen. Inzwischen hat man das Fleisch in mundgerechte Stücke geschnitten und das Fett drangelassen. Von diesen Stücken legt man nun eine Lage auf den Kohl, gibt etwas von den gehackten Zwiebeln, Lauch, Karotte und Knoblauch dazu, salzt, pfeffert und würzt mit dem Thymian. Darauf legt man eine zweite Schicht Kohl. Das wiederholt man so lange, bis Kohl und Fleisch aufgebraucht sind. Lassen Sie sich aber nicht durch die scheinbar ungeheure Menge Kohl irritieren: er fällt beim Kochen sehr zusammen, und zum Schluß haben Sie höchstens noch die Hälfte davon im Topf! Füllen Sie nun den Topf mit Bouillon auf und lassen Sie alles eine Stunde schwach kochen. Dann drücken Sie die rohen Kartoffeln in den Kohl und lassen noch einmal 30 Minuten kochen, bis die Kartoffeln gar sind. Dann dürften auch Kohl und Fleisch weich sein. Nehmen sie nun den Topf vom Feuer, halten Sie ihn schräg und schöpfen Sie mit einer Suppenkelle das Fett von der Brühe. Vielleicht lassen Sie alles noch eine weitere Viertelstunde bei offenem Deckel etwas einkochen. Auf jeden Fall ist das jetzt der Zeitpunkt, wo Sie abschmecken und möglicherweise nachwürzen müssen. Denn bei solchen Eintöpfen ist es nicht ganz einfach, von vornherein die genau richtige Gewürzmenge zu bestimmen. Man sollte damit zunächst etwas vorsichtig sein, weil die lange Durcheinanderkocherei dem Gericht auch schon so einen intensiven Geschmack gibt.

Irish Stew ist ein Gericht für Hammelfreunde; das Fleisch des Hammels ist dafür geeigneter als das zartere, jedoch nicht so geschmacksintensive Fleisch des Lamms. Das ist auch der Grund,

warum das Fett nicht von vornherein abgeschnitten, sondern zunächst mitgekocht und dann abgeschöpft wird: dann hat es seinen typischen Geschmack bereits an diesen kräftigen Eintopf abgegeben.
Wer es ohne Kümmel lieber mag, kann statt dessen einige zerdrückte Wacholderbeeren mitkochen. Und wer auch keinen Hammel und keinen Kohl mag, kann das Ganze mit Schweinenacken und Sauerkraut probieren und mit süßem Paprika würzen: Er hat damit eine der unendlichen Variationen des ungarischen Gulaschs im Topf!

Grundsätzlich sind zu allen mehr oder weniger deftigen Eintopfgerichten Rotweine vorzuziehen.

Terrinen

Wer bei dem Wort »Terrine« verächtlich an kalten Hackbraten denkt, den darf man nicht vorschnell einen Ignoranten schimpfen. Wahrscheinlich schmeckte das, was er als »Terrine« oder »Fleischpastete« gegessen hat, tatsächlich nach kaltem Hackbraten. Eine gute Terrine ist weder leicht zu finden noch leicht zu machen. Und die wirklich hervorragenden Terrinen, diese großartigen Leckerbissen, die kriegen nur die Profis in den Spitzenrestaurants richtig hin. Von diesen Meisterleistungen soll hier nicht die Rede sein. Sie sind für die Privatküche viel zu teuer und zu aufwendig. Wer je im Elsaß frische Gänseleberpastete (*Foie gras frais*) probierte oder die Terrinen in den bekannten Drei-Sterne-Restaurants, aber auch die ebenbürtigen Produkte des Münchner *Tantris* und des *Erbprinzen* in Ettlingen, der weiß, daß er sich solche Träume zu Hause nicht erfüllen kann.

Aber es gibt einen Zwischenbereich, gleich weit vom kalten Hackbraten und einer *Galantine de canard* entfernt, wo der Amateurkoch eine Chance hat. Denn das ist auch zu Hause möglich: Eine Terrine herzustellen, die besser, viel besser ist als die graubraunen, in Form gepreßten Klopse, die je nach Kühnheit der Fabrikanten »Land-« oder »Wildpastete« genannt werden. Wer allerdings nach getaner Arbeit das Gefühl hat, *»Das ging ja einfach, und teuer war es auch nicht!«*, der hat etwas falsch gemacht.

Am wichtigsten scheint mir zunächst der Hinweis darauf, wie Terrinen nicht sein dürfen. Sie dürfen nicht trocken sein und nicht griesig, was ein Zeichen dafür ist, daß sie zu wenig Fett enthalten. Sie dürfen nicht körnig sein, denn dann sind sie nicht fein genug haschiert. Sie dürfen nicht zu fest sein, also nicht zu lange pochiert werden. Und sie dürfen nicht zu salzig und nur vorsichtig gewürzt sein. Die Warnung vor zu vielen und zu starken Gewürzen ist allerdings nur hier angebracht: Es gibt wohl kaum einen Bereich in der modernen Küche, wo aus falsch verstandener Fortschrittlichkeit nicht zu viel gewürzt wird. Nach einer langen Epoche allgemeiner Geschmacklosigkeit verfallen viele ambitionierte Amateurköche ins andere Extrem und streuen Knoblauch, Thymian, Oregano und ähnliche Aromate gleich händeweise ans Essen. Merke: Eine Pizza, bei der solche Gewürzorgien angebracht sein mögen, bedeutet erst den Anfang der Kochkunst. Auf einem höheren Niveau ist die Reinheit des Geschmacks vorrangig. Und die läßt sich fast immer nur gewinnen und erhalten, wenn man auf Gewürze weitgehend verzichtet. Außerdem dürfen Terrinen nicht zu alt werden; nach 2–3 Tagen haben sie das beste Alter. Allerdings ist eine Terrine auch nach 10tägiger Lagerung im Eisschrank noch eßbar ... Terrinen dürfen nicht zu mager sein. Auch wenn sie nicht so aussehen, und wenn man es nicht herausschmeckt: Gute Terrinen sind immer fett und daher, leider, kalorienreich.

Eine Pastete ist eine Terrine im Teigmantel, und eine Galantine – zum Beispiel eine Entengalantine – ist eine mit entsprechender Masse gefüllte, komplette Entenhaut, die im Wasser schwimmend gargemacht wird.

Terrinen bestehen immer aus mehreren Fleischsorten (ausgenommen die Gänse- und Entenleberpasteten) plus frischem Speck. Also entweder aus Reh-, Enten-, Hasen- oder Kaninchenfleisch, kombiniert mit magerem Schweinefleisch (im Verhältnis 1:1) und Schweinespeck, und meistens enthalten sie auch noch die Leber des jeweiligen Tieres – alles sehr fein haschiert. Es genügt nicht, sich alle Zutaten beim Metzger durch die Maschine drehen zu lassen; die ist meistens zu grob eingestellt. Außerdem wird das Fleisch vorher noch bearbeitet. Es muß also der handbetriebene Fleischwolf her, und zwar braucht man die feinste Scheibe. Und wenn Sie das alles, Fleisch und Fett im Gesamtgewicht von 2 Kilo, zweimal mit der Hand durch Ihren Fleischwolf gedreht haben, dann können Sie sagen: Nun ist das Schlimmste vorbei.

Grundsätzlich ist es ratsam, eine Terrine dann herzustellen, wenn Sie viele Gäste erwarten, und dann möglichst zwei Terrinen auf einmal. Die üblichen Formen reichen für 10–12 Portionen – und wenn Ihre Terrine gut wurde, nimmt jeder zweimal!

Es gibt entweder längliche, eckige, emaillierte Gußeisenformen mit Deckel oder höhere, ovale Steingutformen, ebenfalls mit Deckel. Die Formen werden mit großen, dünnen Scheiben von geräuchertem Speck ausgelegt, und zwar so, daß sie oben überlappen und man später die Fleischmasse damit abdecken kann. Übrigens muß der Speck nicht unbedingt geräuchert sein; das ist eher eine Geschmacksfrage. Für 2 Reh-Terrinen braucht man folgende Zutaten:

1 kg frischen, fetten Speck, 500 g mageres Rehfleisch, 400 g mageres Schweinefleisch, 100 g Rehleber oder, wenn Sie die nicht kriegen, kann es auch Kalbsleber sein, 3 Eier, 1 möglichst großes Reh- oder besser Hirschfilet. Aber ein ausgelöster, der Länge nach halbierter Rehrücken tut es auch. Es muß nur ein zartes Fleisch sein, das sich normalerweise kurzbraten läßt, das heißt, innen rosig und trotzdem zart sein soll. Durchmesser 3–4 cm

Ferner braucht man die erwähnten großen, dünnen Speckscheiben sowie etwas Schnaps oder Wein. Was das im einzelnen für Alkohol ist, hängt ganz von Ihrem Belieben ab. Natürlich ist Likör untauglich und Weißwein nur bei Kaninchen ratsam. Aber es darf Cognac sein und/oder Malaga oder Portwein oder Wacholderschnaps und Burgunder. Das braucht man für eine Marinade, in der das Rehfilet 6–8 Stunden eingelegt wird. Zwiebeln und ähnliche scharfe Gewürze, wie sie bei anderen Marinaden Verwendung finden, nimmt man nicht.
Ferner braucht man noch einige Zutaten, die man mit dem Rehfilet in die Fleischmasse einlegen kann: Trüffel oder Morcheln oder Pistazienkerne oder gekochte Kalbszunge (in langen Streifen von 1½ cm Durchmesser) oder Straßburger Gänseleberpastete (das ist das Feinste) fertig gekauft. All diese Dinge dienen mehr der Schönheit der Terrine, als daß sie entscheidend auf ihren Geschmack Einfluß hätten, mit Ausnahme der Gänseleberpastete. Sogar die Trüffelstückchen erweisen sich, sofern sie aus der Dose stammen, hier eher als Statussymbol.
Zunächst also legen Sie das Filet in den Alkohol. Dann säubern Sie alles Fleisch *sehr* sorgfältig von Häuten und Sehnen und schneiden es, wie auch den Speck, in kleine Würfel. Diesen erhitzen Sie in einer großen Pfanne, so daß ein Teil des Fetts ausgelassen wird. Darin die Schweine- und Rehfleischwürfel leicht anbraten lassen,

herausnehmen und auch die Leber vorsichtig bräunen. Sie darf aber auf keinen Fall durchbraten, sonst wird sie hart!
Dieses Anbraten muß nicht unbedingt sein. Es hat sich aber herausgestellt, daß es der Fleischmasse ein zusätzliches Aroma gibt, das einem dominierenden Thymian- oder Wacholdergeschmack vorzuziehen ist.
Nun läßt man Speck- und Fleischwürfel auskühlen und dreht alles durch den Fleischwolf. Auch wenn Sie das Fleisch vorher gründlich pariert haben, werden Sie erleben, wie sich nach einiger Zeit die kleinen Löcher der Scheibe mit feinsten Häuten und Fasern zusetzen. Dann heißt es, die Maschine auseinandernehmen, säubern und weitermachen. Das kann zweimal passieren und ist der Teil der Arbeit, den Sie nicht lieben werden. Doch irgendwann ist das alles zweimal fein durchgedreht und wird in einer großen Schüssel mit den 3 Eiern schön durcheinandergerührt. Dazu dürfen Sie auch den elektrischen Küchenrührer nehmen. Geben Sie 1 oder 2 EL von der Marinade dazu. Manche Rezepte verlangen Schweine- und Kalbfleisch zu gleichen Teilen. Kalbfleisch macht eine Terrine aber leicht trocken, so daß bei einer solchen Mischung zusätzlich noch dicke, süße Sahne in die Masse muß. Mit Salz und frisch gemahlenem Pfeffer abschmecken, das heißt, Sie formen einen kleinen, flachen Kloß und braten ihn in der Pfanne, bevor Sie ihn probieren.
Nun belegen Sie den Boden der ausgelegten Form mit einem Teil der fertigen Masse. Das Filet wird abgetrocknet, mit einer dünnen Speckscheibe umwickelt und daraufgelegt. Der Speckmantel verhindert das Austrocknen des Filets. (Zunge braucht nicht umwickelt zu werden.) Daneben legen Sie die Trüffelstücke oder die Pistazien (oder beides) oder die zu einer langen Rolle geformte Gänseleberpastete (ebenfalls in Speck eingewickelt: damit sie schön zusammenbleibt) oder die Morcheln. Da es sich dabei um getrocknete Morcheln handeln wird (frische sind fast seltener als Trüffel), müssen sie zuerst einige Stunden in Wasser eingeweicht, dann gut gewaschen und ausgedrückt werden. Danach pochiert man sie 10 Minuten in Rotwein, den man vorsichtig mit Zimt gewürzt hat, oder in Portwein.
Nun gibt man den Rest der Fleischmasse auf die Einlagen, streicht die Oberfläche glatt und belegt sie mit den überhängenden Speckscheiben. Diese dekoriert man mit drei Lorbeerblättern, einigen angedrückten Wacholderbeeren und zwei bis drei Zweigen frischem

Thymian. Nun mit einer Alufolie gut verschließen, bevor Sie den Deckel drauflegen. Oder diesen mit einem dicken Mehl/Wasser-Teig verkleben.
Inzwischen hat man den Backofen auf 250 Grad vorgeheizt und einen hochwandigen Behälter aus Eisen oder Blech (Reine) hineingestellt. In diese setzt man die Terrinen und gießt mit kochendem Wasser auf, daß die Formen mindestens bis zur Hälfte im Wasser stehen. Ofentür zu und 1 gute Stunde (bei schmalen Eisenformen) oder 1½ Stunden (bei größeren Steingutformen) pochieren lassen. Pochieren heißt, nur bei 90 Grad ziehen lassen, aber im Backofen wird das Wasser sowieso nicht zum Kochen kommen. Nach 40 Minuten das verdunstete Wasser ersetzen. Ist die Zeit um, herausnehmen und Deckel ab. Das flüssig gewordene Fett muß jetzt hell und klar sein. Auskühlen lassen, bis die Terrine nur noch lauwarm ist. Erst dann ein vorbereitetes, passendes Brett auf die Fleischmasse legen und mit einem nicht zu schweren Gewicht belasten (Konservendose etc.), um sie wieder in Form zu bringen. Nun soll die Terrine unter leichtem Druck vollständig erkalten. Wird sie zu stark gepreßt, drückt sich das Fett heraus, und das Fleisch wird griesig. Das war's dann. Es hat lange gedauert, und deshalb es es nicht ratsam, erst am Abend mit der Arbeit zu beginnen, es sei denn, Sie können am anderen Morgen lange ausschlafen.

Das Terrinen-Prinzip

In den meisten Restaurants wird zu Terrinen und Pasteten eine süßliche *Cumberland-Sauce* gereicht, was ich für eine Geschmacksverirrung halte, genau wie die kleinen, scharfen Gurken, mit denen französische Bistros ihren Gästen den Genuß am Wein verderben. Am besten schmeckt dazu ein Stück Weißbrot und ein Rotwein – von der besten Sorte.
Nach diesem Prinzip werden fast alle Terrinen hergestellt. Bei einer Hasenterrine nehmen Sie den ausgelösten Rücken zum Einlegen, die Filets sind zu klein. Das gleiche gilt für Kaninchenterrinen. Weil Kaninchenfleisch sehr trocken ist, empfiehlt sich für die Masse ein Sahnezusatz. Besonders lohnend für den Feinschmecker, aber auch für den Sammler von wilden Flüchen, ist eine Ententerrine. Man braucht schon viel Geduld und gute Nerven, um von einer Ente

alles magere Fleisch abzulösen. Doch wenn man die frische Entenleber und vielleicht eine zusätzliche zweite Leber, die man dem Händler abgeschwatzt hat, *ganz kurz* mit kleingehackten Schalotten anbrät und dann im Ganzen einlegt, dann ist man dabei, eine der besten Terrinen herzustellen, die im Privathaushalt überhaupt möglich ist.

Wenn Ihnen das dann mehrmals gelungen ist, können Sie mit extravaganten Abweichungen beginnen. Zum Beispiel bei einer Kaninchenterrine in Rotwein pochierte Backpflaumen einlegen. Sie können blanchiertes Kalbsbries als Einlage nehmen. Sie können mit Nelkenpulver würzen oder mit Piment, oder, wenn Sie glauben, es paßte zu dem Pamp, den Sie da gerade zusammenrühren, auch Kardamon oder Ingwer. Sogar Anis wäre theoretisch möglich. Doch wenn Sie Kümmel nehmen, sagen Sie hinterher nicht, Sie hätten den Tip von mir.

Flambieren

In der letzten Zeit häufen sich die Fälle von Selbstverbrennung der edlen Kochkunst. Kein Abend vergeht, an dem nicht in einem Restaurant Flammen aus einer Kupferpfanne zur Decke schlagen, kein Abend, an dem nicht Fleisch, Fisch oder Obst auch im Privathaushalt mutwillig gebrandschatzt werden.
Irgendwer muß damit angefangen haben. Vielleicht ein geschäftstüchtiger Koch, der sich in der Flasche vergriff und statt mildem Cognac hochprozentigen Trester in die Sauce goß und dabei von einem Küchenlehrling angerempelt wurde. Der Schnaps ergoß sich auf die heiße Herdplatte und als die Flammen aufloderten, hatte der Koch eine Idee, wie er künftig die Preise für gewisse Gerichte erhöhen könnte.
Seitdem schütten Köche und Kellner hochprozentigen Schnaps in heiße Pfannen und die Gäste verdrehen erwartungsvoll die Hälse. Wenn der Treibsatz dann gezündet wird, bricht die Tischrunde in beifälliges Gemurmel aus: Nicht nur sieht man selber, wofür man so viel Geld bezahlt, auch an den Nachbartischen bleibt die eindrucksvolle Brandstiftung nicht unbemerkt. Und damit ist der Zweck des Flambierens erreicht. Es gleicht den Chromleisten an unseren Autos – schön anzusehen, aber nutzlos.
Kalbsnieren, Hummer und Hähnchen und was sonst alles in den Renommierlokalen flambiert wird, schmecken letzten Endes nicht anders, als wenn man sie mit der Zündelei verschont hätte. Die Flamme verbrennt den Alkohol vollständig und zurück bleibt – nichts. In den wenigen Fällen, wo das vielleicht doch etwas bewirkt, wird das in der Küche gemacht, wo es keiner sieht. Sehen aber will der anspruchsvolle Esser, und das Argument »Die Augen essen mit«

erhöht nicht nur die Brandgefahr zur Essenszeit, es ist auch für die Ananasscheiben und Sauerkirschen verantwortlich, die bunt und dekorativ auf Tellergerichten thronen. Pierre Gaertner in Ammerschwihr, einer der besten Köche des Elsaß, sagte mir einmal: »Wer glaubt, so etwas gehöre zur guten Küche, sollte seine Zunge nur noch zum Briefmarkenlecken benutzen.« Das gilt auch für die Anhänger des Flambierens. Wenn ich einen Kellner um Feuer bitte, so meine ich damit nichts anderes als ein Streichholz, mit dem ich nach einem guten Essen, das weder flambiert noch mit buntem Firlefanz verziert wurde, meine Zigarette anzünden möchte.

Hühner

Seit Hühner, von Geflügelfarmen zu Zigtausenden hochgepäppelt und tiefgefroren, billiger sind als Schweinefleisch, haben sie an Attraktivität für den Feinschmecker verloren. Zwar brachte es die wissenschaftlich kontrollierte Aufzucht in den Hühnerfabriken mit sich, daß es keine zähen Hennen mehr gibt wie früher, als man sie noch einzeln beim Bauern kaufte. Aber damals hatten sie noch eine andere Eigenschaft, die der Konsument heute kaum noch kennt: Sie schmeckten nach Huhn. Heute schmecken Hühner im besten Fall nach gar nichts, oft genug aber nach Fisch. Das liegt am Futter. Sogar der kleine Bauer kauft sein präpariertes Hühnerfutter heute säckeweise auf dem Großmarkt für die Landwirtschaft. Eine reine Kornfütterung leistet sich keiner mehr.

Dennoch können Hühner eine Delikatesse sein. Entscheidend für die Qualität einer Poularde, wie das Masthuhn genannt wird, ist die Art, wie man ihr den Garaus machte und was dann mit dem Tier geschah.

Damit man sie schnell verpacken kann, werden geschlachtete Hühner künstlich gekühlt, entweder in kalter Luft oder, am häufigsten, in kaltem Wasser. Die letztere Methode ist aber genau das, was ihnen den letzten Saft und Geschmack nimmt.

Es kommt also darauf an, ein Huhn zu kaufen, das nicht verpackt und höchstens luftgekühlt wurde. Man erkennt es an der absolut trockenen Haut. Die besten Hühner kauft man erfahrungsgemäß auf dem Markt, wo Kleinbetriebe ihre Hühner anbieten. Ein trockenes, möglichst noch nicht ausgenommenes Huhn (das macht der Verkäufer) von 1200–1500 g – mehr kann man heute kaum verlangen.

Soll das Huhn nach mehr schmecken als die gegrillten Hühner vom Bahnhofsgrill, so gibt es fast nur eine Möglichkeit der Zubereitung – das Schmoren.

Ein ausgewachsenes Huhn, das geschmort werden soll, muß vorher enthäutet werden!
Das wird leider viel zu selten gemacht, aus Unwissenheit, wie ich glaube; denn Schwierigkeiten macht das überhaupt nicht, wenn man einem Huhn die Haut abzieht. Es ist ganz einfach. Enthäutet wird das Huhn, weil seine Haut das meiste Fett und sehr viel Cholesterin enthält und in der Sauce aufgeweichte Hautstücke keine Empfehlung für den Koch sind! Nur wenn ein Huhn im Ganzen gebraten werden soll, also nicht mit Sauce in Berührung kommt, beläßt man ihm die Haut, die dann knusprig braun werden kann. Die verschiedenen Rezepte für ein geschmortes Huhn beginnen alle gleich:

Das Huhn in 6 oder 8 Teile schneiden. Der dicke Rückenwirbel wird mit einem scharfen Messer oder einer Geflügelschere herausgeschnitten. Keulen am Rumpf abtrennen, dabei die Gelenkstellen suchen und dort durchschneiden. Bei großen Hühnern die Keulen am mittleren Gelenk noch einmal zerteilen. Die Flügel mit einem Stück Vorderbrust abschneiden. Die Brust der Länge nach am Brustbein entlang halbieren. Alle Stücke enthäuten. Von jedem Flügel werden die beiden äußeren Glieder abgeschnitten. Sie werden zusammen mit dem kleingeschnittenen Magen, dem Hals, Rückenwirbel und Herz mit etwas Suppengrün, Salz und Pfeffer eine gute Stunde in Wasser ausgekocht. Die so gewonnene Hühnerbouillon konzentriert man zum Schluß durch starkes Einkochen bei offenem Deckel und hat so eine gute Grundlage für die spätere Sauce. Von dem Hühnerklein eines Huhnes darf man allerdings nicht mehr Bouillon erwarten als etwa ¾ Tasse. Will man für die Verbesserung von hellen Hühnersaucen einen Kalbsjus verwenden, so muß es ein weißer Jus sein.

Poulet à l'Estragon

ist ein klassisches Hühnergericht, in vielen französischen Restaurants zu finden und überall nach der gleichen Regel gemacht. Dennoch wird sich die Sauce jedesmal um Nuancen unterscheiden. Ihr Geschmack hängt letzten Endes vom Stil des Küchenchefs ab. An ihr erweist sich der Könner. Verständlicherweise lassen sich Geschmacksnuancen nicht schriftlich erklären; schon gar nicht ist es möglich, die Sauce nach dem Rezept gleich so zu kochen, wie man sie in manchen (nicht in allen!) guten Restaurants serviert bekommt! Man möchte sie am liebsten mit dem Löffel essen. Das sind die Zutaten:

1 Huhn, in 6 Teile zerlegt und enthäutet, 1 Schalotte (notfalls eine kleine dünnhäutige Zwiebel), ca. 1/5 l dicke Sahne, 1 EL Estragonessig, 1/4 l trockener Weißwein, 1 TL getrockneter Estragon, Butter, Salz, weißer Pfeffer

Die feingehackte Schalotte in 1 EL Butter in einer kleinen, schweren Pfanne auf kleiner Flamme (die Butter darf nicht braun werden!) glasig werden lassen, dabei häufig mit dem Holzlöffel bewegen. Mit dem Essig ablöschen und einkochen lassen, bis nur noch ein dicklicher Rest in der Pfanne ist. Mit der Hälfte des Weins auffüllen, vom Pfannenboden loskratzen und in einen schweren, gußeisernen Schmortopf gießen.
In einer großen, gußeisernen Pfanne 2 EL Butter heiß werden lassen. Die enthäuteten Hühnerstücke salzen (nicht zaghaft!), pfeffern (sparsam!) und in die heiße Butter legen. Langsam von allen Seiten anbraten lassen, bis sie eine leichte Goldtönung angenommen haben. Vorsicht mit der Hitze! Ein Huhn ist kein Rindersteak, das in sehr heißem Fett gebraten werden muß, damit sich die Poren schließen.
Die nach und nach angebratenen Stücke zu der Schalotte in den Schmortopf legen. Überflüssiges Bratfett in der Pfanne bis auf einen dünnen Film weggießen. Mit dem Rest des Weins ablöschen, vom Pfannenboden alle Rückstände abkratzen und alles in den Schmortopf gießen. Den getrockneten Estragon mit dem Handballen pulverisieren (das intensiviert das Aroma), über die Hühnerstücke streuen. Deckel schließen und auf mittlerer Flamme schmoren lassen, bis die Stücke gar sind, was zwischen 25 und 40 Minuten dauern wird.
Da Hühnerbrust bei zu langem Braten oder Schmoren trocken wird, große Hühnerschenkel aber zum Garwerden länger brauchen als Bruststücke, ist es wichtig, die Bruststücke 5 bis 10 Minuten vorher aus dem Topf zu nehmen und warmzustellen! Eine trockene Hühnerbrust ist kein unausweichliches Übel, sondern eine Nachlässigkeit des Kochs!
Zur Flüssigkeitsmenge, in der die Hühnerstücke geschmort

werden, ist noch zu sagen, daß sie bis zur halben Höhe der Fleischstücke reichen soll. Bei schlecht schließendem Topfdeckel ist die verdunstete Menge durch etwas Wein nachzufüllen.
Wenn die Hühnerstücke gar sind, werden sie aus dem Topf genommen und warmgestellt.

Die Sauce dazu

Die gesamte Schmorflüssigkeit in eine große Pfanne gießen, wenn nötig entfetten, und auf großer Flamme stark einkochen lassen. Dann erst etappenweise die Sahne hinzugeben und, wenn vorhanden, den Kalbsjus. Diese letzten Minuten der Saucenzubereitung sind die entscheidenden. Sie beweisen, ob ein Koch Feingefühl und einen sicheren Geschmack hat. Zu tun ist dabei nicht mehr als immer wieder einkochen, immer wieder etwas nachgießen, immer wieder abschmecken.
Aber in welchem Maße Sie jetzt noch ein wenig Wein, noch mehr Sahne oder gar einen TL trockenen Sherry dazugeben (warum nicht?), ob Sie noch mehr salzen (wirkt manchmal Wunder!), das läßt sich theoretisch nicht sagen. Wenn Sie frischen Estragon zur Hand haben, geben Sie davon, grobgehackt, 1 EL hinzu.
Frische grüne Kräuter immer erst zum Schluß zugeben, langes Mitkochen vernichtet ihr Aroma!
Erwarten Sie von einem Huhn nicht mehr als 1½ Tassen Sauce! Soll diese dicker sein, als sie Ihnen da unterm Rührlöffel erscheint, so verquirlen Sie 1 oder 2 Eigelb in ½ Tasse Sahne und gießen diese Mischung mit etwas heißer Sauce auf. Dann das Ganze in die Saucenpfanne - aber abseits vom Feuer.
Die Sauce ist fertig. Sie wird über die Hühnerstücke gegossen. Als Beilage passen Reis und Erbsen, und trinken können Sie dazu sowohl einen Weißwein - er sollte allerdings nicht zu leicht sein - als auch einen Roten, diesen wiederum nicht zu schwer.

Coq au Riesling

Eine Variante dieses Gerichts ist der *Coq au Riesling,* eine elsässische Spezialität, wozu man logischerweise einen elsässischen Riesling verwendet.
Auch bei den elsässischen Weinen gibt es starke Qualitätsunter-

schiede, und ein Riesling ist noch lange nicht wie der andere. Was in Kaufhäusern manchmal schon für 5 Mark 90 angeboten wird, kommt für den Feinschmecker wie auch für den Weinkenner nicht in Frage. Ein wirklich guter, typischer Riesling (Säure, Frische, Fruchtgeschmack) ist selbst beim Winzer nicht unter 9 F zu haben. Man bereitet die Hühnerstücke vor wie beschrieben, läßt sie in Butter auf kleiner Flamme anbraten, wobei man 2 feingehackte Schalotten und zum Schluß 1 kleingehackte Knoblauchzehe mit in die Pfanne gibt. Darauf achten, daß nichts wirklich braun wird! Mit ¼ Tasse Cognac begießen, anzünden; dabei die Pfanne schütteln, bis der Alkohol restlos verbrannt ist. Die Hühnerstücke herausnehmen, in den Schmortopf legen und mit ½ TL getrocknetem Thymian bestreuen. Die Pfanne mit ¼ l Riesling ablöschen. Über die Hühnerstücke gießen.

Den *Coq au Riesling* kann man auch in einer Reine oder flachen, offenen Auflaufform im Backofen gar werden lassen (180–220 Grad, je nach Ofenqualität), was beim *Poulet à l'Estragon* nicht zu empfehlen ist, weil sich das Estragonaroma im großen Backofen zu leicht verflüchtigt. Die Hühnerstücke im Backofen müssen aber öfter mit ihrem Bratensaft begossen werden.
Nach 15 Minuten Bratzeit gibt man eine Handvoll (ca. 150 g) blättrig geschnittene Champignons dazu. Nachsalzen! Sind die Hühnerstücke gar (Brust raus!), die Sauce in einer Pfanne auf dem Herd zubereiten wie beim *Poulet à l'Estragon,* das heißt, den durch die Champignons besonders flüssig gewordenen Schmorsaft durch Einkochen reduzieren, mit Sahne auffüllen, wieder einkochen usw., und die stark konzentrierte Hühnerbrühe dazugeben. Als Beilage serviert man dazu schmale Bandnudeln.
Es gibt praktisch keinen Grund, warum man das gleiche Rezept nicht mit einem anderen Wein versuchen sollte – sogar mit weißem, trockenem Portwein müßte es möglich sein. Schließlich wird sogar die empfindliche Forelle darin pochiert.
Süße Weine aber sind nur zur Abrundung einer Sauce tauglich und sollen immer nur in letzter Minute in kleinster Menge hinzugegeben werden, weil im Gegensatz zu anderen Weinen ihr Aroma sofort verkocht!
Das aber sind Experimente, die Sie selbst zu verantworten haben – möglicherweise mit Stolz und Freude.

In gewissen französischen Schlemmerlokalen werden die Hühnerstücke in der letzten Phase des Schmorens vollständig mit dicker Sahne bedeckt, ganz gleich, ob es sich dabei um ein *Poulet à l'Estragon, Coq au Riesling* oder ein Huhn mit Morcheln handelt. Das anschließende Einkochen und Verfeinern der Sauce bedarf allerdings schon einiger Könnerschaft, weil eine große Sahnemenge nicht so leicht zu würzen ist. Diese Variante führt zwar zu unübertrefflichen Resultaten, aber damit ist auch die Grenze überschritten, die die Privatküche von der Restaurantküche trennt.
Wer es dennoch versuchen will, sollte es an zwei kleineren Hühnern für mindestens 6 Personen ausprobieren und die Sauce zum Schluß mit 1–2 EL Zitronensaft abschmecken.

Coq au Vin

Das klassische Rezept für ein in Wein geschmortes Huhn, der *Coq au Vin,* schreibt Rotwein vor, und zwar einen *Chambertin.* Das ist einer der größten Rotweine der Welt – Napoleon schleppte immer einige Kisten davon mit sich herum – und einer der teuersten. Wenn ich auch gern zugebe, daß ein Huhn in *Chambertin* besser schmeckt, so glaube ich doch, daß auch ein Huhn in einem normal guten, roten Burgunder jedem Koch Ehre machen kann. Er braucht dazu für 4 Personen

1 großes oder 2 kleine zerteilte und enthäutete Hühner, 120 g mageren, geräucherten Speck, in schmale, ca. 2 cm lange Streifen geschnitten, 200 g frische, halbierte oder geviertelte Champignons (je nach Größe), 25 geschälte Perlzwiebeln oder entsprechend weniger Schalotten, 1 großes Glas Cognac, 1 Flasche guten, roten Burgunder, Butterschmalz, 1 Knoblauchzehe, schwarzen Pfeffer, 1 Lorbeerblatt, ½ TL getrockneten Thymian, Muskat, 1 Prise getrockneten Rosmarin

Zunächst brät man die Champignons in einer großen, schweren Pfanne in Butter auf starker Flamme fast gar, wobei möglichst viel der Flüssigkeit, die die Pilze von sich geben, verkochen soll. Deshalb dürfen Pilze nie übereinander in der Pfanne liegen: Das Wasser verdunstet nicht schnell genug und die Pilze werden gekocht statt gebraten.

Man salzt, würzt mit Pfeffer und einigen Tropfen Zitronensaft und stellt die Champignons beiseite.
Die Speckstücke in heißem Butterschmalz anrösten, die Zwiebeln dazugeben und durch häufiges Schütteln der Pfanne von allen Seiten bräunen. Mit einem Schaumlöffel die Zwiebeln in den Schmortopf, den Speck zunächst auf Küchenkrepp legen und abtropfen lassen, bevor man ihn zu den Zwiebeln legt.
In dem Bratfett der Pfanne die Hühnerstücke anbraten, daß sie goldgelb werden, also länger und heißer als bei den vorausgegangenen Rezepten! Während des Anbratens mit Salz und frisch im Mörser zerstoßenem Pfeffer würzen und zum Schluß die feingehackte Knoblauchzehe dazugeben.
Mit dem Cognac flambieren. Ist der Alkohol verbrannt, legt man die Hühnerstücke zu den Zwiebeln und dem Speck. Thymian, Rosmarin, Lorbeerblatt und die vorbereiteten Champignons darüberstreuen, mit 1 Prise Muskat würzen.
Das Fett in der Bratpfanne bis auf einen dünnen Film weggießen. Mit etwas Rotwein ablöschen und aufkochen lassen, dabei mit einem Holzlöffel die Bratrückstände vom Boden loskratzen. Über das Fleisch gießen. Den restlichen Rotwein hat man inzwischen mit 1 Stück Zucker erhitzt und gießt ihn ebenfalls über die Hühnerstücke, die man nun zugedeckt auf kleiner Flamme garen läßt. Sind die Hühnerstücke gar, nimmt man sie heraus, stellt sie warm und reduziert die Sauce wie beschrieben. Bei einem gutschließenden Topf werden Sie unter Umständen ¾ Liter Glühwein im Topf haben. Den gießen Sie in eine, besser noch in zwei Pfannen ab, damit die große Menge schneller einkocht. Haben Sie die Sauce nun auf die benötigte Quantität reduziert (und vorher gut entfettet), geben Sie jetzt abseits vom Feuer und stückweise frische Butter hinzu. Bei zwei Hühnern sind 125 Gramm nicht zu viel! Mit dem Schneebesen schlagen, bis sie sich gut mit der Sauce verbunden hat. Da man auf diese Weise eine große Menge sehr intensiver Sauce gewinnt, empfehle ich als Beilage Kartoffeln, gekocht, gepellt und in Butter leicht angebraten, gesalzen und mit Petersilie bestreut.

Dazu trinkt man den gleichen Rotwein, in dem das Huhn gekocht wurde.

Fasan

Voltaire nannte den Fasan »einen Braten der Götter«, und Brillat-Savarin stellte ihn an die Spitze der Vögel. Er machte allerdings eine wichtige Einschränkung: »Nur wenige Sterbliche verstehen es, ihn zur rechten Zeit aufzutischen.« Ein Fasan, der zur falschen Zeit gebraten wird, schmecke nicht besser als ein Huhn. Sein Vorzug läge im Aroma, »das sich erst später einstellt«. Damit erwähnte der große Feinschmecker einen wichtigen Punkt bei der Zubereitung eines Fasans. Dieser muß nämlich längere Zeit abhängen, bevor er in den Ofen kommt, und zwar so lange, bis er »riecht«. *Haut-gôut* nennt man diesen Geruch, und wenn die Stärke des *Haut-gôuts* auch vom Geschmack der jeweiligen Esser abhängen sollte, so kommt man doch nicht an der Tatsache vorbei, daß ein Fasan, der nach nichts riecht, auch nach nichts schmeckt.

Es versteht sich von selbst, daß der strenge Geruch eines gut abgehangenen Fasans beim Braten verschwindet und in köstliches Aroma verwandelt wird – man würde diesen Vogel sonst wohl kaum unter die Delikatessen einreihen.

Aber das alles ist ziemlich theoretisch, weil Sie kaum einen Fasan kaufen können, der schon riecht. Moderne Vorstellungen von Nahrungsmittelhygiene und ein entsprechender Geschmackstrend zwingen den Feinschmecker dazu, seinen Fasan zu Hause selber noch hängen zu lassen, bis er endlich zu einem der feinsten Fleischgerichte verarbeitet werden kann, die es überhaupt gibt. Das ist allerdings nur sinnvoll, wenn der Fasan nicht ausgenommen und nicht gerupft ist. An einem kühlen, luftigen Ort darf er 14 Tage hängen, ohne daß er besonders stark riecht. Ungerupfte Fasane sind auch billiger, haben allerdings den Nachteil, daß man ihnen nicht ansieht, wie zerschossen sie sind; und auch das Rupfen, wenn auch nicht sonderlich schwierig, ist nicht jedermanns Sache. Doch *Haut-goût* hin, Aroma her; bei aller Wertschätzung, die dieser Vogel zu allen Zeiten bei den Gourmets genoß: Er wird viel zu selten gegessen. Einen aufwendigen und verhältnismäßig unattraktiven Gänsebraten bringen unsere Hausfrauen ohne Zögern auf den Tisch - nicht nur zur Weihnachtszeit. Aber die meisten schrecken vor einem gebratenen Fasan zurück. Weil er so trocken ist, sagen sie. Falsch: **Ein junger Fasan ist nie trocken, er wird nur trockengebraten!** Das ist nämlich das Hauptproblem bei diesem Vogel: Viele Köche braten ihn zu lange. Darauf reagiert er dann wie ein Rinderfilet: Er wird trocken und ist damit ruiniert.

Dabei läßt sich dieser Fehler leicht vermeiden, indem man einen Fasan brät, wie man ein Frühstücksei kocht: Immer im gleichen Geschirr, bei immer gleicher Temperatur und immer gleich lang: ca. 30–45 Minuten. Genau läßt sich die Bratzeit jedoch nicht angeben. Die hängt von Ihrem Ofen ab. Nicht davon, ob Sie mit Gas oder elektrisch kochen. Beim Backofen, und darum geht es beim Fasan, ist nur wichtig, wie heiß er wird. Und das hängt eher vom Alter und der Qualität des Ofens ab als von der Frage, womit er beheizt wird. Auf jeden Fall sollten Sie die Bratzeit mit der Uhr kontrollieren!

Bei einem 2 kg schweren Rinderbraten kommt es auf 15 Minuten mehr oder weniger nicht so an. Bei kleinen Vögeln aber können schon 3–5 Minuten über Gelingen oder Mißlingen entscheiden! Scheitert also Ihr erster Fasan an der Bratzeit, das heißt, ist seine Brust trocken, so reduzieren Sie beim nächsten Mal die Bratzeit.

Der zweite entscheidende Punkt ist das Alter des Fasans. Nur junge Vögel sind zart und saftig. Wenn Sie keinen Geflügelhändler haben, dem Sie vertrauen können, so achten Sie auf Folgendes:

Am Fasanbein, ungefähr 3–4 cm über dem Fuß, befindet sich ein sogenannter Sporn, ein nach hinten gerichteter Auswuchs, wie ihn auch Hühner haben. Dieser Sporn darf auf keinen Fall lang und spitz sein, sondern klein und stumpf, sonst haben Sie einen alten Vogel in der Hand. Hat der aber schon mal die Kerzen auf seinem Geburtstagskuchen ausgeblasen, kriegen Sie ihn nur noch in der Suppe weich.

Ein Fasan, der eine Delikatesse sein soll, darf kein Jahr alt sein!

Das ist mein Rezept für die Zubereitung:
Innen: Den gerupften und ausgenommenen Vogel würzt man von innen mit einer Mischung aus schwarzem Pfeffer, einigen Körnern Piment und 4 Wacholderbeeren – alles frisch im Mörser zerstoßen. Nicht zu zaghaft salzen.
Außen: Brust und Schenkel werden mit dünnen Scheiben fetten, gesalzenen Räucherspecks belegt und mit dünnem Bindfaden fest umwickelt. Das ist alles.
Füllungen sind gut für Tauben oder Gänse; raffinierte Gewürze braucht man dort, wo der Eigengeschmack nicht ausreicht oder übertönt werden soll. Wildgeflügel, wie der Fasan, hat beides nicht nötig.
Der *bardierte* Fasan (= mit Speck umwickelt) wird in einer schweren Pfanne in heißem Butterschmalz von allen Seiten angebraten, bis er gleichmäßig goldbraun ist (5–7 Minuten). War der Speck nur schwach geräuchert, sollte man jetzt auch von außen vorsichtig salzen. Dann legt man den Fasan auf die Seite in eine hochwandige, viereckige Blechpfanne, in eine sogenannte Reine, oder in eine gußeiserne, emaillierte Auflaufform.
Das ausgelassene Speckfett in der Bratpfanne gießt man weg und löscht den Bratsatz mit etwas trockenem Weißwein ab. Einkochen lassen und dabei mit dem Holzlöffel alle Bratrückstände vom Pfannenboden loskratzen und über den Fasan gießen.
Die Reine auf den mittleren Rost des heißen Backofens schieben. (Je nach Ofenqualität zwischen 210 und 250 Grad vorheizen.) Nach 10 Minuten Bratzeit den Fasan auf die andere Seite legen, mit heißer Butter übergießen. Nach weiteren 10 Minuten den Speck entfernen, noch einmal heiße Butter dran und den Vogel *mit der Brust nach oben* die letzten 10 bis 20 Minuten gar braten lassen.
In der letzten Bratphase kann es nötig sein, den Fasan auf den obersten Rost des Backofens zu schieben. Das aber müssen Sie selber entscheiden. Es hängt alles vom Ofen ab. Es läßt sich auch nicht sagen: Bei diesem Ofen ist das nötig, bei jenem nicht. Vielleicht schließt Ihr Backofen nicht richtig und es entsteht Wärmeverlust; vielleicht wohnen Sie auf dem Lande, wo zur Hauptkochzeit mit Stromschwankungen zu rechnen ist; vielleicht haben Sie einen brandneuen Herd, der heizt wie die Hölle. Jedenfalls soll die Brust von außen goldbraun (nicht dunkel) gebraten, innen aber noch saftig sein. Den richtigen Zeitpunkt er-

kennt man folgendermaßen: Mit dem Messer dort einschneiden, wo das Bein am Körper sitzt, so als wollten Sie tranchieren. Dort wird nun Fleischsaft austreten. *Dieser muß rosa sein!* Dann ist die Brust, auf die es ja ankommt, schon weiß, aber noch saftig – gerade richtig! Ist die heraustretende Flüssigkeit noch ziemlich rot, muß der Vogel für weitere 5 oder 10 Minuten zurück in den Ofen. Ist sie jedoch schon klar oder gelb, hat der Fasan zu lange gebraten.

Der Fasan und die Sauce dazu

Zur Vorbereitung der Sauce legen Sie den Fasan auf eine vorgewärmte Platte. Die Reine mit trockenem Weißwein ablöschen und auf dem Herd einkochen lassen. Braunen Kalbsjus hinzugeben oder einen Fond, den Sie vorher aus den Flügeln, Magen, Herz und Leber des Vogels zubereitet haben (s. S. 47). Wieder einkochen und abschmecken. 1 EL Madeira dazu. Fertig.

Es ist nicht viel, was da an Sauce entsteht, und das bißchen reicht natürlich nicht aus (und ist auch zu schade dazu), um über Kartoffelpüree gegossen zu werden. Deutsche Esser mögen aber am liebsten Kartoffelpüree und Sauerkraut zum Fasan (mit einem Schuß Weißwein gekocht, weshalb es euphemistisch Weinkraut genannt wird).
Mir ist das etwas zu deftig für so ein feines Fleisch. Deshalb empfehle ich *Croutons,* entrindete und in Butter goldbraun geröstete Weißbrotscheiben, auf die wir die Fasanenstücke legen. In der feinen Küche werden die Keulen erst gar nicht mitserviert, da sie längst nicht an den Wohlgeschmack der Brust heranreichen.
Als Beilage empfehlen sich entweder kleine Zuckererbsen, die im Herbst und Winter, der Fasanenzeit, allerdings wohl kaum frisch zu haben sind, oder, weil der leicht bittere Kohlgeschmack gut zu Wildgeflügel paßt, Rosenkohl. Allerdings nicht wie üblich einfach in Salzwasser gar gekocht, das wäre dann doch nicht delikat genug, sondern als Püree. Dazu braucht man – endlich einmal – eine elektrische Küchenmaschine, um den gar, aber nicht weich gekochten Rosenkohl zu pürieren. Dieses Püree mit Salz, weißem Pfeffer, Muskat und Zitronensaft abschmecken und mit nicht zu wenig dicker, süßer Sahne verrühren! Sie werden staunen, wie sich auf

diese einfache Art und Weise aus einem ziemlich deftigen und schwerverdaulichen Gemüse eine sanfte und außerordentlich delikate Beilage machen läßt, die nicht nur zum Fasan, sondern zu allen dunklen Fleischsorten vorzüglich schmeckt!

Auf die gleiche Art und mit den gleichen Beilagen werden auch Rebhühner zubereitet. Obwohl sie kleiner sind, brauchen sie zum Garwerden fast genauso lange wie Fasane. Weil all diese Vögel nur im Herbst und Winter geschossen werden dürfen, wenn der Wein reif ist, werden sie gern mit Weintrauben serviert: »Auf Winzerart«. Die Trauben gibt man der Sauce erst in den letzten Minuten bei, und zwar geschält und entkernt! Auch dürfen es keine süßen Tafeltrauben sein, sondern möglichst säuerliche.

Rebhühner und Fasan auf englische Art

Die Variationsmöglichkeiten bei der Zubereitung von Wildgeflügel beschränken sich, da ja deren Eigengeschmack das Wichtigste ist, vernünftigerweise auf die Saucen. So zum Beispiel beim *Fasan auf englische Art.* Anstelle von Madeira wie beim Grundrezept verwendet man hierbei trockenen Sherry und würzt den entfetteten Bratensatz mit gemahlenen Gewürznelken.
Wenn auf Kartoffelpüree als Beilage nicht verzichtet werden kann, braucht man eine größere Menge Sauce. Dafür verdoppelt oder verdreifacht man die Menge des Fonds. Man bereitet ihn zur Hälfte aus Hühnerklein und Reh- oder Hirschfleisch (s. S. 47). Oder, was ideal wäre, aus einem alten Fasan, der, wenn es ihn gibt, billiger ist als ein junger. Man zerschneidet ihn in möglichst kleine Stücke (*mit* Haut und Knochen) und bereitet daraus den Fond.
Wer grundsätzlich eine Sahnesauce vorzieht, hat es einfacher: Den Bratensatz mit Rotwein anstatt mit Weißwein ablöschen (geschmacklich ist der Unterschied geringer als man annimmt. Aber hier kommt es auf die Farbe an), einkochen lassen und etappenweise mit dicker (!) Sahne und Fond auffüllen. Dabei häufig abschmecken und immer wieder einkochen.

Normannisches Rebhuhn und Faisan à la Normande

Ebenfalls mit viel Sauce kocht man ein Normannisches Rebhuhn (*Perdrix à la Normande*). »Normande« bedeutet immer mit Sahne und meistens mit Calvados. Das Huhn wie einen Fasan vorbereiten und auf dem Herd anbraten, bis es goldbraun ist. Den Speck entfernen und das Huhn der Länge nach halbieren.

In einer feuerfesten Form hat man inzwischen 1 oder 2 in Scheiben geschnittene, feste, *säuerliche Äpfel* in Butter fast gar gedünstet. Diese würzt man vorsichtig mit Nelkenpulver, legt die beiden Rebhuhnhälften darauf, salzt und pfeffert diese jetzt auch von außen und übergießt alles mit einem großen Glas Calvados und ¼ l dicke (!) Sahne.

Danach deckt man die Form mit Alufolie ab und schiebt sie für 30 Minuten auf den mittleren Rost des vorgeheizten Ofens (220 Grad).

Wenn die Rebhuhnhälften gar sind, wird die Sauce wegen der Sahne immer noch eine sehr helle Farbe haben. Deshalb bin ich der Ansicht, hier sei ein Bruch mit den klassischen Regeln der Kochkunst gerechtfertigt und empfehle einen braunen Fond oder, besser noch, einen braunen Jus.

Die etwas ungewohnte Zusammenstellung von Fleisch und Äpfeln macht die geschmackliche Abrundung der Sauce nicht gerade einfach, auch deshalb, weil Äpfel sehr unterschiedlich schmecken können. Beschränken Sie sich trotzdem auf Salz und Pfeffer, eventuell Nelkenpulver und Muskat, und versuchen Sie es nicht mit zusätzlichen Gewürzen! Sie landen sonst schnell in der exotischen Ecke, weil ja Zimt, Ingwer usw. scheinbar so gut zu Äpfeln passen. Solche Gewürze gehören aber nicht an eine Speise, die aus dem Norden Frankreichs stammt.

Das Rezept läßt sich, wie alle Rebhuhnrezepte, ebenfalls mit einem Fasan zubereiten.

Faisan à la Normande. Bei dieser Variation wird der Vogel wie im Grundrezept mit dem Speck in der Pfanne von allen Seiten gleichmäßig angebraten, der Speck aber danach entfernt. Den Fasan mit einem Weinglas Calvados übergießen und flambieren. Dann legt man ihn in einen gut gebutterten Schmortopf, gibt ½ l Sahne dazu, die man vorher mit Salz und Pfeffer gewürzt hat. Bei fest geschlossenem Deckel im Ofen ca. 30 Minuten gar schmoren lassen.

Inzwischen hat man 2 oder 3 Äpfel mit 1 Lorbeerblatt zu Püree gekocht, ohne sie durchzupassieren. Ist der Fasan gar, läßt man die Sahnesauce einkochen und vermischt sie vollständig mit dem Apfelpüree. Der Vogel wird in vier Teile zerlegt, auf *Croutons* gelegt und mit der Sauce bedeckt. Die Gerippe von Geflügel, auch wenn sie gekocht oder gebraten wurden, wirft man nie weg, sondern zerkleinert sie und läßt sie gründlich auskochen. Die so gewonnene Bouillon wird stark eingekocht und ergibt, auch wenn nur eine knappe Tasse übrigbleibt, einen vorzüglichen Zusatz für Ihre nächste Bratensauce!
Da Fasane, wie jedes andere Wildgeflügel, zu den kulinarischen Glanzlichtern der Privatküche gehören, sollte der begleitende Wein an Qualität nicht zurückstehen. Also ein roter Burgunder einer ersten Lage. Ich würde jedoch einen leichten *Volnay* einem schweren *Pommard* vorziehen; und wenn Sie einen 66er *Chambertin* servieren, kann es Ihnen passieren, daß der Weinfreund unter Ihren Gästen dem schönen Vogel keine Aufmerksamkeit mehr schenkt. Denn auch das muß gesagt werden: In der Rangfolge der wilden Vögel steht der Fasan längst nicht an erster Stelle. Erstens ist er kaum noch »wild« zu nennen, weil er unter der sorgsamen Pflege und Obhut der Förster groß und stark wird und schon aus Bequemlichkeit fast ausschließlich die einseitige Kraftnahrung zu sich nimmt, die diese ihm vorlegen. Zum anderen sind Schnepfen, Wildenten, Rebhühner und dergleichen Flatterzeug noch delikater. Aber ich gehe deshalb nicht auf die Zubereitung solcher Köstlichkeiten ein, weil sie ohnehin nicht anders zubereitet werden als der Fasan, vor allem aber, weil man sie im Gegensatz zum Fasan kaum bekommt. Und wenn tatsächlich einmal ein halbes Dutzend Schnepfen in Ihrer Küche notlandet, so gilt auch dann die wichtige Grundregel wie bei allem Wildgeflügel: Ein Jahr alte Vögel taugen nur noch zur Suppe.

Tauben

Mit zunehmenden Ansprüchen der Verbraucher steigt, wenn auch zögernd und zunächst nur in den Großstädten, das Angebot an Delikatessen. Dazu zähle ich keineswegs so absurde Dinge wie kandierte Bienen, Bärenschinken oder Känguruhfleisch. Eine Delikatesse kann ein Huhn sein, wenn es richtig gefüttert und großgezogen wird. Eine Delikatesse ist Lammfleisch, wenn es jung *und* fett ist, wozu es besonders saftiger Weiden, und zwar möglichst in Meeresnähe, bedarf. Delikatessen sind schließlich auch Tauben. Wie bei allem Geflügel kommt es darauf an, daß sie jung sein müssen. Große Tauben mit deutlichen Fettpolstern sind kleinen, mageren vorzuziehen. Sie sind ein idealer Fleischgang in einem größeren Essen, weil sie kaum sättigen und sich vorbereiten lassen. Schon ab vier Tauben lohnt es sich, aus ihren Flügeln, Mägen, Herz und Leber einen Fond herzustellen (s. S. 47). Gebraten werden sie immer nach der gleichen Methode:

Die von innen gewürzten oder gefüllten Tauben mit heißer Butter übergießen, mit dünnen Streifen Frühstücksspeck bedecken und mit der Brust nach oben in den sehr heißen Backofen (Höchststufe) schieben. Dort, auf dem mittleren Rost, läßt man sie ca. 30 Minuten braten, entfernt dann den Speck und stellt sie auf den obersten Rost, wo sie noch einmal 10 Minuten braun werden sollen. Dieses letzte, kurzzeitige Überbräunen kann unter dem Grill geschehen. Wie beim Fasan kommt es auch bei den Tauben darauf an, daß sie auf keinen Fall zu lange braten. Sind sie aber *à point* gebraten, also zart und saftig, dann werden Sie mir beipflichten, daß Tauben wegen ihres unvergleichlich aromatischen Brustfleisches zu den Delikatessen gehören.

Nun zur Füllung, auf die ich mit einigem Stolz verweisen möchte, weil ich glaube, daß sie eine Erfindung von mir ist. Jedenfalls habe ich diese Farce noch nirgendwo gegessen und in keinem Kochbuch gefunden. Sie besteht aus einer *Duxelles* (s. S. 106), feingehackten, rohen Champignons und bulgarischem Schafskäse. Das alles wird miteinander vermischt, und zwar die *Duxelles* mit den rohen Champignons im Verhältnis 1:1, und vom Schafskäse, den Sie zunächst mit einer Gabel zerdrücken, geben Sie so viel dazu, daß sein Geschmack die Füllung deutlich beherrscht, aber nicht übertönt. Im Endeffekt soll die Farce so kräftig gewürzt sein, daß die Taube nicht noch zusätzlich gesalzen und gepfeffert werden muß. Eine Sache des Abschmeckens also und kein Problem für den ehrgeizigen Amateurkoch.
Mit dieser Farce füllen Sie die Tauben, bis nichts mehr hineingeht. (Sie werden sich wundern: es geht eine ganze Menge hinein in die kleinen Vögel!) Sind diese beim Ausnehmen sehr weit aufgeschlitzt worden, so empfiehlt sich, die Öffnung mit einem Stück Alufolie zu verschließen, damit von der Füllung nichts heraustreten kann.

Warum man Täubchen am besten ohne Beilagen serviert

Nun werden die Tauben wie beschrieben gar gebraten. Und da ihr wunderbares Aroma durch keinen anderen Geschmack beeinträchtigt werden sollte, serviere ich sie ohne Beilagen nur auf einem *Crouton.* So brauche ich mir nicht einmal Gedanken über eine passende Sauce zu machen (die im Ernstfall eine Trüffelsauce wäre). Der Wein – selbstverständlich rot und möglichst aus Burgund – sollte der Gelegenheit angepaßt sein: der beste, der verfügbar ist.

Kaninchen

Unsere Gastarbeiter, die so oft besser als wir wissen, was gut schmeckt, sowie die Urlaubserinnerungen vieler Touristen haben dafür gesorgt, daß Kaninchen nicht länger mehr ein Geheimtip für sparsame Feinschmecker sind. Sie sind preiswert, wenn man zu ihrem Gewicht auch ihren außergewöhnlichen Wohlgeschmack in Rechnung stellt. Geschmacklich könnte man sie als Nachfolger der Hühner von früher bezeichnen, als diese noch nach Huhn schmeckten. Wie diese lassen sich Kaninchen auf alle nur denkbare Arten zubereiten; ihr Fleisch ist wie das der Hühner weiß und mager.
Von allen Möglichkeiten des Garmachens halte ich das Schmoren für am geeignetsten. Zwar kann man ein Kaninchen auch füllen und im Ganzen braten, aber da das Fleisch sehr mager ist – eventuell vorhandene Fettpolster, werden wie beim Huhn vorher entfernt –, wird es beim Braten leicht trocken.
So ist es nicht verwunderlich, daß die meisten Kaninchenrezepte vom Schmoren ausgehen. Das wichtigste dabei ist – wieder einmal – ein guter Schmortopf. Denn alle Kochbegeisterung, alle handwerklichen Fähigkeiten nutzen nichts, wenn Sie Nahrungsmittel von ungenügender Qualität und schlechte Kochtöpfe haben.

Kaninchen in Senf oder mit Steinpilzen

Auch hier sind es die Franzosen, von denen wir lernen können, wie man eine Speise am delikatesten und am reinsten zubereitet. Das entsprechende Rezept heißt in unserem Fall: *Lapin à la Moutarde,* und das sind die Zutaten:

1 Kaninchen, 1 EL Butterschmalz, scharfer Senf, 1/4 l Sahne, getrockneter Estragon, 1 Tasse trockener Weißwein, Pfeffer, Salz, Bouillon, Kalbsjus

Lassen Sie das enthäutete Kaninchen in 6 Teile schneiden, den Kopf nicht mitgerechnet. Viele Menschen grausen sich vor dem Kopf. Wenn es auch die Qualität der Sauce verbessert, wenn man ihn mitschmort (ohne Augen), so sollten sensible Naturen ihn besser erst gar nicht mit nach Hause nehmen.

In einer großen, schweren Pfanne lassen Sie das Butterschmalz heiß werden und braten darin nacheinander die einzelnen Kaninchenstücke von allen Seiten gut an, bis sie eine goldbraune Farbe angenommen haben. Das gibt einmal der Sauce die Farbe, zum anderen verhindert es das Auslaugen des Fleisches.

Die angebratenen Stücke salzen und pfeffern und mit einer dünnen Schicht Senf bestreichen. So präpariert legen Sie sie in den Schmortopf. Nun zerreiben Sie einen TL Estragon mit dem Handballen und streuen ihn über das Fleisch.

In die Pfanne mit dem Bratfett gießen Sie den Wein, den Sie auf großer Flamme bis zur Hälfte einkochen lassen. Dabei mit einem Holzlöffel alle Bratrückstände vom Pfannenboden loskratzen. Den eingekochten Wein zu den Kaninchenstücken gießen und zusätzlich so viel konzentrierte Bouillon dazugeben, daß die Stücke gut zur Hälfte mit Flüssigkeit bedeckt sind. Den Topf verschließen und auf kleiner Flamme fast zwei Stunden schmoren lassen. Wenn der Deckel nicht dicht schließt und während des Schmorens ständig Dampf entweicht, wird man mehrmals Bouillon nachgießen müssen.

Das Kaninchenfleisch muß, wenn es gar ist, ganz weich sein, so weich, daß es sich fast von selbst vom Knochen löst. Ungefähr 15 Minuten vor diesem Zeitpunkt gießt man die Sahne in den Topf und nimmt, wenn die Sauce dadurch zu dünn werden sollte, den Deckel ab, so daß sie einkochen kann. Diesen Prozeß kann man beschleunigen, indem man sie in eine Pfanne abgießt und auf großer Flamme einkochen läßt. Dann wird sie mit Kalbsjus verbessert und eventuell noch mit Senf nachgewürzt.

Ganz vorsichtige Köche, die Angst vor dem Anbrennen haben, geben den Senf überhaupt erst zum Schluß dazu. Ich bin jedoch der Meinung, daß der Senfgeschmack sich dem Fleisch besser mitteilt, wenn man Senf von Anfang an mitschmort. (Er darf allerdings

nicht gebraten werden!) Keinesfalls aber darf die Sauce so stark nach Senf schmecken wie jene Saucen, die in vielen Haushaltungen zum Kochfisch gereicht werden! Sie soll nur gerade so pikant sein, daß sie den Geschmack der Beilagen nicht übertönt.
Als Beilagen zum Kaninchen in Senf eignen sich am besten frische Erbsen und/oder Möhren. Diese Gemüse passen ebenso gut zu einem *Kaninchen mit Steinpilzen.*
Dazu brauchen Sie an Stelle von Senf 2 Tüten (40 g) getrocknete Steinpilze, anstelle von Butterschmalz Speckfett, und Salbei statt Estragon. Die Pilze 1 Stunde in so viel Wasser einweichen, daß sie gerade bedeckt sind. In einer Pfanne geräucherten, fetten Speck auslassen und in dem Fett die Kaninchenstücke anbraten wie beschrieben. Salzen und pfeffern und in den Schmortopf legen. Die eingeweichten Steinpilze dazulegen, einen Zweig frischen oder 1½ TL getrockneten Salbei darüberstreuen. Die Fleischstücke mit einigen Streifen Frühstücksspeck (dünn und durchwachsen) belegen.
Das Einweichwasser der Pilze durch ein Haarsieb oder einen Papierfilter abgießen und damit den Bratensatz der Pfanne ablöschen. Über die Fleischstücke gießen, daß sie bis zur Hälfte mit Flüssigkeit bedeckt sind. Gar schmoren.
Die Sauce abgießen, eventuell entfetten und einkochen lassen. Mit braunem Kalbsjus verfeinern.
Nach diesem Grundrezept – zuerst scharfes Anbraten, dann sanftes Weichschmoren – läßt sich Kaninchen in vielen Variationen zubereiten: mit Tomaten, Thymian, Knoblauch und Oliven:
mit Speckwürfeln und kleinen frischen Zwiebeln, die im Bratfett der Pfanne angebraten und dann mitgeschmort werden.

Das Superkaninchen

Das Superkaninchen wird nach dem Anbraten in ¾ l dicker Sahne gekocht! Zuerst anbraten wie *à la Moutarde.* Die Fleischstücke in der Pfanne dabei nicht bewegen, damit sich möglichst viel Bratensatz auf dem Pfannenboden bilden kann. Der wird bei dieser Zubereitungsart dringend gebraucht, um der weißen Sauce wenigstens etwas braune Farbe zu geben.
Während des Anbratens etwas getrockneten Estragon anstreuen.

Die Kaninchenstücke in den Schmortopf legen, salzen und pfeffern und die Pfanne mit Sahne ablöschen. Diese Sahne sollte möglichst zur Hälfte aus *Crème fraîche* bestehen. Da diese jedoch nur unter größten Schwierigkeiten aufzutreiben ist, muß normale, dünne Sahne schon jetzt in der Pfanne reduziert werden. Zuerst also mit nur wenig Sahne ablöschen, den Bratensatz vom Pfannenboden loskratzen und alles einkochen lassen, bis es braun wird. Neue Sahne dazu, wieder einkochen usw., bis Sie $\frac{3}{4}$ l normale Haushaltssahne in $\frac{1}{2}$ l dicke und hoffentlich hellbraune Sahnesauce verwandelt haben. Mit 2 TL gekörnter Hühnerbrühe würzen, abschmecken. 3 Tüten (60 g) eingeweichte, gewaschene und angebratene Morcheln (s. S. 102) dazugeben und alles über die Fleischstücke im Schmortopf gießen. Auf kleinster Flamme gar köcheln lassen. Es ist wichtig, daß die Super-Sauce, in der das Kaninchen gart, schon von Anfang an richtig gewürzt ist!
Da die Morcheln auch nach dem Anbraten noch feucht sind, werden sie die Sauce wieder etwas verwässern, so daß Sie eventuell zum Schluß noch einmal alles mit offenem Deckel einkochen lassen müssen. Was dann aber schließlich im Topf bleibt, läßt selbst fanatische Hungerkünstler schwach werden!
Passionierte Weißweintrinker brauchen beim Kaninchen nicht auf ihr Lieblingsgetränk zu verzichten. Ich ziehe einen leichten roten Burgunder vor oder einen Beaujolais.

Kaninchen mit Backpflaumen

Eine grundsätzlich andere Methode ist das Einlegen (Marinieren) des Fleisches in eine Essig-Wein-Marinade. Die ausgefallenste Variation ist die nicht alltägliche Kombination von Backpflaumen und Kaninchen, die ich deshalb anderen Marinaden vorziehe, weil die Geschmacksveränderung durch die Rotwein-Pflaumen eine kleine kulinarische Sensation bewirkt.

Marinade: *1 Flasche trockener Weißwein, $\frac{1}{4}$ l roter Weinessig, 2 Lorbeerblätter, 1 große Zwiebel, in Scheiben geschnitten, 6 zerdrückte Wacholderbeeren, 1 EL Senf, 1 TL grob zerdrückte Pfefferkörner* – Für das Fleisch: *1 großes Kaninchen, 400 g Trockenpflaumen, $\frac{1}{2}$ l Rotwein, 125 g Speckwürfel, 12 kleine, weiße Zwiebeln, 250 g Champignons, Olivenöl, Butter, Salz, Pfeffer, Ingwerpulver*

An den Zutaten sehen Sie schon, daß es im Gegensatz zum Kaninchen in Senfsauce ein etwas aufwendiges Essen ist. Es ist aber auch ein mächtiges Gericht, das gut für 6 Esser reicht.

Auch ohne Blut schmeckt es wunderbar!

Eine Schwierigkeit vorab: Das Originalrezept verlangt, daß das Kaninchenblut zur Sauce verwendet wird. Doch das können nur die Leute, die das Kaninchen selber schlachten. Wer es im Geschäft oder auf dem Markt kauft, bekommt das ausgenommene, abgezogene und wunschgemäß zerteilte Kaninchen, aber kein Blut.
Doch ich habe es ausprobiert: Auch ohne Blut schmeckt es wunderbar! (Selbstschlachter müssen das Kaninchenblut mit Essig verdünnen, weil es sonst gerinnt, bevor es verwendet wird.)
Das Kaninchen in 12 Teile schneiden und 24 Stunden in der Beize marinieren. Die Kaninchenleber derweil in Rotwein einlegen; weniger wegen des Geschmacks, sondern damit sie nicht hart und trocken wird. Die Stücke aus der Beize nehmen und sorgfältig (!) abtrocknen. In der Öl/Butter-Mischung in einer Pfanne nacheinander anbraten, bis sie von allen Seiten goldbraun sind. Salzen und Pfeffern und in den Schmortopf legen.
Im Bratensatz der Pfanne die Zwiebeln leicht anbräunen lassen. Den Satz mit etwas Beize ablöschen, aufkochen lassen und dabei alle Bratrückstände vom Boden loskratzen. Alles über die Fleischstücke gießen. Die Speckwürfel (nicht zu klein schneiden, damit man sie zum Schluß gut herausfischen kann) dazugeben, ebenso die Champignons, die man ganz läßt oder, wenn sie besonders groß sind, halbiert. Mit der durchgesiebten Beize so weit auffüllen, daß die Kaninchenstücke bis zu $\frac{2}{3}$ bedeckt sind.
Auf kleiner Flamme $1\frac{1}{2}$ bis 2 Stunden gar schmoren lassen. Am Ende der Schmorzeit werden die Champignons so viel Wasser an die Sauce abgegeben haben, daß das Fleisch fast ganz damit bedeckt ist.
Inzwischen hat man die Backpflaumen in dem Rotwein einmal kurz aufkochen und danach noch 5 Minuten darin ziehen lassen. Man nimmt sie heraus und entkernt sie mit Messer und Gabel. (Nicht, weil das feiner ist, sondern weil man sich sonst die Finger verbrennt!) Nun gießt man die Sauce ab, fischt den Speck heraus und

läßt sie auf großer Flamme bis zu einem Drittel einkochen. Die Fleischstücke währenddessen warmstellen.
Man gibt die Pflaumen und wenig Rotwein in die Sauce, und schließlich treibt man die Kaninchenleber durch ein Haarsieb und verrührt sie. (Auch wer das Blut aufgehoben hat, fügt es erst jetzt hinzu.) Mit Ingwer abschmecken, Fleisch dazu und mit Nudeln servieren.

Zum Kaninchen ein feuriger Roter

Eine ideale Gemüsebeilage dazu habe ich nicht gefunden. Dafür ist die Sauce zu eigenwillig und zu kräftig. Wichtig hingegen ist dabei ein kräftiger, feuriger Rotwein, wie ein Schweizer *Dôle,* ein fruchtiger Burgunder oder ein *Hermitage.*
Damit haben Sie dann ein Festessen aufgetischt, mit dem Sie ein altes – und leider oft berechtigtes – Vorurteil widerlegen: die deutsche Küche sei fad und einfallslos.

Kalbfleisch

Nichts ist einfacher, als ein leckeres Gericht aus Kalbfleisch herzustellen. Kein Fleisch nimmt das Aroma von Kräutern so leicht an wie Kalbfleisch; kein Fleisch verbindet sich so wunderbar mit dem Geschmack von getrockneten Pilzen oder Tomaten, Schinkenspeck oder Käse. Kalbfleischsaucen reagieren leichter auf Gewürze oder Wein als andere Saucen, und wegen der großen Gelierfähigkeit der Kalbsknochen geraten sie besonders gut. Und doch ist nichts schwieriger, als einen perfekten Kalbsbraten zu servieren. Denn er soll saftig, aber auch gar sein. Er soll außen goldbraun, innen aber noch zart sein. Vor allem aber soll Kalbfleisch nicht in den Zähnen hängenbleiben. Doch wie sich das vermeiden läßt, das wissen nur die Rinderzüchter – und die kümmern sich nicht darum. Einigen von ihnen geraten die Kälber hervorragend, und wer dort wohnt, wo sie auf den Markt kommen, der hat Glück. Ich habe meistens Pech: Kein anderes Gericht ist mir so oft mißglückt wie Kalbskoteletts, für die es so wunderbare Rezepte gibt. Leider sieht man dem Kalbfleisch im Metzgerladen nicht an, ob es nach der Zubereitung zart und saftig oder hart und trocken sein wird. Gewiß soll man darauf achten, daß man kein grobfaseriges Fleisch kauft, aber ich habe es oft genug erlebt, daß Kalbfleisch von der feinfaserigen Sorte mißriet. Es ist deshalb zu besonderer Vorsicht zu raten, wenn Sie Gäste einladen! Die berechtigte Entschuldigung des Kochs, daß nicht er, sondern die Zuchtmethoden die Schuld daran tragen, wenn eine Tischgesellschaft hartnäckig in den Zähnen bohrt, wird die Enttäuschung der erwartungsvollen Esser nicht mindern können.
Sensible Zeitgenossen entsagen dem Fleisch der Kälber aus noch einem anderen Grund: Damit ihr Fleisch schön weiß wird, werden

die jungen Tiere unter Bedingungen hochgepäppelt, die von natürlicher Aufzucht so weit entfernt sind wie das Leben eines Schoßhundes von dem eines Wolfes. Doch verbinden wir den Begriff des Natürlichen sowieso kaum noch mit unseren Nahrungsmitteln.
Das alles soll Sie aber nicht davon abhalten, aus dem besten Teil des Kalbes, dem Rücken, einige Gerichte zu versuchen. Ich beschränke mich auf den Rücken, also die Koteletts, weil alle anderen Teile des Kalbes, ausgenommen die Innereien, nicht annähernd so delikate Resultate ermöglichen – wobei ich gern einräumen will, daß bei einem Schnitzel oder erst bei einem Kalbsfilet die Folgen schlechter Fleischqualität nicht so gravierend sind wie beim Rücken. Dennoch möchte ich mich hier auf das *Kalbskotelett* beschränken.

Die Grundzubereitung ist immer gleich: 2–2½ cm dicke Koteletts auf beiden Seiten in der Pfanne nur kurz zubraten, salzen, dann im Ofen mit den verschiedensten Beilagen gar braten und eventuell gratinieren.
Auf diese Beilagen kommt es an, und da gibt es eigentlich nichts, was nicht möglich wäre. Kalbskoteletts können Sie würzen und kombinieren, womit Sie wollen. Ich habe schon mit Krebsschwänzen und Muscheln gefüllte Kalbskoteletts gegessen, was ich allerdings für eher effektvoll als nachahmenswert halte.
Angebraten werden die Kalbskoteletts in heißem Butterschmalz, und zwar nur so lange, bis sie eine hellbraune Farbe angenommen haben. Dann rumdrehen und auch die andere Seite anbraten. Das wird in den meisten Fällen kaum länger als insgesamt 3–5 Minuten dauern. Danach werden sie von beiden Seiten gesalzen, gepfeffert und in den Topf gelegt, in welchem sie später gar gebraten werden sollen. Der Bratensatz in der Pfanne wird nun abgelöscht mit der jeweils vorgeschriebenen Flüssigkeit, die man sehr stark einkochen läßt, wobei man mit einem Holzlöffel alle Rückstände vom Pfannenboden abkratzt: Von einem großen Glas Weißwein zum Beispiel sollten schließlich nicht mehr als 3 EL eingekochter Saft übrigbleiben. Wenn Sie mit dem Finger probieren, wissen Sie warum!

Gefülltes Kalbskotelett mit Salbei

Die für dieses Gericht benötigten Koteletts müssen doppelt so dick sein, also 4–5 cm. Sie werden sorgfältig von Häuten und dem meisten Fett gesäubert. Wegen ihrer Dicke werden sie entsprechend länger in Butterschmalz angebraten und in der Pfanne auch kräftiger gesalzen. Dann schneidet man sie so weit auf, daß man eine große Tasche hat, die fast nur noch durch den Knochen zusammengehalten wird. Diese Tasche wird mit gestoßenem schwarzen Pfeffer gut gewürzt. Dann legt man auf die untere Innenseite der Fleischtasche 2 oder 3 Blätter frischen Salbei. Darauf entweder eine große Scheibe Schinkenspeck oder mehrere Streifen durchwachsenen Frühstücksspeck. Darauf eine ca. 5 mm dicke Scheibe Gruyère, darauf wieder 2–3 Blätter Salbei. Zuklappen und in eine passende Eisenform legen.
Passend heißt – und das ist bei allen Fleischgerichten wichtig, die offen im Backofen gegart werden –, daß die Form kaum größer sein darf als das Fleisch. Andernfalls würde die Bratenflüssigkeit schon nach kurzer Zeit verdunsten und verbrennen und das Fleisch austrocknen. Ob Sie also ein oder vier Koteletts garen wollen, die Größe der Form ist wichtig. Das bedeutet übrigens auch, daß Sie das im Ofen befindliche, tiefe Bratblech nur dann benutzen sollten, wenn Sie so viel Fleisch braten wollen, daß damit das Blech fast ausgefüllt ist. Wer aber einen 3-Personen-Sonntagsbraten auf die Mitte des großen Blechs legt, darf nichts Erstklassiges erwarten!

Die Sauce zum Kotelett

Inzwischen haben Sie den Bratensaft abgelöscht und die Flüssigkeit wie beschrieben einkochen lassen. Die wird nun auf und um die Koteletts herum gegossen.
Achtung: Wenn Sie 4 oder gar 6 Koteletts anbraten, aber nur eine Pfanne haben, in die nur zwei hineinpassen, wenn Sie also zwei- oder dreimal anbraten, so müssen Sie den Bratensatz jedesmal ablöschen, einkochen und in ein Gefäß abgießen, damit Sie genügend von der kostbaren Flüssigkeit gewinnen! Nun stellen Sie das Bratgefäß mit den Koteletts auf den mittleren Rost des auf 250 Grad vorgeheizten Ofens und drehen die Temperatur auf 210 Grad herunter. Wenn Sie, wie ich, schwere, flache, emaillierte Gußeisen-

formen verwenden, so müssen diese vorher auf dem Herd erhitzt werden, weil die Backofenhitze zwar sofort von oben auf das Fleisch einwirkt, sich aber von unten erst durch die kalte Eisenform durcharbeiten müßte.
Nach 15 Minuten die Koteletts mit je einem Stück Butter belegen. Nach insgesamt 25 Minuten schieben Sie das Fleisch auf den obersten Rost und lassen es vom Grill schön bräunen. (Die angegebenen Zeiten sind wie immer nur ungefähre Werte, und eher zu lang als zu kurz.) Oben im Backofen, dicht unter dem Grill, ereignet sich in den letzten Minuten folgendes: Der ohnehin weniger gewordene Bratensaft beginnt, am Rand braun zu werden und anzutrocknen. Das ist genau der richtige Zeitpunkt für den letzten Arbeitsgang: Sie nehmen die Bratform aus dem Ofen und gießen, dicke, süße Sahne hinein. Wieviel, das ist eine Ermessensfrage und richtet sich natürlich nach der Zahl der Koteletts. Mit einem Holzlöffel kratzen Sie nun alles los, was sich angesetzt hat, so daß es sich in der frischen Sahne auflösen kann. Dabei immer wieder abschmecken und nachwürzen. Wahrscheinlich ist die so entstehende Sauce immer noch zu dünn, deshalb sorgen Sie dafür, daß (beim Elektroherd) eine Heizplatte auf 3 geschaltet ist, damit Sie darauf die Sauce schnell noch etwas reduzieren können. Das war's dann. Sie sehen, dieses Rezept verlangt keine großen Fähigkeiten des Kochs, doch hat es durchaus seine kritischen Punkte. Es sind dies die Fleischqualität, die Dicke des Koteletts, die Stärke der Hitze und die Dauer, mit der das Fleisch dieser Hitze ausgesetzt ist. Da hängt das eine vom anderen ab, und das dann richtig zu erkennen und entsprechend zu arbeiten, das ist dann doch wieder nicht so einfach, das ist Gefühlssache, die man aus einem Buch nicht lernen kann.

Kalbskotelett überbacken

Das ist mir die liebste Zubereitungsart, weil sie zahlreiche Variationen zuläßt. Die Koteletts werden in der Pfanne nicht ganz gar gebraten, dann mit einer Farce belegt und bei starker Oberhitze überbacken.
Wer es seinen Gästen ganz bequem machen will, der kann das Fleisch aus dem Kotelettknochen herausschneiden. Er hat dann ein rundes, gleichmäßig mageres Stück Kalbfleisch, das Medaillon, das

genauso bearbeitet wird wie ein Kotelett, erfahrungsgemäß aber noch 2–3 Minuten weniger der Hitze ausgesetzt werden darf, wenn es nicht trocken werden soll!

Wer seine Koteletts unter einem Salamander oder einem starken Grill überbäckt, sollte sie vorher überhaupt nur von einer Seite anbraten. Die mit der Farce belegte rohe Seite wird unter der starken Oberhitze schnell gar und verbindet sich leichter mit dem Geschmack der Farce.

Ich nenne folgende Variationen:

- Eine *Duxelles* (s. S. 106), die mit einer *Sauce Mornay* (s. S. 77) übergossen wird.
- Feingehackte und in Butter gar gedünstete Schalotten werden mit durchgedrehtem, rohem, magerem Schinkenspeck vermischt, gesalzen, gepfeffert und mit einer Mischung aus Sahne, Eigelb und geriebenem Gruyère übergossen.
- In salziger Bouillon weichgekochte Zwiebelstücke werden durch ein Sieb getrieben und im Verhältnis 2:1 mit *Bechamel* (s. S. 76) vermischt, darauf geriebenen Gruyère, der dicht mit Butterflöckchen belegt wird. (Das Originalrezept des *Soubise* genannten Zwiebelpürees schreibt auch noch Reis vor. Und um hier ganz nach klassischer Regel zu kochen, müßte auf das Fleisch noch eine dicke Scheibe *Foie Gras* gestrichen werden. Dieser Aufwand scheint mir aber bei einer Fleischsorte, die stets das Risiko des Mißlingens in sich trägt, dann doch zu groß.)

Es lassen sich natürlich noch viele andere Farcen denken; denn, wie ich schon sagte: Kalbfleisch verbindet sich willig mit den verschiedensten Gewürzen und Zutaten. In jedem Fall aber muß man darauf achten, daß diese Zutaten entweder vorher schon gar gemacht wurden oder aber so fein haschiert sind, daß sie in der kurzen Zeit des Überbackens noch gar werden bzw. auch roh gegessen werden können.

Wenn es sich beim Kalb auch um sogenanntes weißes Fleisch handelt, so würde ich einen Weißwein dazu doch nur trinken, wenn der zur Wahl stehende Rotwein ein säuerlicher Landwein ist. Ein leichter, aber feiner Burgunder (*Volnay, Beaune, Pernand-Vergeless*) sollte es schon sein, und manchmal geht auch ein *Aßmannshäuser-Höllenberg,* dann nämlich, wenn er keinen nennenswerten Restzucker enthält.

Kalbsnieren

Kalbsnieren haben zwei Nachteile. Einmal lagern sich in ihnen all die Antibiotika und Hormone ab, mit denen die Kälber gespritzt werden – was natürlich verboten ist und deshalb auch nicht vorkommt. Zum anderen werden die meisten Kalbsnieren zu Kalbsnierenbraten verarbeitet. Dort sitzen sie im Bratfleisch, ohne dessen Qualität merklich zu verbessern und entziehen sich so dem Feinschmecker, der ihren köstlichen Eigengeschmack schätzt. Jawohl, köstlich! Wer das bezweifelt, der ist einfach nicht geschmacks-emanzipiert, wie man das heute nennt. Früher sagte man von solchen Leuten: Sie verstehen nichts vom guten Essen. Diese Nierenfeinde haben Kalbsnieren wahrscheinlich noch nie gesehen, da sie, wie gesagt, meistens im Braten verschwinden. Kalbsnieren sind, wenn man sie beim Metzger kauft, bereits enthäutet. Will man sie im Ganzen zubereiten, sind sie somit bratfertig. Schneidet man sie jedoch in dünne Scheiben, so sollte man alles Fett sorgfältig entfernen. Danach ist die Zubereitungsart für beide Fälle sehr ähnlich: In Butterschmalz oder Speck anbraten; mit Champignons oder Sahne und Senf vervollständigen. Und in jedem Fall etwas Alkohol: Weißwein, Madeira oder Cognac.

Wichtig zu wissen ist, daß Kalbsnieren viel Wasser enthalten. Das bedeutet, daß man sie sehr heiß braten muß, sonst schwimmen sie sofort im eigenen Saft und werden mehr gekocht als gebraten und dadurch hart und trocken. Butter geht also nicht, weil man sie nicht richtig heiß kriegt, ohne daß sie verbrennt. Also nehmen wir Butterschmalz. Oder aber in Würfel geschnittenen, durchwachsenen, geräucherten Speck. Erst wenn das Fett zu rauchen beginnt, legen wir die Nieren in die Pfanne. Die muß so groß sein, daß alle Nierenstücke gleichzeitig mit dem Fett in Berührung kommen. Liegen sie nämlich übereinander, so werden die obenliegenden Stücke gedünstet anstatt gebraten. Deshalb wird man in einer Pfanne kaum mehr als zwei Portionen auf einmal braten können. Das allerdings geht sehr schnell: ungefähr drei Minuten. Während dieser Zeit die Nierenstückchen nicht bewegen! Je mehr sie in der Pfanne ansetzen, um so besser für die Sauce! Dann dreht man sie um, wartet noch einmal ca. 3 Minuten und würzt sie mit Salz und Pfeffer. Pfeffer ist allerdings nicht gleich Pfeffer, und wer Fleisch, das in der Pfanne gebraten wird, mit fertig gemahlenem Pfeffer würzt, der muß sich sagen lassen, daß ihm ein wichtiges Detail der guten Küche bisher verborgen geblieben ist. Der Pfeffer darf nämlich erst vor dem Gebrauch zerstoßen werden (nicht gemahlen!). Der geschmackliche Gewinn ist außerordentlich und lohnt in jedem Fall die Anschaffung eines Holzmörsers. Zur Not kann man die Pfefferkörner auch mit der flachen Klinge eines schweren Küchenmessers zerdrücken. Fortgeschrittene Köche nehmen ein Gemisch aus grauem und weißem Pfeffer sowie einigen Pimentkörnern. Ich glaube, wer das einmal ausprobiert hat, nimmt gemahlenen Pfeffer nur noch für Gemüse.

Richtig gebratene Nieren haben einen rosa Kern

Doch zurück zu den Nieren. Sind sie bei großer Hitze auf beiden Seiten angebraten, so sollen sie – und deshalb darf man sie nicht zu dünn schneiden – innen einen rosa Kern haben. Das heißt, sie dürfen nicht vollständig durchgebraten sein. Man nimmt sie jetzt mit einem Schaumlöffel aus der Pfanne und legt sie in eine angewärmte Servierschüssel. Dann löscht man den Bratensaft mit etwas trockenem Weißwein ab, kratzt alle Reste mit einem Holzlöffel von der Pfanne los, damit sie sich mit dem Wein verbinden, gibt 1–2 TL scharfen Senf hinzu und läßt alles einkochen, bis es dick wird und die Gefahr besteht, daß es anbrennt. Da erst schüttet man mindestens $\frac{1}{8}$ l dicke, süße Sahne hinzu, läßt wieder ein wenig einkochen, schmeckt kurz ab – und gießt die Sauce über die Nieren. Da diese vom Warten nicht wärmer werden, muß das alles auf großer Flamme und mit großer Schnelligkeit geschehen. (An Stelle von Senf kann hier auch mit getrocknetem und zerriebenem Salbei gewürzt werden.)

Kalbsnieren mit Champignons

In einer schweren Pfanne läßt man kleingeschnittenen Speck aus und gibt, wenn das Fett zu rauchen beginnt, die in nicht zu dünne Scheiben geschnittenen Nieren hinein. Braten wie beschrieben. Gleichzeitig schneidet man gewaschene Champignons (auf

300 Gramm Nieren 200 Gramm Champignons) in Stücke, die kaum kleiner sein sollten als die Nierenstückchen. Die Pilze enthalten wie die Nieren viel Wasser, und man brät sie nach der gleichen Methode: große Hitze und alle gleichzeitig ins Fett (Butterschmalz) und nicht bewegen, bis sie auf einer Seite Farbe annehmen. Umdrehen und weiter braten lassen, würzen, etwas Zitronensaft dazugeben und schließlich mit reichlich Sahne ablöschen.
Inzwischen sind auch die Nieren gar geworden. Man löscht sie mit einem Gläschen Madeira ab, läßt kurz ein wenig einkochen, wobei man wieder sorgfältig mit dem Holzlöffel alle Bratenreste abkratzt, und schüttet den Pfanneninhalt zu den Champignons. Mit gehackter Petersilie bestreuen.
Mit den gleichen Zutaten kann man eine Kalbsniere auch im Ganzen braten. Dabei dreht man nach dem Anbraten die Flamme etwas kleiner, weil es ja länger dauert, bis eine ganze Niere gar ist. Es ist dies eine Zubereitungsart für Leute, die Nieren innen besonders roh mögen, aber auch nicht auf die leckere Sauce verzichten wollen, die ja um so besser wird, je länger das Fleisch gebraten wird.
Wer die eine oder die andere dieser Versionen probiert hat, wird jedenfalls kein Verständnis mehr dafür haben, daß Kalbsnieren nach dem Willen der Metzger im Kalbsnierenbraten ein vergleichsweise unrühmliches Ende finden.
Vielleicht beeindruckt es hartnäckige Skeptiker, daß Kalbsnieren zu den wenigen Fleischgerichten gehören, die das Privileg haben, auf den Speisekarten der besten französischen Feinschmeckerrestaurants vertreten zu sein, wo viele andere Speisen keinen Zugang finden. Und zubereitet werden sie dort so, wie es hier beschrieben ist.

Der Wein zu Nieren sollte rot, aber nicht zu schwer sein. Aber auch ein Weißwein ist möglich, doch der muß voll sein. Merkwürdigerweise paßt zu Kalbsnieren sogar ein Wein, den ich normalerweise nicht gerade zu Fleischgerichten empfehlen würde: Eine Elsässer oder Rheingauer Riesling-Spätlese eines älteren Jahrgangs, bei dem die ursprüngliche Säure schon ziemlich abgebaut ist, so daß neben seiner altersbedingten, untypischen Ruhe (ein Riesling sollte immer ein wenig spritzig sein) die Fruchtsüße etwas stärker als normal hervorkommt. Es mag diese Empfehlung etwas schrullig klingen, aber ich habe über ein Jahr lang einen solchen Wein im Keller gehabt, der mir vor allem zu Kalbsnieren immer wieder großen Genuß verschafft hat. Doch zugegeben: Ein *Château Margaux* oder ein anderer klassifizierter Bordeaux ist besser.

Kalbsmilch, Schweser, Bries – Ris de Veau

Kalbsbries gehörte schon immer zur feinen Küche. Es besteht allerdings ein himmelweiter Unterschied zwischen den panierten oder sauer oder sonstwie zubereiteten Briesgerichten, die man hier und da in Deutschland zu essen kriegt, und der klassischen Zubereitungsart, die wir von der *Grande-Cuisine* kennen. Es muß leider aber auch gesagt werden, daß das noch längst nicht bedeutet, daß Bries in allen französischen Restaurants optimal zubereitet wird. Es wird oft zu lange gekocht: Dann aber reagiert es wie Fisch: Das Bries wird trocken und mehlig und ist ruiniert. Für viele Köche und für viele Esser scheint das aber ganz normal zu sein. Dabei sollte Kalbsbries genau so gekocht werden wie ein Lachs oder ein Lammrücken oder ein Rinderfilet, also nicht ganz durch und noch saftig! Daß diese Auffassung noch gar nicht so alt ist, merkt man bei der Lektüre auch renommierter Kochbücher. Dort gibt es mehr als genug Rezepte, in denen Kalbsbries mit Speck gespickt wird - eine Maßnahme, die ja davon ausgeht, daß das Fleisch trocken ist. Diese Methode ist ungefähr so sinnvoll wie ein Rinderfilet zu spicken, weil man es zwei Stunden braten möchte!
Bries ist die Thymusdrüse des Kalbes, ein ziemlich unansehnliches Gebilde. Es besteht aus einem kompakten, fast faustgroßen Stück und aus kleinen, von vielen Häuten zusammengehaltenen Stückchen. Uns interessiert nur das kompakte Stück, die Nuß. Sie wiegt ungefähr 200 Gramm, reicht also gerade für einen Esser, wenn das Bries ein Hauptgericht sein soll. Als Zwischengericht reichen 2 Bries für 3 oder sogar 4 Personen. Ich teile die Zubereitung in 5 Arbeitsgänge:
Erster Arbeitsgang: Der richtige Einkauf. Erfahrungsgemäß ist es ratsam, Kalbsbries beim Metzger vorzubestellen, wenn man ein schönes, festes Nußstück haben will.
Zweiter Arbeitsgang: Wässern. Das Bries mehrere Stunden lang in kaltes Wasser legen. Das Wasser öfter erneuern.

Dritter Arbeitsgang: In stark kochendem, sehr stark gesalzenem Wasser 6 Minuten blanchieren. Herausnehmen, mit kaltem Wasser abschrecken.
Vierter Arbeitsgang: Das Bries mit einem kleinen Messer von den Häuten säubern und die kleine, innere Röhre entfernen. Das ist eine Arbeit, für die man viel Gefühl braucht. Ideal wäre es, alle Häute wegzuschneiden, die man überhaupt findet. Aber dann fällt das Bries unweigerlich in mehrere Teile auseinander - so zusammenhängend ist auch eine Nuß nicht. Also muß an manchen Stellen eine dünne Haut drangelassen werden, aber auch nur gerade so viel, wie nötig ist, um das Auseinanderfallen zu verhindern. Dabei wird es sich nicht vermeiden lassen, daß auch einige kleinere Fleischstücke mit abfallen.
Fünfter Arbeitsgang: Das Bries unter ein Brett legen und mit einem gefüllten Wassertopf oder sonst einem Gewicht beschweren. Mindestens 1 ½ Stunden pressen.
Gewässert wird Kalbsbries, damit es schön weiß wird.
Das kochende Wasser muß deshalb so stark gesalzen werden, weil späteres Nachsalzen nicht viel nützt.
Man preßt es, damit die Fasern zerreißen, die sonst, beim späteren Braten und Dünsten, das Fleisch zusammenziehen würden. Durch das Pressen ist das Bries zu einem festen, platten und fast handtellergroßen Stück Fleisch geworden. Das wird nun in Butterschmalz bei schwacher Hitze ungefähr 15 Minuten auf beiden Seiten in einer schweren Pfanne angebraten. Vorher mehle ich es, entgegen den Mahnungen vieler Profis, nicht. Auch wenn es leicht am Pfannenboden ansetzt, was soll's. Der Bratensatz verbessert später die Sauce. Damit aber kein Schaden angerichtet wird, wende ich das Bries oft und schüttele die Pfanne. Während des Bratens salze ich noch etwas nach; denn so salzig das Blanchierwasser auch war, es wird nicht ausgereicht haben. Und nach einem trockenen Bries ist ein fades, salzloses Bries das Zweitschlimmste, was passieren kann. Wenn nötig, während des Bratens noch mehr Butterschmalz hinzugeben. Das Bries darf schließlich nur leicht goldgelb angebraten sein, mehr nicht. Ich nehme es heraus und lege es in einen kleinen, schweren Schmortopf. Den Bratensatz in der Pfanne löscht man ab.

Kalbsbries 3 Musketiere

Bis hierhin gleichen sich alle Briesrezepte, die mich interessieren. Die folgende Möglichkeit, ein Bries zu kochen, heißt *Kalbsbries 3 Musketiere,* weil es drei verschiedene Alkoholika enthält. Daß es auch mit nur einer Sorte geht, und überhaupt ganz anders, versteht sich. Es ist eine Variation, die mit Sahne und grünem Pfeffer abgerundet wird.
Das sind die Zutaten bei einem *Kalbsbries 3 Musketiere:*

2 große Kalbsbries (Nuß), 300 g frische Champignons, 1 Karotte, je 2 EL Cognac, Noilly-Prat, *Madeira, Sahne, grüner Pfeffer*

Eine Handvoll Champignons und die Karotte zu *Julienne* schneiden, das sind feine, kurze Streifen, höchstens so dick wie ein Streichholz, aber kürzer. Zuerst die Karottenstreifen in die Pfanne mit dem Bratensatz geben, eventuell neues Fett dazu. Jetzt darf es auch Butter sein, weil durch das Gemüse ja ohnehin Wasser ins Fett gerät. Leicht anbraten lassen, dann die Champignonstreifen dazugeben. Die Pfanne darf nicht so klein sein, daß die *Julienne* übereinander liegen! Nun mit dem Cognac, *Noilly-Prat* und Madeira ablöschen und auf großer Flamme einkochen lassen. Abschmecken und eventuell nachsalzen und alles über die vorbereiteten Bries in den Schmortopf schütten.
Die restlichen Champignons vierteln und in 1 EL Butter auf starker Flamme anbraten, daß sie noch leicht knackig sind. Salzen und mit Zitronensaft würzen. Mit einem Schaumlöffel herausnehmen und zum Bries geben. Den Champignonsaft so lange einkochen lassen, bis nur noch 2 EL übrigbleiben. Ebenfalls über das Bries schütten. In den Schmortopf gibt man jetzt noch 3 EL Kalbsfond (hell oder braun ist dabei ziemlich egal). Die Bries sollen jetzt ungefähr zur Hälfte in Flüssigkeit liegen. Den Topf gut verschließen und auf schwacher Hitze zwischen 20 und 30 Minuten leicht köcheln lassen – nicht länger! Von Zeit zu Zeit die Bries wenden und Karotten und Champignons auf ihre Oberseiten legen. Es ist möglich, daß die Champignons immer noch Wasser ziehen, deshalb während der letzten 10 Minuten gegebenenfalls bei offenem Deckel den Saft einkochen lassen. Dabei ständig rühren. Wenn es nicht schnell genug geht, nehmen Sie das Bries heraus und legen es an die Seite. Die

Sauce muß so stark einkochen, daß sie braun und sämig wird. Erst dann Sahne hinzugießen. Wieviel Sahne, das werden Sie selber entscheiden müssen. Die Sauce soll ja auch im fertigen Zustand eine schöne, hellbraune Farbe haben und nicht dünnflüssig sein. Deshalb spielt wie immer die Sahnequalität eine große Rolle.
Zum letzten Mal wird jetzt abgeschmeckt und 1 EL grüner Pfeffer dazugegeben. Dieses schöne Produkt ist je nach Fabrikat verschieden scharf. Haben Sie die scharfe Sorte, dann nehmen Sie lieber grob gestoßenen schwarzen Pfeffer, denn wenn die Pfefferschärfe alles andere übertönt, war die ganze Mühe umsonst.
Ja, und nun ist das Bries fertig. Es ging relativ schnell und war nicht sonderlich schwierig. Sie können mit dem Bewußtsein zu Tisch bitten, eine Delikatesse zubereitet zu haben, wie man sie auf diese Art nur sehr selten vorgesetzt kriegt.

Als Beilage paßt dazu, wenn es denn sein muß, trockener Reis. Ich bin nicht dafür. Ich steche aus tiefgefrorenem Blätterteig kleine Formen aus, drücke in deren Boden etwas grob gemahlenen Pfeffer, überpinsle sie mit Eigelb und lasse sie im Backofen aufgehen. Das ist spielend einfach, und diese *Fleurons* ergänzen sich viel besser mit dem feinen Gericht. Außerdem brauche ich viel weniger Sauce, kann sie also noch stärker einkochen lassen, was ihre Qualität verbessert.
Wenn Sie sich an diese Zubereitungsart halten, können Sie die Zutaten unendlich variieren. Es muß nicht immer eine Karotte dabei sein, auf die Champignons können Sie ebenfalls verzichten, und wenn Sie nicht gerade eine unausrottbare Vorliebe für Rum haben, darf es auch anderer Alkohol sein. Nur denken Sie daran: Bries ist ein überaus zartes, feines Fleisch, jede Deftigkeit würde seinen Charakter verderben. Also keine Zwiebeln, kein Kümmel und dergleichen. Andererseits geht es mit Speck und Rotwein ganz gut zusammen; eine Sauerampfer-Sahnesauce ist fast das Zweitbeste, und wenn Sie das ganze auf blättrig gekochten Spinat setzen, können Sie sich bei Ihren begeisterten Gästen auf mich berufen …

Ein letzter, wichtiger Hinweis: Weißes Fleisch = Weißwein, diese Faustregel stimmt hier merkwürdigerweise nicht. Ein leichter Rotwein, vorzugsweise ein guter Bordeaux, erscheint mir ideal.

Darüber hinaus gibt es die Möglichkeit, das gepreßte Bries in Scheiben zu schneiden und zu braten. Das gehört durchaus zu den klassischen Rezepten; ich mag's nicht so gern.
Verwendet wird Bries auch als Füllung für Pasteten. Dabei handelt es sich dann aber ausschließlich um ein Vorgericht. Um ein reiches und aufwendiges Vorgericht dazu, was die Wahl des folgenden Hauptganges nicht gerade erleichtert. Ein Braten – überhaupt ein Stück Fleisch – hinterher, das widerspricht den Grundsätzen einer sorgfältigen Komposition, deren Nichtbeachtung ein gutgemeintes Menü nur zu leicht beeinträchtigen kann. Also hinterher vielleicht nur ein Gemüse-*Gratin* (Lauch; Spinat mit Champignons) oder ein Curry-Gericht (dazu Bier).
Über Bries in der *Grande-Cuisine* s. auch S. 162.

Kalbsbriespastete mit Speck

Bei der *Kalbsbriespastete mit Speck* handelt es sich keineswegs um eins dieser kunstvollen Gebilde mit eingebackener Strickleiter, die sich die inhaftierten Mitglieder des *ancien régime* von ihren treuen Köchen in die Bastille schicken ließen, sondern um eine simple Angelegenheit. Zwar wird sie nach diesen Rezept auch nicht hundertprozentig gelingen, weil eine Pastete nie gelingt, wenn man die Blätterteigform nicht vorbackt und dann erst füllt. Aber in diesem Fall ist die zweitbeste Methode die einzige, die einem Amateurkoch zuzumuten ist; und so sehr geht es nie daneben, daß man es lieber ganz bleiben lassen sollte. Denn das Resultat ist immer noch eine überaus leckere und höchst originelle Création! Für eine 6-Personen-Mahlzeit benötigen Sie:

500 g Kalbsbries, 300 g frische Champignons, 100 g Bauchspeck (Wammerl), geräuchert, 1 Eigelb, 1 Paket tiefgefrorenen Blätterteig, Weißwein, Madeira, grob gestoßenen schwarzen Pfeffer

Das Bries muß, weil es ohnehin zerschnitten wird, nicht unbedingt ein Nußstück sein. Es wird, wie vorhin beschrieben, gewässert, in Salzwasser blanchiert, gesäubert und dann gepreßt. Diesmal kann man auch die feinsten Häute radikal entfernen, denn die Briesstücke sollen, wenn sie vorbereitet sind, kaum größer als Haselnüsse sein.

Der Speck – schwach durchwachsen, aber natürlich knorpelfrei – wird in schmale Streifen geschnitten und ebenfalls blanchiert, aber nur 3 Minuten. Danach in kleine Würfel von 1 cm Kantenlänge schneiden. Auch die geputzten Champignons werden in Würfel geschnitten, etwa so groß wie die Briesstücke, und in Butter gebraten, gesalzen, gepfeffert und mit Zitronensaft beträufelt. Es ist wichtig, daß das Anbraten in einer sehr großen Pfanne oder aber in zwei Etappen geschieht, damit sie auf keinen Fall übereinander liegen. Nur so kann man sie knackig braten. Andernfalls ziehen sie zuviel Wasser und werden gekocht. Mit einem Schaumlöffel herausnehmen und den Bratensaft mit trockenem, aber fruchtigem Weißwein (Riesling, Traminer, Ruländer) ablöschen und reduzieren. Mit 1 Lorbeerblatt, etwas Thymian, Liebstöckl, Salz und Pfeffer würzen, 4 EL braunen Kalbsfond dazu und wieder einkochen. Zum Schluß mit einem Süßwein wie Madeira oder dunklem Port auffüllen. Durchsieben. Wer es ganz edel haben will, nimmt jetzt eine Trüffel aus der Dose, hackt sie fein und gibt sie mit dem Trüffelsaft in die Pfanne. In diesem Fall aber vorher nur eine Spur von Thymian!
Die Sauce soll jetzt leicht sämig sein und einen süßlich-bitteren Geschmack haben; süßlich vom Wein und bitter von der Trüffel oder weiß der Teufel woher. Sie haben jetzt Zeit, das herauszukriegen, während die Pastete im Ofen ist. Die haben Sie folgendermaßen gemacht:
Den Blätterteig zu einem Rechteck, von ungefähr 40 cm Seitenlänge ausrollen. Grob zerstoßenen Pfeffer großzügig darauf verstreuen und eindrücken. Auf eine Hälfte des Teigs legen Sie nun die Briesstücke, darauf die Champignons und darauf den Speck. Nun klappen Sie die andere Hälfte darüber und verkleben die Teigränder. Damit der Dampf entweichen kann, machen Sie ein Abzugsloch in den Deckel. Sie bestreichen die Pastete mit dem Eigelb und setzen sie auf das mit Wasser angefeuchtete Backblech Ihres Ofens, den Sie gut vorgeheizt haben. Das Backblech auf den untersten Rost schieben und bei 220 Grad so lange backen lassen, bis der Teig schön goldgelb geworden ist, was ungefähr 40 Minuten dauern wird. Herausnehmen und mit der Sauce servieren.
Wenn Sie die herrlich aussehende, dampfende Pastete anschneiden, denken Sie bitte daran, daß Sie keine Terrine vor sich haben. Es werden wahrscheinlich einige Briesstücke, Speck und Champi-

gnons herauskullern. Aber auch noch eine bindende, naturgemäß feuchte Masse in der Teighülle unterzubringen (Sahne-Ei-Mischung oder eine Kalbfleischfarce), das verlangt dann doch eine handwerkliche Perfektion, die man bei einem Amateurkoch nicht unbedingt voraussetzen kann.

Was außerdem passieren kann: Durch das Gewicht der einzelnen Bestandteile und deren möglicher Feuchtigkeit kann der Pastetenboden zu feucht werden und nicht aufgehen.
Es kann andererseits die Pastete insgesamt etwas trocken sein. In diesem Fall hilft Ihnen die Sauce, von der Sie hoffentlich nicht zu wenig gemacht haben.
Was sonst noch alles passieren kann, weiß ich nicht. Ich habe immer nur mit diesen beiden Schwierigkeiten zu kämpfen. Erwähnt werden muß allerdings, daß es tiefgefrorenen Blätterteig von verschiedenen Herstellern gibt, in sehr unterschiedlicher Qualität. Die besten Erfahrungen habe ich bisher mit *Oettinger*-Blätterteig gemacht.

Bries-Variationen

Jedenfalls wird jeder ambitionierte Koch bei dieser ersten Briespastete erkennen, welche wunderbaren Möglichkeiten zum Experimentieren ihm hier geboten werden. Einige Vorschläge:
Bries mit Champignons und Rosinen, Hauptgewürz Nelkenpulver; Bries mit leicht angebratenen Geflügelleberstückchen und Champignons; Bries mit Morcheln (getrocknete, die man nach dem Einweichen in Portwein pochiert);
Bries mit einer *Duxelles*-Farce.

Als ich einmal einem erfahrenen Esser, der sich in der feinen Küche auskannte, eine solche Pastete vorsetzte, sagte er: »Wunderbar! Es ist, als hättest du den Eiffelturm aus Streichhölzern nachgebaut!« Gewiß kann man das, was nach diesem Rezept zu kochen möglich ist, niemals mit dem Original vergleichen, wie man es in den wenigen Spitzenrestaurants westlich des Rheins findet. Doch mehr als nutzlose Originalitätssucht ist es allemal. Mein verwöhnter Gast jedenfalls nahm von der Pastete dreimal.

Rindfleisch

Noch vor 200 Jahren schien Rindfleisch nicht hoffähig gewesen zu sein. Als Richelieu, der damalige Marschall von Frankreich und ein Urneffe des berühmten Kardinals, bei seinem Koch im besetzten Deutschland ein Festessen für 25 gefangene ostfriesische Prinzen bestellte (damals lachte man nicht über die Ostfriesen, sondern servierte ihnen das Feinste, was Küche und Keller zu bieten hatten – jedenfalls wenn sie Prinzen waren), lamentierte der Küchenchef: »Wir haben nichts, aber auch gar nichts zu essen!«
»Und die Hörner, die ich an meinem Fenster vorübergehen sah?« fragte der Marschall. »Aber das war doch nur ein Rind!« lautete die verständnislose Antwort.
Da entwarf Richelieu vor seinem staunenden Koch ein Menü, das von der Vorspeise bis zum letzten Gang aus Rindfleisch bestand. Dieser Speisezettel existiert noch heute. Er leitete eine Entwicklung ein, an derem vorläufigen Ende der heutige Kilopreis für Ochsenfilet steht: Es ist das teuerste Fleisch auf dem Markt.
Dabei ist es manchmal sein Geld nicht wert, vor allem dann nicht, wenn es der Metzger nicht abhängen läßt (wodurch es an Wasser, also auch an Gewicht verliert). In noch stärkerem Maße gilt das für die weniger zarten Stücke des Rindes, die meistens schon 8 Tage nach dem Ochsentod in eine Einkaufstasche und von da zwischen die Zähne der Familie wandern, von wo sie nur mit Hilfe eines Zahnstochers wieder zu entfernen sind.
Nichtabgehangenes Fleisch schrumpft beim Braten oft um die Hälfte seiner ursprünglichen Größe ein!
Mit anderen Worten: Über das Gelingen eines Bratens entscheidet erst einmal der Metzger.
Die zweite wichtige Voraussetzung ist ein guter Schmortopf.

Bœuf à la mode

Der klassische Schmorbraten heißt *Bœuf à la mode*. Das dazugehörige Fleisch stammt vom Schwanzstück des Ochsen, auch »Rose« oder »Blume« genannt. Wenn es sich um ein durch und durch mageres Stück handelt, muß es mit langen, dicken Speckstreifen gespickt werden, die man vorher mit Salz, Pfeffer und feinen Kräutern gewürzt hat, normalerweise mit gehackter Petersilie und zerriebenem Thymian sowie etwas durchgepreßtem Knoblauch.
Für 6 Personen sind 2½ kg Fleisch nicht zu viel, da es auch kalt oder aufgewärmt vorzüglich schmeckt. Außerdem brauchen Sie:

24 Schalotten, 8 mittelgroße Karotten, 2 enthäutete Tomaten, 1 großen, zerhackten Kalbsknochen, 100 g geräucherten, durchwachsenen Speck, gewürfelt, 50 g fetten Speck, 100 g Butter, ½ Tasse Cognac, Schweineschmalz, 1 Kräuterbündel, bestehend aus: Thymian, 1 Lorbeerblatt, 1 fingerlangen Stück vom weißen Ende einer Lauchstange, 1 ebenso langen Stück Sellerie, ½ Karotte, Bouillon, Jus – Für die Marinade: *½ Flasche kräftigen Rotwein (Burgunder,* Côte-du-Rhône, Dôle*), 2 Zwiebeln in Scheiben geschnitten, 3 zerriebene Lorbeerblätter, 1 TL getrockneter Thymian, Knoblauch, Petersilie*

Weißen und schwarzen Pfeffer sowie einige Körner Piment zusammen im Mörser zerstoßen (die Mischung ist raffinierter als eine einzige Pfeffersorte) und das Fleisch damit einreiben; dabei die groben Teilchen einmassieren. Großzügig salzen. In die Marinade legen und 6 Stunden bei Zimmertemperatur – oder 24 Stunden im Eisschrank – liegen lassen und *häufig wenden.*
Den fetten Speck in einer Pfanne auslassen und wegwerfen. In dem Speckfett die gehäuteten, aber ganzen Schalotten und die in Stücke geschnittenen Karotten bei mittlerer Hitze sanft anbraten.
Danach in einer feuerfesten, flachen Form bei 180 Grad im Ofen 30 Minuten gar dünsten lassen, wobei darauf zu achten ist, daß das Gemüse nie ohne Flüssigkeit ist (Bouillon)! Beiseite stellen.

An dieser Stelle möchte ich noch einmal das Menü des Marschall Richelieu in Erinnerung bringen, der seinen Koch an entsprechender Stelle schriftlich anwies: »Die Karotten bitte ich schön zu schnitzen, wegen der Deutschen.«

Schön geschnitzt werden sie in feinen Küchen auch heute noch. Dies nur zur Anregung für den Fall, daß Sie ostfriesische Prinzen zu Gast haben oder aber mit der *Grande-Cuisine* konkurrieren wollen. Was die Schalotten angeht, so ist es leider so, daß normale, große Zwiebeln einfach nicht halb so gut sind, viel später gar werden und sich nicht in passend kleine Zwiebelchen zurechtschnitzen lassen.

Zum Originalrezept des *Bœuf à la mode* gehören auch noch kleine, weiße, auf französisch *navets* genannte Rübchen. Leider kann ich Ihnen keine Hoffnung machen, diese irgendwo aufzutreiben. Das Fleisch wird aus der Marinade genommen und abgetrocknet. Die Marinade durchsieben und aufheben.

Das Fleisch in sehr heißem Schweineschmalz in einer schweren Pfanne von allen Seiten anbraten. Dabei geht es nicht nur darum, daß sich die Poren sofort schließen, wie beim Filet, sondern daß sich auch eine braune Kruste bildet, die später beim Schmoren ihr Aroma an die dabei entstehende Sauce wieder abgibt. Ist das Fleisch schön braun, wird es in der Pfanne mit dem Cognac übergossen und angezündet, wobei die Pfanne leicht geschüttelt wird. Es empfiehlt sich, den Cognac etappenweise anzuschütten.

Das Fleisch aus der Pfanne nehmen und den Bratensatz mit etwas Bouillon ablöschen.

Jetzt nehmen Sie Ihren großen Schmortopf, lösen darin die Butter auf und lassen darin das Gemüse aus der Marinade andünsten. Darauf legen Sie das Fleisch, den Kalbsknochen, die Tomaten, das Kräuterbündel und die Speckwürfel.

Den abgelöschten Bratensatz, die Marinade und eventuell noch etwas Bouillon dazugießen, so daß das Fleisch bis zu einem Drittel in Flüssigkeit liegt.

Den Schmortopf gut verschließen und bei 175 Grad 3–4 Stunden (das hängt von der Fleischqualität ab) im Ofen garen lassen. Von Zeit zu Zeit wenden. Bei einem Topf mit schlecht schließendem Deckel wird mit der Zeit die Flüssigkeit einkochen. Dann wieder etwas Bouillon nachgießen.

Ist das Fleisch gar, nimmt man es aus dem Topf und stellt es warm. Die Sauce wird durchgesiebt, wobei man das Gemüse gut auspreßt, bevor man es wegwirft. Dann entfettet man die Sauce, indem man das Fett entweder vorsichtig abgießt oder -schöpft oder mit Küchenkrepp absaugt.

Einkochen lassen, bis die richtige Quantität erreicht ist, das heißt, eventuell 3/4 l Schmorsaft müssen Sie so lange einkochen lassen, bis nur noch ca. 3/8 l Sauce übrig ist. Aber was für Sauce! Braunen Jus hinzufügen. Darin wärmt man nun die vorbereiteten Schalotten und Karotten auf und garniert sie, wenn sie heiß sind, um den Braten herum. Den feuchtet man mit etwas Sauce an; den Rest serviert man in einer Saucière.
Die Schalotten und Karotten machen weiteres Gemüse als Beilage unnötig. Dennoch paßt ein Lauch-*Gratin* dazu so gut, daß ich dieses in Wein gedünstete und mit Käse überbackene Gemüse allen Feinschmeckern empfehle, deren Backofen groß genug ist, daß er neben dem Schmortopf auch noch die *Gratin*form aufnehmen kann.

Fein und teuer: Filet Wellington

Im Gegensatz zum *Bœuf à la mode* ist das *Filet Wellington* sehr in Mode. Wer es seinen Gästen vorsetzt, kann sicher sein, daß es von allen als das gewürdigt wird, was es ist: einer der teuersten, feinsten, aber auch delikatesten Leckerbissen.
Wie schon der Name sagt, ist es eine Erfindung des Herzogs von Wellington, der gemeinsam mit Blücher den Kaiser Napoleon bei Waterloo in die Flucht schlug. Ob er vor oder nach der Schlacht auf die Idee kam, ein ganzes Rinderfilet in Teig einbacken zu lassen, und ob er Blücher dazu einlud (mit einer Anweisung an seinen Koch: »Und schnitzen Sie die Trüffeln recht schön, wegen des Deutschen!«), ist nicht bekannt. Bekannt ist jedoch die Zubereitungsart:

Für ein Filet Wellington, das 6 Personen Freude machen, sie aber nicht sättigen soll, da Sie Ihren Gästen vorher eine Suppe und nachher eine Käseplatte anbieten, für ein Filet Wellington also, von dem jeder Gast eine zwei Zentimeter dicke Scheibe kriegt, brauchen Sie:

1000 g Rinderfilet, 300 g Champignons, 75–100 g Gänseleberpastete, 3 Schalotten, 1 1/2 Pakete tiefgefrorenen Blätterteig, 1/2 Tasse Madeira, 3 EL Butter, 1 EL Tomatenmark, 1 Eigelb, Salz und Pfeffer, (eventuell: 1 kleine Dose schwarze, französische Trüffeln)

Es empfiehlt sich, das Fleisch beim Metzger vorzubestellen, damit Sie auch garantiert ein Filet-Mittelstück bekommen; nicht das

dünne Ende oder den dicken Anfang. Das Mittelstück ist gleichmäßig dick und wird deshalb auch gleichmäßig gar. Dieses Fleisch, das von allen Häuten gesäubert sein muß, wird in 1 EL heißer, aber nicht brauner Butter von allen Seiten angebraten, auch an den Enden, so daß sich die Poren schließen und der Saft nicht mehr austreten kann. Beiseite stellen.
In der gleichen Butter lassen Sie jetzt auf schwachem Feuer eine sehr feingehackte Schalotte gar werden, ohne daß sie braun wird. Ein wenig getrockneter Thymian und 1 kleines, zerriebenes Lorbeerblatt hinzufügen, mit Bouillon ablöschen. Einkochen lassen und mit Jus aufgießen. Pfeffern. Durchsieben und mit Madeira auffüllen. Kurz kochen lassen. Die Sauce kann noch mit feingehackten Trüffeln verbessert werden, die man natürlich erst nach dem Durchsieben hinzugibt. Während die Sauce köchelt und das angebratene Filet abkühlt, bereiten Sie aus den beiden restlichen Schalotten und den Champignons eine *Duxelles* (s. S. 106).
Das inzwischen kalt gewordene Filet mit frisch zerstoßenem, schwarzem Pfeffer einreiben und salzen.
Nun nimmt man die Gänseleberpastete und bestreicht damit die Oberseite des Fleischstückes. Diese Pastete kann, muß aber nicht unbedingt, eine original Straßburger Gänseleberpastete (*Foie Gras*) sein. Es gibt auch billigere, allerdings weniger feine Produkte, die hier ihren Zweck halbwegs erfüllen. Dazu müssen Sie diese allerdings vorher erst probieren. Manche sind so miserabel, daß sie Ihnen den schönen Braten verderben könnten; bei anderen schmeckt man die Konservierungsmittel nicht so stark heraus, dafür aber das Schweinefett. Es hilft also nichts: Sie müssen wissen, was Sie da auf das Filet streichen. Auf das damit bestrichene Fleisch legen Sie die *Duxelles.*

Wie das Filet Wellington in Blätterteig verpackt wird

In der Zwischenzeit haben Sie den Blätterteig auftauen lassen und ihn zu einem Rechteck von 4 mm Stärke ausgerollt – nicht dünner! Darin wickeln Sie das bratfertige Filet so ein, daß die Teigränder *unter* dem Fleisch zusammenstoßen.
Vorher hat man von dem Teig einige schmale Streifen abge-

schnitten, die man zur Dekoration kreuzweise auf das eingewickelte Filet legt.
Das Ganze bestreicht man mit dem Eigelb und schiebt es in den auf 210 Grad vorgeheizten Ofen auf den untersten Rost. Wie bei anderem Blätterteiggebäck auch, genügt dafür eigentlich das Backblech. Weil es aber passieren kann, daß die Teighülle an einer Stelle undicht wird und etwas von der Füllung herausquillt, ist es ratsam, unter das Filet eine Alufolie mit hochgebogenen Rändern zu legen, so daß die austretende Masse aufgefangen werden kann.
Nach 30–35 Minuten ist das Fleisch gar. Wenn man es anschneidet, muß es innen noch rosa und sehr saftig sein.
Es völlig durchzubraten, hieße, das Fleisch zu ruinieren!
Sollte der Teig nach einer Bratzeit von ungefähr 20 Minuten immer noch weiß sein, darf man das Filet auf den mittleren Rost stellen. In perfektem Zustand muß es goldgelb gebacken sein, so daß allein schon der pure Anblick Ihren Gästen das Wasser im Munde zusammenlaufen läßt!

Das Filet auf Silber
Der Wein in Kristall

Inzwischen wird die Sauce wieder erhitzt und abgeschmeckt. Das fertige Filet servieren Sie auf einer schönen Platte und übergießen es mit der Sauce. Diese sollte dunkel und sämig sein, und da zu einer Delikatesse wie einem Filet Wellington Kartoffeln, Nudeln oder Reis einfach zu gewöhnlich wären, brauchen Sie nur sehr wenig Sauce. Sie können sie also stark reduzieren, was ihrer Qualität zugute kommt.
Es versteht sich von selbst, daß der Wein, den Sie zum Filet Wellington servieren, ebenfalls außergewöhnlich sein sollte. Ein roter Bordeaux oder Burgunder, Schloßabzug bzw. von einer guten Lage, darf es schon sein.
Das erwarten nicht nur Ihre Gäste, sondern Sie sollten das geglückte Essen auch selber gebührend feiern.

Gegrilltes

Wenn man die Beschreibung einer Sitte oder Unsitte mit den Worten beginnen kann »Schon die alten Römer ...«, so ist das, was man beschreiben will, von vornherein mit einem Gütesiegel versehen. Was die alten Römer taten, war wohlgetan, vor allem jene Sitten und Unsitten, die wir von ihnen übernommen haben. Wagenrennen und Sexorgien, Zentralheizung und Weinanbau – die antiken Sandalenträger wußten, wie man sich einen guten Tag macht! Das wußten auch die Griechen, die bekanntlich schon ein halbes Jahrtausend vor den Römern Wein tranken und Sexorgien feierten. Sogar ehrwürdige Philosophen sollen meilenweit gelaufen sein, wenn sie zu einem Festessen eingeladen waren, bei dem es mit ziemlicher Sicherheit einen Hammelspieß gab.
Denn schon die alten Griechen aßen Hammel am Spieß – womit wir beim Thema sind: der alten Sitte und Unsitte des Grillens. Natürlich ist das Grillen noch älter. Es war überhaupt die erste Methode der Menschen, Fleisch gar zu machen. Es ist, historisch gesehen, sozusagen die Ur-Zeit der Kochgeschichte. Die Neuzeit brach erst an, als ein unrasierter Schlaukopf den Kochtopf erfand. Endlich war es möglich, Fleisch auch zu kochen, und einen Kochtopf brauchte man erst recht, um die höchste Stufe der verfeinerten Kochkunst zu erreichen: die Saucen. Doch selbst in den Glanzzeiten der Küchengeschichte verschmähten es große Köche nicht, den Bratenspieß zu benutzen; denn gegrilltes Fleisch bringt eine ganz bestimmte Qualität in unsere Küchen: die Reinheit des Geschmacks. Erst in neuester Zeit dient das Grillen vor allem der Geselligkeit. Wenn man es mit den ungeheuren Möglichkeiten vergleicht, die wir haben, um ein Essen in raffinierten, fast dekadenten Genuß zu verwandeln – ich

erwähne nur Gänseleberpastete, Filet Wellington oder die verschiedenen Soufflés –, so muß man sagen, daß Grillen, kulinarisch gesehen, ein Notbehelf ist. Aber auch dies ist wahr: Grillen macht Spaß! Es verhält sich zu einem formellen Abendessen wie eine Cocktailparty zur Stammtischrunde; wie Tahiti Plage in St. Tropez zum städtischen Hallenbad; wie Donald Duck zum Bundesadler. Somit gibt es zwei Gründe, den Rost zu richten, die Holzkohle zu entzünden und den Spieß zu drehen: Für den Feinschmecker ist eine gegrillte Lammkeule ein kulinarischer Höhepunkt, und der kluge Gastgeber hat die Garantie, daß seine Party ein Bombenerfolg wird – auch wenn die Würstchen nur mittelmäßig sind. Man kann also kaum etwas falsch machen, wenn man grillt. Manches kann man allerdings so gut machen, daß beide auf ihre Kosten kommen, die Genießer und diejenigen, die sich amüsieren wollen. Wer zum ersten Mal eine Grillparty arrangiert, sollte deshalb auf gewisse Dinge achten. Nicht, weil sie den Erfolg der Party gefährden könnten – und wenn dabei das Haus abbrennt: Am Grill ist die gute Laune nicht totzukriegen! –, sondern weil der Gastgeber größere Blessuren und kleinere Pannen vermeiden kann. Als Beispiel dafür möchte ich erzählen, wie meine erste Grillparty verlief.

Es war ein schöner Spätsommer mit wunderbar milden Abenden, und da ich einen großen Garten und viele Freunde habe, die darauf warteten, von mir zum Essen eingeladen zu werden, war die Idee einer Grillparty mehr als naheliegend. Zunächst dachte ich daran, nur Würstchen und Lammkoteletts zu grillen. Würstchen sind billiger als alles andere, womit man seine Gäste in Stimmung bringen kann, und von Lammkoteletts wußte ich, daß sie ihren wahren Wohlgeschmack erst gegrillt richtig entfalten. Für deren Zubereitung hätte ein gußeiserner Fußabstreifer oder ein Drahtgitter aus dem Backofen genügt. Doch dann bot mir jemand drei junge Wildenten an. – Nun brauchte ich zum Grillen natürlich einen Drehspieß. Also ging ich hin und kaufte einen ausgewachsenen Gartengrill. Aufgebaut steht er auf vier blechernen Beinen, bietet auf dem waagerechten Rost zwölf kleinen Lammkoteletts Platz – oder entsprechend vielen Würstchen –, während eine senkrechte Feuerung hinter einem seitlichen Gitterrost dem Spieß die notwendige Seitenhitze gibt. Diesen steckt man in einen kleinen Elektromotor, der von einer Taschenlampenbatterie gespeist wird. Genial und ein-

fach. Ein Spieß *über* dem Feuer ist nicht zu empfehlen, weil das unvermeidlich heruntertropfende Fett in die Glut fällt und ziemlich große Flammen erzeugt. Fleisch darf aber nur an der Glut, niemals bei offener Flamme gegrillt werden, sonst verbrennt es. Es gibt natürlich viel aufwendigere Grillkonstruktionen, richtige Luxusgeräte auf Rädern, aus Guß- oder Schmiedeeisen, mit mehreren Spießen, eingebauten Gewürztöpfen und Baldachin. Aber ich kann mir nicht helfen: darauf Würstchen zu grillen, das ist, als hätte man eine Zehntausend-Mark-Stereoanlage und spielte damit nur alte Schellackplatten.
Meine geplante Grillparty hatte sich inzwischen herumgesprochen. Es sagten sich zusätzliche Gäste an, und ich nahm die Gelegenheit wahr und kaufte noch eine herrliche Lammkeule.
Für den Aufbau meines Grills im Garten brauchte ich nur wenige Minuten. Dagegen dauerte es eine Stunde, bis es mir gelang, die Holzkohle in Brand zu setzen. Erst als ich meine natürliche Scheu, Brennspiritus ins Feuer zu gießen, überwunden und mich an den Zustand halber Bewußtlosigkeit gewöhnt hatte, der durch angestrengtes Blasen hervorgerufen wird, begann die Holzkohle zu glühen. Unter dem Spieß, im rechten Winkel zur glühenden Kohle, ist ein dünnes, verzinktes Blech eingeklemmt, die Tropfschale. Sie ist dazu bestimmt, heruntertropfendes Fett oder Fleischsaft aufzufangen und nicht, von dämlichen Grillern als Fächer benutzt zu werden. Als ich es dennoch versuchte, verbrannte ich mir dermaßen die Finger, daß ich für den Rest des Abends nur noch einhändig zur Verfügung stand. Einer meiner Gäste, der mir hilfreich zu dieser Hand gehen wollte, verbrannte sich daraufhin beide, als er den Rost an den scheinbar von der Glut nicht erreichbaren Enden anzuheben versuchte. Immerhin förderte das die begehrte, zwanglose Geselligkeit, da der Blessierte nun von anderen Gästen gefüttert werden mußte. Überhaupt hatte das, was sich seit dem Eintreffen der Gäste um den Grill herum abspielte, wenig mit einem herkömmlichen Abendessen zu tun. Als ich schließlich die ersten, verbrannten Würstchen verteilte, wurden sie mit einem solchen Jubel begrüßt, wie das noch keiner meiner sonst ziemlich aufwendigen Vorspeisen widerfahren war.

Ein Gartengrill ist kein Lagerfeuer

Dann brach die Nacht herein, und es stellte sich heraus, daß ein Grill kein Lagerfeuer ist, das heißt, er verbreitet kein Licht. Und da er an einer Stelle des Gartens stand, wo es dunkel war, ließ sich nicht mehr erkennen, in welchem Zustand die röstenden Fleischstücke waren. Ein anderer hilfsbereiter Gast (beim Grillen helfen alle gern; wenn man aber in der Küche steht und sich mit einem Soufflé abmüht, sind sie aus ihren Sesseln nicht rauszuprügeln!) leuchtete mir mit einer der am Eßplatz herumstehenden Petroleumlampen. Daß er sich dabei besonders ungeschickt anstellte, habe ich nicht einmal bemerkt. Doch schmeckten danach alle Fleischstücke, die gerade auf dem Rost lagen, nach Petroleum. Merkwürdigerweise steigerte auch das nur die gute Laune, wie überhaupt jedes Mißgeschick von den Fleischessern mit Genugtuung aufgenommen wurde. Ob mir ein Kotelett ins Gras fiel, ob sich jemand die Hose mit fettiger Holzkohle verschmierte oder ein Nachtblinder die Bank mit den Gewürzen umstieß – die Existenz des Gartengrills schien jene Peinlichkeit, jede Katastrophe, automatisch in allgemeine Heiterkeit zu verwandeln. Ich gebe zu, daß inzwischen eine Menge Weinflaschen geöffnet und getrunken worden waren. Man hat dazu viel Zeit auf einer Grillparty, weil die Haupttätigkeit der hungrigen Gäste aus Warten besteht. Warten darauf, daß wieder eine Partie Würstchen gar wird, warten, bis die neu aufgelegte Holzkohle durchglüht, warten auf die Lammkoteletts. Wenn sie dann gar sind, stellt sich heraus, daß der Rost zu klein ist: Nicht jeder kriegt eins ab – also weiter warten. Doch in unbeirrbarer Fröhlichkeit öffnet man eine neue Flasche und sieht zu, wie der Spieß sich dreht. Seit dem Moment, da ich zum ersten Mal Spiritus auf die Holzkohle gegossen hatte, bis zu der Minute, als ich die Lammkeule endlich vom Spieß nahm, waren mehr als 3 Stunden vergangen. In dieser Zeit waren wir alle mehrfach von Mücken gestochen worden, es hatte Verbrennungen ersten Grades gegeben und niemand war satt, dafür hatten alle schon ertrunkene Insekten aus ihren Gläsern fischen müssen und den exotischen Geschmack des Petroleums kennengelernt. Dennoch ließ sich jetzt schon sagen, daß meine Grillparty ein voller Erfolg war. Dazu hätte es der abschließenden Wildenten gar nicht mehr bedurft.

Wenn ich sagte, daß auch nach über drei Stunden noch niemand satt war, so muß ich hinzufügen: Bei dieser ersten Grillparty wurde überhaupt niemand satt. Nicht etwa, weil ich die Zahl meiner Gäste unterschätzt hatte, sondern weil ein Mensch mit gesundem Appetit von Fleisch allein kaum satt zu kriegen ist. Ohne Sauce, fast ohne Fett, ohne Beilagen wie Reis oder Kartoffeln, vorher keine Suppe, hinterher kein Dessert – da fühlt man sich auch nach sechs Koteletts noch so, als hätte man nichts im Magen. Deshalb auch meine frühere Bemerkung über billige Würstchen. Eine Grillparty kann, so rustikal und einfach sie auch aussieht, ganz schön ins Geld gehen! Besonders wenn man glaubt, seinen anspruchsvollen Gästen keine Würstchen anbieten zu können, und Rinderfilets, Lammkoteletts und ähnlich feines Fleisch auf den Rost legt. Rindersteaks sind überhaupt ein delikates Kapitel, im doppelten Wortsinn! Zwar ist es wahr, daß sie gegrillt besonders saftig sind. Es gehört aber – abgesehen von einem selbstlosen Metzger, der sie lang genug abhängen läßt – eine außergewöhnliche Perfektion dazu, sie so zuzubereiten, daß sie wirklich makellos werden. Vor allem muß die Hitze so präzise reguliert werden, wie es bei der unberechenbaren Glut im Gartengrill sehr schwierig ist. Warum soll das, was selbst professionellen Köchen in vielen Restaurants nicht immer gelingt, einem angetrunkenen Amateurkoch im dunklen Garten so leicht möglich sein?

Nachdem ich hier beschrieben habe, was an Unplanmäßigem geschehen kann – und niemand soll sich davon entmutigen lassen, seinen eigenen Grill aufzustellen! Außer einem Platzregen wüßte ich nichts, was eine Grillparty wirklich mißlingen lassen könnte – möchte ich jetzt aufzählen, was ein Gastgeber beachten muß, damit auch die Feinschmecker unter seinen Gästen beim Anblick der Fettflecken auf ihrer Hose sagen können: Es hat sich gelohnt!

1. Beim Aufstellen des Grills die Windrichtung beachten. Ein Grill macht zwar keinen Qualm, verbreitet aber eine unter Umständen lästige Duftwolke.
2. Was eigentlich für jede Art von Fleischzubereitung selbstverständlich sein sollte, ist beim Grillen besonders wichtig: Vom Fleisch muß sorgfältig alles abgeschnitten werden, was nicht eßbar ist, also Häute, Sehnen und ungenießbares Fett.
3. Alles, was auf den Rost gelegt oder an den Spieß gesteckt wird, muß vorher mit Öl bepinselt werden.

4. Nicht jedes Fleisch wird automatisch schon zur Delikatesse, wenn man ein paar Kräuter in die Glut wirft.
5. Schwarzgebrannte Stellen an einem Kotelett mögen vielleicht ganz rustikal aussehen, zeugen aber von zu großer Hitze und sind dem Geschmack abträglich.

Erst einölen, dann grillen

Nun zum Würzen. Es gibt spezielle Grillgewürze, die ich für das Überflüssigste halte, was es an überflüssigen Küchenartikeln gibt. Dabei stellt ein »flüssiges Raucharoma«, das man zur Geschmacksverbesserung ins Fleisch einreiben soll, einen absurden Höhepunkt dar. Würzen Sie Ihr Fleisch wie immer und nicht anders! Ich mache es so: Da Würstchen vom Hersteller bereits gewürzt worden sind, werden sie nur leicht eingeölt. Lammkoteletts: Olivenöl mit grob zerstoßenem Pfeffer und einer großzügigen Menge frischem oder getrocknetem Thymian, mit mehreren zerbröselten Lorbeerblättern, etwas Rosmarin (frisch oder Puder) sowie mit zwei oder, je nach Anzahl der Koteletts, mit mehreren durchgepreßten Knoblauchzehen vermengen. Die Koteletts damit einpinseln. Es muß nicht sein, ist aber empfehlenswert, wenn die so eingeölten Stücke in Pergamentpapier eingewickelt einen Tag im Eisschrank lagern. Das intensivert das Aroma der Gewürze. Gesalzen wird immer erst zum Schluß, wenn das Fleisch bereits gar oder aber wenigstens von allen Seiten »zu«gebraten ist. Auf die gleiche Art würzen Sie auch ein *Carré d'Agneau,* das ist eine Reihe Lammkoteletts am Stück, und so ziemlich das leckerste Fleisch, das man auf den Grill legen kann. Dabei schneidet man das Fett allerdings nicht ab, sondern macht mit dem Messer kreuzweise Schnitte hinein, damit die Gewürze besser eindringen können und das Fett leichter ausbrät. Das hat den bereits beschriebenen Nachteil, daß es in die Glut tropft und Flammen erzeugt. Deshalb ist es nötig, den Grillvorgang zu überwachen und den Rost oder das Fleisch hochzunehmen, wenn Verbrennungsgefahr besteht. Das Wichtigste ist jedoch die Grilldauer. Das Fleisch muß innen auf jeden Fall noch rosa sein! Ein durchgebratener Lammrücken ist ruiniert! Die Grillzeit beträgt ungefähr 20–30 Minuten.
Schweinekoteletts können Sie würzen wie Lammkoteletts, das ist

zwar nicht ganz stilecht, schmeckt aber prima. Wenn Sie Abwechslung suchen, dann nehmen Sie Salbei statt Thymian, und an Stelle von Olivenöl einfaches Pflanzenöl. Den Knoblauch dürfen Sie auch weglassen. Und wenn Sie ein Pfeffersteak grillen wollen, drücken Sie die nur sehr grob zerstoßenen Pfefferkörner ins Fleisch, bevor Sie es einölen. Knoblauch und südliche Gewürze sind dabei natürlich fehl am Platze. Ein Filetsteak natur sollten Sie an den mindestens 2 cm hohen Seiten mit einem Streifen Frühstücksspeck umwickeln und mit Bindfaden festbinden. Solche Vorbereitungen lassen sich glücklicherweise viele Stunden im voraus erledigen.

Geflügel und eine Lammkeule am Drehspieß

Nun zum Drehspieß. Geflügel wird zwar auch von außen eingeölt, aber - zunächst - nur von innen gewürzt. Dann bindet man den Vogel zusammen, damit er nicht am Spieß hängt wie der Klassenprimus am Reck, und steckt den Spieß hindurch. Diesen kann man bei fast allen Grillgeräten so regulieren, daß er sich mehr oder weniger weit von der Glut entfernt dreht. Handelt es sich um Fleisch, das außen braun, innen aber noch rosa sein soll (Lammkeule), so grillt man es näher an der Glut; soll es dagegen durchgebraten sein wie Hühner oder gemischte Spieße (Schaschlik), so wählt man eine größere Entfernung. Achtung bei Wildenten: Deren Brust muß rosa bis blutig sein, nur dann ist sie zart und saftig.
Die Keulen sind geschmacklich ziemlich unergiebig. In feinen Restaurants werden sie überhaupt nur zur Dekoration mitserviert. Eine ganze Lammkeule mit Knochen so an den Spieß zu stecken, daß sie ausbalanciert ist, macht ziemliche Schwierigkeiten. Aber erfahrungsgemäß schafft es auch ein schwacher Motor trotz hörbarer Anstrengung, den unförmigen Fleischbrocken so über die Runden zu bringen, daß er ein Höhepunkt jeder Grillparty wird. Man präpariert und würzt die Keule wie jedes andere Lammfleisch auch und beginnt mit dem Salzen erst, wenn die äußere Fleischschicht durchgebraten ist. Ich serviere die fertige Keule immer mit dem Spieß, das heißt, ich tranchiere sie der Länge nach in Scheiben, ohne den Spieß herauszuziehen. Das gibt mir die Möglichkeit, den inneren Kern, sollte er noch zu blutig sein, weitergrillen zu lassen,

während wir uns über die ersten Fleischscheiben hermachen. Die Garzeit pro Pfund Frischgewicht beträgt ungefähr 30 Minuten.

Um die Verwüstungen, die eine Grillparty in Ihrem Garten anrichtet, zu beseitigen, brauchen Sie dreimal so lange. Die Erinnerung an ein gelungenes Fest wird bei Ihren Gästen jedoch unvergeßlich bleiben.

Was man noch alles grillen kann

Selbstverständlich kann man nicht nur Fleisch grillen. Sogar für einen Vegetarier wäre ein Grill nicht unbedingt eine nutzlose Anschaffung, da sich auch verschiedene Gemüse wie Zwiebeln, Tomaten, Paprika usw. über Holzkohlenglut garen lassen. Und natürlich Fische. Die werden allerdings sehr leicht trocken, deshalb empfehle ich, einen Fisch entweder mit dünnen Speckstreifen zu umwickeln oder ihn in Alufolie einzupacken (trotzdem das Einölen nicht vergessen!), bevor Sie ihn auf den Rost legen.

Lamm

Es ist noch gar nicht so lange her, da rümpften deutsche Esser die Nase, wenn das Wort Hammel fiel. Hammelfleisch sei ordinär, sagten sie; und auch heute gibt es noch Leute, die sich für Feinschmekker halten, die aber eine Einladung zur Hammelkeule ablehnen. Sie haben unrecht. Immer noch ist auf unseren Speisekarten das trokkene, faserige Kalbsschnitzel an erster Stelle zu finden, fast nirgends aber eine saftige Lammkeule oder ein zarter Lammrücken. Dabei liefert von allen Tieren das Schaf das saftigste Fleisch. Es ist gesund, von delikatem Geschmack und – nicht zuletzt – unproblematisch in der Zubereitung. Seit Jahrhunderten gehört es zu den Lieblingsspeisen verwöhnter Gourmets.
Hammelfleisch läßt sich auf mehr verschiedene Weise zubereiten als anderes Fleisch. Eine Keule zum Beispiel kann man, so wie sie ist, in den Ofen schieben und fünf Stunden lang mit vielen Zwiebeln braten lassen; man kann sie aber auch in Scheiben schneiden und ganz kurz in der Pfanne braten wie ein Steak. Eine Keule kann man am Spieß über dem Feuer, ohne Knochen im Brattopf, gefüllt oder in Stücke geschnitten mit Gemüse, gar werden lassen. Man kann sie in Teig einbacken oder kochen – sie schmeckt immer gut und jedesmal anders.
Wenn man will, kann Hammelfleisch auch wie Wild schmecken (indem man es mariniert) – oder nur nach Knoblauch. Denn es gibt kein Fleisch, das sich auf so ideale Weise mit Knoblauch verbindet. Beim Hammel dürfen sich die Knoblauch-Fans endlich austoben und ihr Lieblingsgewürz gleich händeweise verbrauchen, daß ihnen noch tagelang der heiße Knoblauchdunst aus allen Knopflöchern dringt und Vorübergehende glauben, der Hellas-Expreß sei vorübergefahren.

Es gibt allerdings auch Kochbücher, die allen Ernstes empfehlen, Hammelfleisch zunächst in Buttermilch einzulegen, damit es seinen »penetranten« Hammelgeschmack verliere. Das mag für Camping-Touristen, die sich im Vorderen Orient selbst versorgen, notwendig sein. Sonst aber beweist eine solche Empfehlung nur, daß sie aus Omas Kochbuch abgeschrieben wurde. Früher schmeckte Hammelfleisch tatsächlich penetrant. Das lag daran, daß man damals die Schafe (was die Metzger und die Speisekarten Hammel nennen, sind meistens Schafe) erst schlachtete, nachdem sie als Wollproduzenten in Ehren gealtert waren. Alt sein aber darf Hammelfleisch nicht. Doch besteht die Gefahr, daß man Ihnen einen alten Bock andreht, heute kaum noch. Nicht zu Unrecht wird der Metzger von Lammfleisch sprechen, wenn er Ihnen eine Schafskeule verkauft. Denn auch 1 Jahr alte Tiere werden noch so genannt.

Milchlämmer kommen selten auf den Markt. Ihr Fleisch ist noch ziemlich fade. Gutes Lammfleisch soll eine hellbraune, ins Rosa gehende Farbe haben, etwas dunkler als Kalbfleisch, aber nicht so dunkel wie ein Rind.

Am besten schmecken Schafe im Sommer, wenn sie mit frischem Gras groß geworden sind.

Kurz gebratenes Lamm und langgeschmorter Hammel

Grundsätzlich gibt es zwei Arten, Lammfleisch zu servieren: entweder kurzgebraten und rosa bis fast blutig wie ein Rinderfilet, oder lange und langsam durchgebraten, bis es so weich ist, daß man es mit dem Löffel zerteilen kann.

Die erste Methode ist zweifellos die modernere, weil sie unseren ernährungswissenschaftlichen Erkenntnissen und unserer geschmacklichen Entwicklung entgegenkommt.

Ein kurzgebratenes Fleisch ist leichter verdaulich und daher gesünder als ein Braten, der stundenlang im Fett gegart wurde.

Auch geschmacklich ist eine Hammelkeule, die auf die Art unserer Großmütter gebraten wird, ein ganz anderes Gericht. Es hat alle Eigenschaften, die wir unter einem Braten verstehen: Herrlich duftend, vom Aroma der Gewürze durchzogen und bis in die letzte Faser durch das Bratfett geschmeidig gemacht. Es gehört schon einiges dazu, einen Rinderbraten so zart und saftig zu kriegen, wie

eine Hammelkeule es praktisch von selbst wird, wenn man sie nur lange genug braten läßt.
Andererseits kann man eine kurzgebratene Keule, die beim Anschneiden an feinstes Roastbeef erinnert, nicht anders als ein vollkommenes und äußerst elegantes Gericht von höchster Klasse bezeichnen.
Ich meine, man sollte sich nicht auf die eine oder andere Art festlegen, sondern beides versuchen.
Der Rücken eines Lamms (oder Hammels) darf jedoch nie durchgebraten sein. Dieser edelste Teil des Lamms, der nach meiner Meinung sogar dem Rinderfilet vorzuziehen ist, muß wie dieses rosa serviert werden!
Wenn ich sage, daß es wichtig sei, nur Fleisch von jungen Tieren zu kaufen, so ist es ebenso wichtig, daß das Fleisch abgehangen ist. Sind aber unsere Metzger schon nicht pingelig, wenn es darum geht, eine frische Ochsenlende zu verkaufen (die mehr Wasser enthält und deshalb mehr wiegt als eine abgehangene!), so glauben die meisten, ein junges Schaf könne schon am Schlachttag einen herrlichen Braten abgeben. Das ist leider nicht der Fall.

Wie man Lammfleisch lagert und mit Knoblauch spickt

Da die Nachfrage nach Lammfleisch neuerdings das Angebot oft übersteigt, findet man Lammfleisch kaum im richtigen, nämlich abgehangenen Zustand. Das bedeutet: Man muß sich seine Hammelkeule oder seinen -rücken selber abhängen. Das ist bei diesem Fleisch ziemlich einfach:
Das Fleisch säubern und gründlich mit Olivenöl einpinseln. Mit Knoblauch spicken oder bestreichen, mit frisch zerstoßenem Pfeffer bestreuen, mehrere Zweige frischen Thymian auf das Fleisch legen oder es mit zerriebenem, getrocknetem Thymian einstreuen; mit Rosmarinpulver bepudern und mit mehreren Lorbeerblättern belegen.
In Pergamentpapier fest einwickeln und an einen luftigen, kühlen Ort oder (im Sommer) in den Eisschrank legen.
So vorbereitet kann das Fleisch eine Woche lang liegen. Nur bei heißem Wetter ist eine gelegentliche Duftkontrolle ratsam. Wobei es keineswegs bedeutet, daß das Fleisch schlecht oder gar ungenießbar

ist, wenn es anfängt zu riechen. Es ist dies der *Haut-goût*, den Wild sogar haben muß, weil es sonst von Rindfleisch kaum zu unterscheiden ist. Natürlich darf Fleisch nicht stinken; aber um das zu unterscheiden, hat der Mensch ja eine Nase.

Diese Art der Lagerung ist natürlich nicht notwendig, wenn Sie sicher sind, daß es sich bei der Lammkeule oder dem -rücken um bereits abgehangenes Fleisch handelt.

Gewürzt wird es aber in jedem Fall wie hier beschrieben.

Was nun den Knoblauch angeht, so muß er nicht sein. In den guten französischen Restaurants, wo Lammfleisch zu den feinsten Delikatessen gehört, ist Knoblauch auch nicht selbstverständlich. Besonders der Lammrücken ist so fein und zart, daß ich bei ihm mit dem Knoblauch zur Vorsicht rate.

Mit Knoblauch spicken kann man ohnehin nur eine Keule: Gespickt wird entlang dem Knochen und überall dort, wo zwei Muskelstränge zusammentreffen; also möglichst ohne das Fleisch zu verletzen, bringt man mit einem Messer kleine Schnitte an, in die man ganze oder der Länge nach halbierte Knoblauchzehen einschiebt. Ob Sie dabei drei oder sechs Zehen verbrauchen, macht übrigens keinen sehr großen Unterschied.

Ein Lammrücken ist kaum zu spicken, ohne daß man das Fleisch verletzen würde. Deshalb drückt man einige Knoblauchzehen durch die Presse und reibt damit den Rücken ein.

Je älter ein Schaf wird, um so mehr Fett setzt es an. Der typische Hammelgeschmack sitzt mehr im Fett als im Fleisch. Die moderne Züchtung bemüht sich, möglichst magere, fast fettlose Lämmer zu züchten: Ich bedaure das. Denn was dabei herauskommt, sehen wir an dem tiefgefrorenen, neuseeländischen Lammfleisch, das bei uns angeboten wird: Es hat nicht den geringsten Eigengeschmack. Wenn man aber nur noch die Zähne braucht, um zu unterscheiden, ob etwas Fleisch ist oder Fisch, wenn also alle anderen Sinne überflüssig würden, dann hätte die feine Küche ihren Sinn verloren: Anstatt die spezifischen Unterschiede und die natürlichen Geschmacksnuancen zu unterstreichen und herauszustellen, wäre es ihre Aufgabe, solche Kriterien erst einmal künstlich zu schaffen. Der Koch würde zum Chemiker.

Solange wir aber noch die Wahl haben, verzichten wir auf tiefgefrorenes Fleisch, auf Produkte der Massentierhaltung und auf den Einheitsgeschmack der Konservennahrung!

Um auf die Lämmer zurückzukommen: Eine dünne Fettschicht sollten sie schon haben. Die äußere Haut von papierähnlicher Konsistenz (das Pergament des Altertums war ja aus Ziegenhaut!) zieht man ab. Nur wenn eine Keule nach der 5-Stunden-Methode gebraten werden soll, wird sie vollständig vom Fett befreit. Dieses würde sonst den Braten zu sehr durchziehen und ihn schwer verdaulich machen.
Soll Lammfleisch aber gegrillt oder kurzgebraten werden, läßt man eine 1 cm dicke Fettschicht stehen und schneidet mit einem scharfen Messer ein Kreuzmuster ein, ohne das darunterliegende Fleisch zu verletzen.
Diese Vorbereitungen erledigt man selbstverständlich, *bevor* das Fleischstück eingeölt und gewürzt wird. Das Braten selbst ist höchst einfach:

Gigot d'Agneau (Lammkeule auf französische Art)

Die vorbereitete, ganze Keule in die obere Hälfte des auf 250 Grad vorgeheizten Backofens legen. Nach 10 Minuten die Oberseite kräftig salzen, umdrehen und nach weiteren 10 Minuten die andere Seite salzen. Bei gleichbleibend starker Hitze weiterbraten lassen, gelegentlich mit Olivenöl bestreichen und wenden.
Die Keule wird je nach Größe und Ofenqualität nicht länger als 45–75 Minuten im Ofen bleiben. Dann sollte sie außen schön knusprig braun, innen aber noch völlig rosa sein. Ideal für diese Art der Zubereitung ist ein Grill.
Da auf diese Weise keine Sauce entstehen kann, ist ein *Gratin Savoyarde* (s. S. 109) genau die richtige Beilage. Und dazu das klassische Gemüse: Grüne Bohnenkerne, die man vor dem Kochen 12 Stunden eingeweicht hat.
Allerdings müssen die Kartoffeln auch im Bratrohr gebacken werden, und nicht immer wird das gleichzeitig mit der Keule möglich sein.
Außerdem ist die für das Fleisch benötigte Ofentemperatur zu hoch für das Kartoffel*gratin*. Dennoch ist es möglich; man muß die Kartoffeln frühzeitig mit Folie abdecken und sie eventuell auf einen Untersatz im unteren Teil des Backofens plazieren. Auch die verschiedenen Garzeiten von *Gratin* und Fleisch müssen berücksichtigt werden.

Aber all das sind letzten Endes Kleinigkeiten, die einem Koch mit dem notwendigen Fingerspitzengefühl wohl zuzutrauen sind. Wenn man, was selbstverständlich sein sollte, das Garwerden der Gerichte beobachtet und überwacht, kann kaum etwas schiefgehen, was man hätte vermeiden können.
Wenn man eine Lammkeule aus dem Ofen nimmt, muß man mit dem Anschneiden mindestens 5 Minuten warten, weil sonst beim ersten Schnitt der Saft aus dem Fleisch laufen würde!
Auf die gleiche Art wie eine Keule wird ein Lammrücken gebraten, gleichgültig, ob Sie einen halbierten Rücken (eine Kotelettreihe = *Carré d'Agneau*) oder den Rücken in seiner ganzen Breite (doppelte Kotelettreihe = *Selle d'Agneau*) in den Ofen schieben.

Beim *Selle d'Agneau* werden die an den Seiten befindlichen Fleischlappen nach unten eingerollt, während sie beim *Carré* soweit abgeschnitten werden, daß die Kotelettknochen etwa 2 cm aus dem Fleisch herausragen.
Die Bratzeit beträgt beim Lammrücken höchstens 45 Minuten; die Temperatur muß auf Höchststufe eingestellt werden.

Die dünnen grünen Bohnen, genannt: Haricots verts

Zu einem feinen Lammrücken gehören ebenso feine frische Bohnen. Die feinsten sind die *Haricots verts.* Sie sind kaum dicker als eine Stricknadel und kommen aus Frankreich oder Afrika. Leider sind sie bei uns nur sehr selten zu finden.
Deshalb muß man die handelsüblichen grünen Bohnen der Länge nach halbieren. Nie in Stücke schneiden oder brechen! Das Halbieren ist zwar eine lästige Arbeit, aber die einzige Möglichkeit, die Bohnen einem so herrlichen Fleischgericht anzupassen. Sollten die Bohnen besonders dick sein, wird man sie sogar in vier lange Streifen schneiden müssen! Sie werden ca. 15 Minuten in sprudelndem Salzwasser gekocht.
Achtung: Bohnen brauchen unglaublich viel Salz! Wenn Sie glauben, das Kochwasser endgültig versalzen zu haben, ist es wahrscheinlich immer noch nicht salzig genug.
Wenn die Bohnen gar sind, werden sie in einem Durchschlag abgetropft und in einer Kasserolle in heißer Butter geschwenkt, mit

Pfeffer und – je nach Geschmack – mit einer durchgepreßten Knoblauchzehe abgeschmeckt.
Gar bedeutet übrigens nicht weich, sondern knackig. Es ist dies wohl eine der wichtigsten Veränderungen in der modernen Küche, daß Gemüse nicht mehr weich gekocht, sondern gerade so weit gegart werden, daß sie zwar nicht mehr roh sind, aber noch einen »Biß« haben. Nichts wäre enttäuschender, als wenn Sie sich die Mühe machten, grüne Bohnen zu halbieren und sie auf diese Weise veredelten, und sie dann nach Art unserer Großmütter gummiweich kochten. Für dünne Bohnen – ob halbiert oder von Natur aus zur besseren Sorte gehörend – bedeutet das: Zwischen 10 und 15 Minuten höchstens im sprudelnden Salzwasser kochen!

Die 5-Stunden-Keule

Die *5-Stunden-Keule* wird völlig vom Fett befreit, dann vorbereitet wie beschrieben und in eine passende Reine gelegt. Auf dem großen Backblech würde der Bratensaft, den man für die Sauce braucht, nach kurzer Zeit verdunsten.
Nachdem die Keule im heißen Ofen von beiden Seiten etwas angebraten und gründlich gesalzen worden ist, dreht man die Temperatur auf 150–180 Grad herunter. Nach ca. 45 Minuten etwas Bouillon angießen. Diese Bouillon muß immer wieder nachgefüllt werden, damit das Fleisch mit der Unterseite ständig in etwas Flüssigkeit liegt. Die Keule von Zeit zu Zeit drehen.
Nach ungefähr 2 ½ Stunden lassen Sie 2 Dutzend geschälte, aber ganze, frische Perlzwiebeln oder kleine Frühlingszwiebeln oder Schalotten in Gänse- oder Schweineschmalz leicht anbraten und legen sie zur Keule. Man kann außer den Zwiebeln auch verschiedene andere Gemüse dazulegen: kleine weiße Rüben, Karotten, Kartoffeln und Oliven. Dabei ist darauf zu achten, daß die Gemüse entweder erst gar werden, wenn auch das Fleisch gar ist, oder daß man sie herausnimmt, wenn sie gar sind, das Fleisch aber noch längere Zeit im Ofen bleiben muß. Sie würden sonst zerkochen.
Aus dem Bratensaft, den man eventuell entfetten muß (s. S. 171), bereitet man unter Zusatz von Kalbsjus eine Sauce wie beschrieben (s. S. 46).
Nach der gleichen Methode wird eine Lammschulter zubereitet, die

kleiner und billiger ist als eine Keule, dieser an Wohlgeschmack aber kaum nachsteht. Da sie jedoch viele kleine Muskeln von unterschiedlicher Zartheit hat, ist es ratsam, sie immer durchzubraten, was allerdings nicht so lange dauert wie bei der Keule. Erfahrungsgemäß ist eine Schulter in 2 Stunden gar.

Bisher bin ich davon ausgegangen, daß man Lammfleisch in großen Stücken mit dem Knochen zubereitet. Aber auch ausgelöst hat es viele Verwendungsmöglichkeiten und den Vorteil, daß man kleinere Portionen davon im Schmortopf auf dem Ofen zubereiten kann. Dabei sollte das Fleisch immer vom Fett befreit und zu einer Art Rollbraten zusammengebunden werden.
Auch muß man es zuerst in der Pfanne von allen Seiten anbraten, bevor man es in den Schmortopf legt, würzt und in Wein oder Bouillon weichschmoren läßt.
Außer den unzähligen Rezepten für Lammfleisch, die alle auf den hier beschriebenen Grundtechniken basieren, und die in besseren, vor allem in französischen Kochbüchern zu finden sind, gibt es eine Variation, die weniger bekannt sein dürfte, weil es sich dabei um eine eigene Erfindung handelt:

Gefüllte Hammelkeule

Sie brauchen:

1500 g entbeinte Hammelkeule ohne Fett, 1 kinderfaustgroßen Klumpen bulgarischen Schafskäse, 1 Tomate, Sellerie, Knoblauch, Rosmarinpulver, 1 Zwiebel, Cayennepfeffer, Bouillon, 1 Stopfnadel, Bindfaden

Die geschälten Knoblauchzehen – 4, 5, 6 Stück, je nach Belieben – werden durchgepreßt und mit einer Gabel mit dem Schafskäse vermengt. Die Keule innen, wo der Knochen gesessen hat, mit Rosmarin einpudern, salzen und pfeffern.
Darauf die Käse-Knoblauch-Mischung legen. Die Keule zusammenklappen und mit dünnem Bindfaden zu einem strammen Fleischklumpen vernähen, daß von der Füllung nichts heraus kann. Die zusammengenähte Keule wird in sehr heißem Olivenöl von allen Seiten kurz angebraten. Dann legt man sie zusammen mit der

Tomate, einem Stück Sellerie und der gehackten Zwiebel in eine passende Reine und schiebt sie in den auf 200 Grad vorgeheizten Ofen. Zunächst nur wenig Bouillon anschütten, bei fortgeschrittener Kochzeit darf es etwas mehr sein.
Nach 1 ½–2 Stunden ist das Fleisch gar. Die Sauce mit Kalbsjus verbessern und mit einer Tasse Sahne vollenden. Eventuell einkochen lassen (s. S. 46).
Während des Bratens verändert sich naturgemäß das Fleisch, und so wird trotz sorgfältiger Näharbeit etwas von der Füllung in den Bratensaft gelangt sein. Das soll auch so sein, denn das gibt der Sauce ihren besonderen Geschmack.
Und der verlangt geradezu nach Nudeln!
Womit gelungen wäre, was eigentlich nicht üblich ist, nämlich eine Hammelkeule mit Nudeln zu kombinieren. Und zwar auf eine Weise gelungen, die Hammel- und Nudelfeinde gleichzeitig zum rechten Glauben bekehrt!
Der passende Wein zum Lamm oder zum Hammel muß rot sein, und zwar je schwerer desto besser. Doch die beste Wahl trifft derjenige, der sich und seinen Gästen einen Bordeaux der ersten oder zweiten großen Lage spendiert. Die sind zwar niemals schwer, aber es gibt auf der Welt nichts Besseres. Und einem perfekten Lammbraten ist das durchaus angemessen!

Kinder-Küche

Wenn die Mama mit dem Hausfreund auf und davon ist oder die Kinder zum vereinbarten monatlichen Besuch kommen, dann kocht Vater. Manchmal ist die gute Mutter auch nur mal eben zur Oma und hilft beim Einmachen. Jedenfalls gibt es immer wieder Situationen, wo Väter vor der ungewohnten Aufgabe stehen, ihre Brut eigenhändig füttern zu müssen. Was tun sie dann?
Fast alle gehen zum nächsten Hühnergrill. Gebratene Hähnchen und eine Tüte Pommes frites – für die meisten Kinder gibt es nichts Schöneres. Außerdem sind alle Kinder nudelsüchtig. Der nächste Tag wäre also logischerweise Spaghettitag. Spaghettis aber essen Kinder auch, wenn Mama kocht, einmal in der Woche. Deshalb wird der kluge Vater hier von der Regel abweichen und etwas Besonderes kochen. Einen Super-Schmackofaz oder Büffellende nach Indianerart – irgend etwas, das den italienischen Nudeln ebenbürtig ist. Denn Liebe geht auch durch den Kindermagen. Bei der Anhänglichkeit ans Elternhaus spielt nicht nur die Stimme des Blutes eine Rolle, sondern oft auch die Qualität der hausgemachten Blutwurst. Also besinnt sich Vater auf seine Kochkünste aus der Junggesellenzeit. Damals war er für seine Knoblauchsuppe berühmt. Die aber, das erkennt er richtig, mögen die meisten Kinder nicht. Da er sich seiner sonstigen Kochkünste nicht mehr ganz sicher ist, bürdet er den Kindern zunächst einmal die Mitverantwortung am eventuell mißratenen Essen auf: Er läßt sie in der Küche helfen. Sofern sie zwischen 6 und 12 Jahren sind, helfen Kinder gern. Kochen macht ihnen Spaß; und das, was man selber gekocht hat, schmeckt hinterher immer besser.
Besser schmeckt es auch aus einem anderen Grund: Die Abwesenheit der Hausfrau gibt dem kochenden Vater Kalorienfreiheit.

Mama denkt immer an ihre schlanke Linie und spart deshalb mit den Zutaten, die ein Essen erst richtig schmackhaft machen: Butter und Sahne. (Damit sie nicht auf den Nachmittagskuchen verzichten muß!)
Väter, die es eilig haben, weil sie nach dem Essen in den Zoo wollen, beginnen am besten mit

Kantapper-Kantapper

der dicke, fette Pfannkuchen. Von anderen Pfannkuchen unterscheidet er sich dadurch, daß er mehr aus Eiern besteht als aus Mehl. Ein Eierkuchen also. Damit alle Kinder von einem einzigen Pfannkuchen satt werden, sollte er möglichst in einer sehr großen Pfanne gebacken werden. Und zwar so:
5 Eier, 100 g Mehl, Milch und eine Prise Salz miteinander zu einem nicht zu dünnen Teig verquirlen. In der Pfanne (möglichst aus schwerem Gußeisen) Butterschmalz oder Pflanzenöl heiß werden lassen. Den Teig eingießen, Unterseite goldgelb werden lassen und wenden. Den fertigen Pfannkuchen mit Preiselbeeren dick belegen (gibt es auch in kleinen Gläsern zu kaufen). Das passende Getränk dazu: 1976er Vollmilch, gut gekühlt.

Büffellende auf Indianerart – oder: *Falscher Hase*

500 g Gehacktes, 1 Ei, 1 eingeweichte und ausgedrückte Semmel, 1 TL scharfer Senf, 1 EL kleingehackte Petersilie, 3 EL kleingehackte Champignons, ½ TL getrockneter Estragon, 1 durchgepreßte Knoblauchzehe zusammenmischen und zu einem brotähnlichen Stück formen. In eine gebutterte Reine legen, 1 halbierte Tomate und 1 EL kleingehackte Zwiebeln dazu legen. Mehrere Streifen Frühstücksspeck und 2 Lorbeerblätter in die Oberseite der Fleischmasse eindrücken. Bei 180 Grad mindestens 1 Stunde im Ofen backen. Dann den Braten auf eine Platte legen, den Bratensatz mit etwas Bouillon ablöschen, einkochen lassen, mit dicker Sahne verbessern, eventuell nachwürzen und zu Kartoffelbrei oder Reis servieren. Oder, da der Ofen schon einmal an ist, zu einem Kartoffelauflauf.
Da dem Vater das Indianer-Stammgericht so gut gelungen ist,

kommt er jetzt der kindlichen Nudelsucht entgegen und backt einen

Nudelkuchen ohne Schokolade – oder: *Auflauf*

250 g Bandnudeln werden in Salzwasser fast gar gekocht. Eine feuerfeste, aber nicht zu flache Form gut ausbuttern und mit einer Lage Nudeln belegen. Darauf entweder kleingeschnittener, gekochter Schinken oder Salami, eingeweichte, chinesische Morcheln, Reste vom Hackbraten oder kleingeschnittenes, gares Hühnerfleisch oder jede andere Art von Fleischresten. Darauf eine Schicht Nudeln. Darauf in Scheiben geschnittene Tomaten, die mit Salz und zerriebenem Basilikum gewürzt werden. Darauf eine letzte Schicht Nudeln, dick mit geriebenem Käse bestreut. Hier empfiehlt sich eine Mischung aus Gruyère und Parmesan. Aber nie Parmesan allein überbacken – er wird hart! Mit Butterflocken großzügig besetzen und im Ofen backen, bis die Oberfläche goldbraun ist. Dazu Apfelsaft.
Inzwischen hat es sich bei den Freunden der Kinder herumgesprochen, daß da ein Papa so gut kocht. Deshalb ist es möglich, daß sich plötzlich die Tür öffnet und die lieben Kleinen Gäste nach Hause bringen. Dann ist Vaters große Stunde gekommen. Er macht jetzt den

Super-Schmackofaz – oder: *Pflaumenquark*

Eine flache, feuerfeste Form ausbuttern und mit rohen, halbierten Pflaumen belegen und gut zuckern.
Für 4–6 Kinder: 1000 g Quark, 200 g Mehl, 125 g Butter, 2 eingeweichte und ausgedrückte Semmeln, 4 Eigelb, 2 Eiweiß, 1 EL Puderzucker, $\frac{1}{8}$ l Sahne, Saft von $\frac{1}{2}$ Zitrone zusammen verquirlen und auf die Pflaumen löffeln. Bei 200 Grad im Ofen backen, bis die Oberfläche goldgelb wird. Da die angegebene Zuckermenge nach dem Geschmack des Vaters bemessen ist, zum eventuellen Nachsüßen den Zuckertopf auf den Tisch stellen. Kann auch mit Aprikosen gemacht werden.
Aller Wahrscheinlichkeit nach wird bald darauf im wieder vollzähligen Familienkreis die Frage gestellt werden: »Mama, wann verreist du wieder mal?«

Zwei Soufflés, zwei Kuchen, eine Mousse

Den Abschluß jeden besseren Essens bildet ein Dessert, eine Süßspeise also – sanfte Crèmes, Obstsalate, selbstgemachtes Eis, gewisse Torten und Gebäck, süße Crêpes mit Alkohol – die Zahl der möglichen Nachspeisen ist riesig.
Sogar in deutschen Kochbüchern findet man eine befriedigende Auswahl. Da bei Süßspeisen und Backwaren die Zubereitung nach einem Kochbuchtext, und sei er noch so dürftig, erheblich weniger Schwierigkeiten macht als bei anderen Speisen, will ich nur einige Anregungen geben mit Rezepten, die wegen ihrer Aufwendigkeit doch nur selten zu finden sind.
Auch bei den Desserts – das versteht sich eigentlich von selbst – gilt für den anspruchsvollen Koch die wichtige Maxime: Nur beste Qualitäten garantieren beste Resultate!
Das heißt also auch hier: Keine Instant-, Pulver- oder Dosen-Desserts, keine vorgefertigten Crèmes und ähnliche konfektionierte Zutaten verwenden. Mehl nur dort, wo es unumgänglich notwendig ist, zum Beispiel bei Gebäck.
Seit sich unsere Eßgewohnheiten mehr und mehr am Leichten, Bekömmlichen orientieren, ist das *Sorbet* wieder in Mode gekommen, ein Eis aus Wasser und Fruchtmark, mit Champagner aufgegossen, wie man es seit der Renaissance bei großen, festlichen Diners als Zwischengang serviert. Merkwürdigerweise verträgt es sich trotz seines süßen Charakters durchaus mit vorausgegangenen Fisch- und nachfolgenden Fleischspeisen. Beim *Sorbet* handelt es sich also eigentlich um einen Zwischenakt, um eine Erholungspause zwi-

schen zwei Gängen, die dennoch nicht ohne einen raffinierten Gaumenkitzel verstreichen soll. Motiviert wird ein *Sorbet* meistens mit seiner verdauungsfördernden Eigenschaft, die ich allerdings, wie bei allen eisgekühlten Speisen, bezweifeln möchte.
Als Dessert ist ein *Sorbet* wegen seiner Leichtigkeit jedoch sehr empfehlenswert.

Am leichtesten ist natürlich ein Salat aus frischem Obst bzw. frischen Erdbeeren (mit ausgepreßtem Saft von frischen Walderdbeeren angerichtet, sind sie eine Spezialität der *Pyramide* in Vienne) oder Himbeeren mit flüssiger Sahne oder, wie es die Franzosen bevorzugen, mit locker angerührter *Crème fraîche.*
Nach meiner Meinung gehört ein Orangensalat zu den delikatesten Verwendungsmöglichkeiten von frischem Obst. Verwendet werden sollten dazu möglichst nur die säuerlichen Sevilla-Orangen, die es leider nur in den ersten Monaten des Jahres gibt.
Die Früchte müssen selbstverständlich vollständig von jeglichen Häuten gesäubert und in kleine, flache Stücke geschnitten werden. Mit einem Schuß *Grand-Marnier* übergossen, machen sie einen großen Eindruck und nicht allzuviel Arbeit.
Eins der eindrucksvollsten Desserts ist ein *Soufflé Grand-Marnier.* Doch nur, wer es ohne Mehl hinkriegt, kann hoffen, Gnade vor den Augen anspruchsvoller Feinschmecker zu finden. Leider werden süße Soufflés sogar in renommierten Restaurants zu oft auf der Basis einer *Crème Patissière* hergestellt, das heißt, mit einer Mehl-Milch-Substanz, wodurch das *Soufflé* zwar nicht so leicht zusammenfällt, wenn man es aus dem Ofen nimmt, aber auch längst nicht mehr so leicht und luftig ist.

Auch der Dessert-Kuchen, der mit einem Espresso oder Mokka den Abschluß eines Essens bildet, soll selbstverständlich leicht sein. Ideal dafür sind noch ofenwarme Apfel- oder Birnentorten auf einem Mürbeteigboden, der nicht einmal 1 cm dick sein darf. Weniger bekannt dürfte das Rezept des nachfolgend beschriebenen Schokoladenkuchens sein. Er ist nur schwach gesüßt und stellt bei einer Höhe von kaum mehr als 2 ½ cm keine große Belastung für den Magen dar.

Gateau Berbelle (Schokoladenkuchen)

140 g Butter, 120 g Zucker, 90 g Mehl, 3 Eier, 1 Tafel Zartbitterschokolade, 1/5 l süße Sahne, 2 1/2 EL weißer Rum, 2 EL gestiftete Mandeln, 1 Messerspitze Backpulver

Butter, Zucker und die Eidotter schaumig rühren, Rum hinzugeben.

Die Schokolade in einer kleinen Pfanne oder in einer kleinen, schweren Kasserolle auf schwacher Hitze schmelzen. Achtung, brennt leicht an!

Die geschmolzene Schokolade zur Butter-Zucker-Eigelb-Mischung geben und weiterrühren.

Mehl und Backpulver durchsieben und sorgfältig unter die Masse rühren.

Die 3 Eiweiß sehr steif schlagen. Davon 2 EL unter den Teig rühren, damit er geschmeidig wird. Dann den Rest vorsichtig unterheben, bis nichts Weißes mehr zu sehen ist.

In eine gut ausgebutterte Springform von 18 cm füllen und in den auf 200 Grad (bei neuen Öfen weniger) vorgeheizten Ofen auf den untersten Rost setzen. Temperatur auf 180 Grad zurückschalten. Nach ca. 15 Minuten die Mandeln über den Kuchen streuen und weitere 20 Minuten backen. Erkalten lassen. In Silberfolie verpackt, schmeckt der Kuchen nach einem Tag am besten. Vor dem Servieren dünn mit Schlagsahne bestreichen.

Ebenfalls vorbereiten, wenn auch nicht einen Tag, so doch mehrere Stunden im voraus, kann man eine *Mousse au chocolat,* jene herrlich bittere Schokoladencrème, die ein Erkennungsmerkmal einer guten Küche ist, weil sie in vielen schlechten Küchen so bedenkenlos verschandelt wird.

Mousse au chocolat

Zutaten (für 6 Personen):

4 Eier, 125 g Butter, in kirschgroße Würfel zerteilt, 180 g bittere Schokolade, 4 EL feiner Zucker, 3 EL süße Sahne, 1 EL Pulverkaffee in 1 1/2 EL Wasser aufgelöst, 2 EL Cognac

Eigelb und Zucker schlagen, bis sie cremig sind. Den Cognac unterrühren. Um die Gefahr des Mißlingens von vornherein zu umgehen, benutzen Sie nun ein Wasserbad:
Die Rührschüssel in einen großen Topf mit fast kochendem Wasser setzen. Einige Minuten mit dem Schneebesen schlagen. Da die Schüssel auf dem Wasser schwimmt, werden Sie sie dabei festhalten müssen. Die Eiermasse muß im Wasserbad heiß werden, aber nicht heißer als 60 Grad, weil sonst das Eigelb stockt. Machen Sie eine Probe mit dem Finger: Solange Sie ihn noch in die Masse halten können, ist die Temperatur nicht zu heiß.
Nach einigen Minuten, wenn die Masse schön schaumig ist, nehmen Sie den Topf aus dem heißen Wasser und setzen ihn zum Abkühlen in eine vorbereitete Schüssel mit Eiswasser. Auch jetzt schlagen Sie weiter mit dem Schneebesen, bis die Mischung dick und sahnig ist.
Diese Prozedur wird nun mit der Schokolade wiederholt. Sie wird in Stücke gebrochen, in einen passenden Topf getan und ebenfalls im heißen Wasserbad zum Schmelzen gebracht.
Wird sie flüssig, gibt man das Kaffeepulver hinzu und nun nach und nach auch die Butterstückchen, wobei man wieder mit dem Besen ständig schlägt.
Wenn sich Butter und Schokolade zu einer glatten Crème vermischt haben, rührt man alles unter die vorbereitete Eigelb-Zucker-Mischung. Nun schlägt man die 4 Eiweiß sehr steif, rührt davon etwas unter die Crème, damit sie geschmeidig wird, und hebt dann vorsichtig das restliche Eiweiß darunter, so daß es nicht wieder flüssig wird, sich aber doch gut mit der Crème verbindet.

Diese *Mousse* füllt man in die Dessertschälchen, in denen sie auch serviert werden soll, und stellt sie zum Kühlen einige Stunden in den Eisschrank.

Die *Mousse au chocolat* kann man auch stürzen. Ich plädiere für die Art und Weise, wie sie in der Züricher *Kronenhalle* serviert wird: in einer großen Steingutform.
Dazu wird die leicht (nicht steif!) geschlagene und nur schwach gesüßte Sahne gereicht oder die schon erwähnte, leicht säuerliche, gut gekühlte *Crème fraîche.*

Von diesem Rezept gibt es viele Variationen. Die meisten lesen sich leichter und sind auch einfacher herzustellen.

Lassen Sie sich aber nicht beirren: Auch in diesem Fall zahlt sich das bißchen Mehrarbeit aus.

Ein kleiner Unsicherheitsfaktor ist natürlich die Eiergröße. Nehmen Sie nie weniger als vier, unter Umständen aber auch fünf, bzw. vier Eigelb und fünf Eiweiß. Das werden Sie von Fall zu Fall selbst entscheiden können.

Wer es sich zutraut, kann die Schokolade auch in einer Kasserolle oder in einer kleinen Pfanne auf sehr schwachem Feuer schmelzen lassen, wie ich das beim *Gateau Berbelle* beschrieben habe. (Und umgekehrt beim Schokoladenkuchen die Schokolade im Wasserbad weich werden lassen.)

Nun zu den *Soufflés*. Sie haben den Nachteil, daß man sie nicht vorbereiten kann. Der Koch oder die Köchin muß also nach dem Hauptgericht noch einmal in die Küche und sich an die Zubereitung der Nachspeise machen.

Aber wem sie einmal gelungen ist (im Fall des *Soufflé Grand-Marnier* rate ich unbedingt zu einem Probe*soufflé*!), der wird auch diese Lästigkeit in Kauf nehmen, weil er weiß, daß er ein Meisterstück fertig bringt, das ihm so leicht keiner nachmacht.

Soufflé Grand-Marnier

Zutaten für 4 Personen (größere *Soufflés* lassen sich nicht herstellen; ein *Soufflé* für 2 Personen ist dagegen etwas einfacher):

5 Eigelb, 7 Eiweiß, 100 g Zucker, ½ Weinglas Grand-Marnier, 1 EL frisch geriebene Apfelsinenschale, 1 Messerspitze Weinstein, Butter, Puderzucker

Weinstein ist ein weißes Pulver, das man in Apotheken bekommt. Es übernimmt hier die Rolle des Mehls. Man sagt, zuviel Weinstein habe eine abführende Wirkung. Wann die dazu benötigte Menge erreicht ist, habe ich indessen noch nicht ausprobiert. Nach meiner Erfahrung sind auch 2 Messerspitzen noch wirkungslos. Wenn Sie keine ungespritzten Orangen auftreiben, deren Schalen man bedenkenlos verwenden kann, dürfen Sie ausnahmsweise auch die granulierten Orangenschalen der Gewürzfirma *Spice Islands* nehmen. Aber auch die sollten möglichst frisch sein und nicht schon ein Jahr in Ihrer Küche herumstehen. Eine feuerfeste Porzellanform mit geraden Wänden und 1 ½ Liter Inhalt (*Soufflé*form) gut ausbuttern und mit 2–3 EL Zucker ausstreuen.

Wie bei der *Mousse au chocolat* schlägt man nun in einem Wasserbad mit dem Schneebesen die Eigelb, gibt nach und nach den Zucker hinzu und schlägt solange weiter, bis die Eigelb dick und hell geworden sind. Langsam weiterrühren, bis die Masse noch dicker und heißer wird. Fingerprobe machen!
Den Likör und die Apfelsinenschale unterrühren und alles in eine reichlich bemessene Schüssel gießen, die man in einen Topf mit Eiswasser stellt. Dort unter weiterem Rühren völlig erkalten lassen.
Nun schlägt man das Eiweiß zusammen mit dem Weinstein, bis es feste Spitzen bildet. Davon einen Löffel voll unter die Eiermasse rühren und danach den restlichen Eierschnee vorsichtig unterheben.
Die Masse mit einem Gummispachtel in die ausgebutterte Form füllen. Da das *Soufflé* im Ofen hoch aufgehen wird, darf die Form nicht bis zum Rand gefüllt sein, sondern nur bis ungefähr 5 cm darunter!
Die Oberfläche glattstreichen und parallel zum Rand eine 2 cm tiefe Furche ziehen. So kann sich auf dem *Soufflé* eine dekorative Kappe bilden.
In den je nach Ofenqualität auf 220–250 Grad vorgeheizten Backofen auf den mittleren Rost stellen. Schon nach 2 Minuten reduziert man die Hitze auf 200 bzw. 230 Grad und läßt weitere 20–30 Minuten backen. Das *Soufflé* ist gar, wenn es hoch über den Rand der Form aufgegangen ist und eine schöne, goldbraune Farbe angenommen hat. Mit Puderzucker bestreuen und sofort in der Form servieren. Wenn Sie dieses traumhaft schöne Gebilde zu Tisch bringen, ohne daß es zusammenfällt, haben Sie den Abend gewonnen.
Einen ähnlichen Überraschungseffekt erzielt man mit dem viel einfacheren *Omelette Soufflé ou Norvegienne,* einer Kombination von gebackenem, heißem Eiweiß und Fruchteis.

Omelette Soufflé

Biskuitteig, 3 Portionen Fruchteis, 5 Eiweiß, 200 g Zucker, Puderzucker

Den Boden einer flachen, ovalen Kupfer- oder einer feuerfesten Porzellanform mit dem Biskuitteig auslegen (gibt's beim Bäcker fertig zu kaufen).
Das Eis darauf setzen.
Die Eiweiß mit dem Zucker sehr steif schlagen und damit das Eis vollständig bedecken.
Mit Puderzucker bestäuben und so hoch wie möglich in den auf 250 Grad vorgeheizten Ofen stellen. Schon nach wenigen Minuten beginnt die Oberfläche des Eierschnees braun zu werden: Rausnehmen und sofort servieren.
Achten Sie auf die Gesichter Ihrer Gäste, wenn sie unter den vermeintlichen Salzburger Nockerln das kalte Eis entdecken!

Gugelhupf

Der Gugelhupf ist eine elsässische Spezialität, eine Kuchenart, die eigentlich dazu bestimmt ist, nicht zum Dessert, sondern zum Sonntagsfrühstück gegessen zu werden.
Auch im benachbarten Baden ißt man ihn gern und trinkt dazu vernünftigerweise einen Ruländer oder einen Gewürztraminer. Denn der Gugelhupf ist nur minimal gezuckert und nimmt dadurch dem Wein nur wenig von seinem süßen Geschmack, gerade so viel, daß dessen Eigenart, die Fruchtigkeit und die Natursäure, die sonst von der »Lieblichkeit«verdeckt werden, richtig zur Entfaltung kommen. Nach den süßen und mächtigen Torten zum Kaffee vermittelt dieser leichte Hefekuchen zum Wein ein neues Kuchen-Gefühl. Wer ihn zur Aperitifstunde mit einem Elsässer Gewürztraminer anbietet, den mag man ruhig einen Genußmenschen nennen: Er ist es!
So bereiten Sie ihn zu:

500 g Mehl, 10 g Salz, 75 g Zucker, 200 g Butter, 2 Eier, 2 dl Milch, 1 Päckchen frische Hefe (42 g), 80 g helle Rosinen, 50 g gehobelte Mandeln

Die Hefe in der Hälfte der schwach lauwarmen Milch auflösen. Mit so viel Mehl verrühren wie nötig ist, daß man einen sämig-flüssigen Teig erhält. Diesen Teig an einem mäßig warmen Platz aufgehen lassen, bis er sich verdoppelt hat – was bis zu 1 ½ Stunden dauern kann.
Auf einem Backbrett vermischt man jetzt nacheinander folgende Zutaten: Das Mehl, Salz, Zucker, die Eier und den Rest der lauwarmen Milch. Das alles wird kräftig miteinander verrührt und etwa 10 Minuten mit den Händen durchgeknetet. Dabei soll der Teig immer wieder hochgehoben und auf das Brett geschlagen werden, um ihn gut durchzulüften. (Wahrscheinlich geht's auch mit der Maschine.)
Danach wärmt man die Butter mit der Hand und knetet sie ebenfalls unter. Der Teig wird nochmals ca. 15 Minuten kräftig bearbeitet, bis er sich von den Händen löst. Sollte er sich als zu dünn und zu klebrig erweisen – was manchmal vorkommt, weiß der Teufel, warum –, so noch einen Eßlöffel Mehl dazugeben. Jetzt wird das Hefegemisch hinzugegeben und der Teig wieder einige Minuten durchgeknetet und dann auf dem Boden einer Schüssel zusammengepreßt. Mit einem Tuch bedecken und an einen mäßig warmen Platz stellen. Nach 1 Stunde oder mehr wird er aufgehen, je nach Wetterlage und Zimmertemperatur. Dann nimmt man ihn sich noch einmal vor und klopft ihn auf seine ursprüngliche Menge zusammen.

Inzwischen hat man die Rosinen in lauwarmem Wasser quellen lassen. Diese mischt man jetzt dem Teig bei. Nun buttert man eine Gugelhupfform gründlich aus und streut die gehobelten Mandeln hinein. In diese Form füllt man den Teig und deckt ihn mit einem Tuch ab. Er muß noch einmal aufgehen, und zwar bis über den Rand der Form hinaus. Dies kann nochmals bis zu 2 Stunden dauern.
Danach aber kommt er endlich in den Backofen, wo er bei 210 Grad ungefähr 45 Minuten backt, bis er gar ist, was man sehr deutlich riecht (es duftet wunderbar!). Sollte sich die Oberfläche des Kuchens schon nach kurzer Backzeit stark braun färben, so deckt man sie mit einer Folie ab. Nach kurzer Abkühlung kann der Kuchen aus der Form genommen werden. Er soll außen gelb sein wie die Sonne, innen großporig und außergewöhnlich locker. Man bestreut ihn mit Puderzucker.

Hefegebäck schmeckt frisch am besten

Wer seine verständliche Gier nicht zurückhalten kann, darf ihn schon jetzt probieren; denn wie alles Hefegebäck schmeckt er frisch am besten. Deshalb sollte man einen Gugelhupf auch immer erst am Vorabend des Tages machen, an dem er gegessen werden soll. Da die fürs Backen erforderlichen Handgriffe zwar nicht sehr aufwendig sind, das zweimalige Warten darauf, daß er aufgeht, jedoch bis zu 4 Stunden in Anspruch nimmt, ist es die richtige Beschäftigung für einen Fernsehabend am Samstag. Zwischen Abendschau und den Lottozahlen wird der Teig zusammengeschlagen, und wenn der Krimi zu Ende ist, ist auch der Kuchen gar.

Schön ißt man auch anderswo

Von einem, der auszog, das Kochen zu lernen

Es war einmal ein Koch, der war so berühmt, daß die Leute von weither zu ihm kamen, um seine köstlichen Mahlzeiten zu probieren. Schon beim Frühstück riefen sie entzückt: »Ah, Meister, dieses Ei ist göttlich! Sagt uns, worin habt Ihr es gekocht?« Der Koch lachte nur und antwortete: »Ich koche es in etwas, das fängt mit »W« an – aber Ihr ratet es nie!« Dann rieten die Gäste: »Kochtet Ihr es in Weißwein?« Doch der Meister schüttelte den Kopf.
»Vielleicht in Wildschweintränen?« »Nein, nein«, rief der Koch, »Ihr ratet es nie.«
»Kochtet Ihr es etwa in Walderdbeerensaft?« fragten die Leute weiter. Aber so sehr sie auch in ihn drangen, das Geheimnis des Frühstückseis gab der Koch nicht preis.
Ich habe neben einem dieser Meisterköche am Herd gestanden, ich habe zugesehen wie er briet, buk und kochte für seine Gäste, die von weither kamen, um seine köstlichen Mahlzeiten zu probieren. Und ich weiß, worin er die Eier kocht: Er kocht sie in Wasser.
Daß er ein französischer Koch ist, versteht sich von selbst. Zwar wird auch in der Bundesrepublik gut gekocht; aber während wir hundert Jahre und länger stolz darauf waren, die besten Soldaten zu haben, verlieh man in Frankreich Orden an die besten Köche. Das blieb nicht ohne Folgen. Mein Koch heißt Pierre Gaertner, sein Restaurant *Aux Armes de France* steht in Ammerschwihr im Elsaß, und bei ihm kann man nicht nur außergewöhnlich gut essen, sondern man konnte auch kochen lernen. Zweimal im Jahr, außerhalb

der Saison, wenn die Touristen nur spärlich wandern, veranstaltete er vierzehntägige Kurse für eine begrenzte Zahl von Teilnehmern. Als ich in Ammerschwihr ankam – es ist nun schon 10 Jahre her –, hatte ich eine weiße Jacke im Koffer und drei mißglückte Versuche, ein *Soufflé Grand-Marnier* zu backen, hinter mir. Dieses *Soufflé* ist – Monsieur Gaertner möge mir verzeihen – eine Art Salzburger Nockerln, nur unendlich feiner und stark mit Orangenlikör *(Grand-Marnier)* parfümiert (Rezept s. S. 199). Ich hatte es in einer der Hochburgen französischer Kochkunst gegessen und war davon süchtig geworden. Das vor allem, schwor ich mir, wollte ich in Ammerschwihr kochen lernen.

Die anderen Kursusteilnehmer hatten ähnliche Motive.

Da war Frau Lebrecht aus Berlin, deren Mann sich zur Lieblingsspeise ausgerechnet Hummer erkoren hatte. »Es ist schrecklich«, klagte sie und betrachtete betrübt ihre Beine, die in 200-Mark-Stiefeln steckten, »manchmal ist unsere Badewanne voller Hummer. Mir fällt aber nichts anderes ein, als die Tiere zu kochen.« Also schickte ihr Mann sie nach Ammerschwihr, damit Monsieur Gaertner ihr beibrächte, was sonst alles man mit Hummer machen kann.

Ihre Schwester, mit der sie das Hotelzimmer teilte, hatte gerade geheiratet. »Mein Mann ist ein verwöhnter Esser«, gestand sie, »aber bisher ist er noch nicht dahintergekommen, daß ich gar nicht kochen kann.« Nun war sie hier, um es zu lernen, bevor dem Gatten die Augen aufgingen.

Harald Stuck, ein Jurastudent aus begütertem Hause, hatte mit seinen Eltern einmal im *Aux Armes de France* zu Mittag gegessen. Für seine Jugend mit einer bemerkenswerten Vorliebe für gutes Essen ausgestattet, beschloß er, die Köstlichkeiten des Restaurants gründlich und in Ruhe auszuprobieren. Der Kochkursus schien ihm die passende Gelegenheit dazu. Damit auch seine kulinarische Zukunft davon profitierte, hatte er seine Verlobte mitgebracht, ein Fräulein Eulenkamp, deren Lerneifer er streng überwachte.

Ferner kochten ein verfressener Graphiker und seine Frau (sie hatte eine Waage mitgebracht, auf der sie ihr Gewicht kontrollierte, während er den Kellner nach zwei Tagen soweit hatte, daß der ihm ungefragt von jedem Gang eine zweite Portion brachte), ein Architektenehepaar und mehrere Damen verschiedener Altersgruppen.

Manche modernen Restaurants bieten den Gästen durch große Glaswände einen freimütigen Blick in die Küche. Man sieht dann in eine Art Operationssaal, klinisch weiß, automatisiert und schallgedämpft. Die Küche des Monsieur Gaertner gleicht eher einer Kesselschmiede. Nicht so schwarz, nein, das nicht, aber der riesige Herd in der Mitte des Raumes ist ein Kohleherd, dessen Flammen blakend zur Decke schlagen, wenn ein Lehrling grobe Kohlestücke nachschaufelt. Die Kasserollen und Töpfe, selbstverständlich aus reinem Kupfer, sind alt und zerbeult. Überschwappende Soße dampft und zischt, die schweren Backofentüren knallen, Ofenringe scheppern, Pfannen werden geschüttelt, und in der Nähe des Herdes steigt das Thermometer auf 40 Grad; Jacques, der 25jährige Küchenchef, schreit die Lehrlinge an, der Patron, wie Pierre Gaertner genannt wird, staucht die Gesellen zusammen, Lieferanten schleppen Kisten – zwölf Stunden am Tag. Wie es hier im Sommer zugeht, wenn hungrige Touristen sich im Restaurant um den letzten freien Stuhl balgen, ich möchte es nicht erleben.

Als erstes zeigte uns der Patron, wie man Zwiebeln schneidet. Nein, nicht wie es die durchschnittliche Hausfrau macht, sondern wie er es macht. Er schneidet Zwiebeln, wie ein Zauberer Kaninchen aus dem Zylinder zieht. So schnell, daß die Tränen gar keine Zeit haben, aus dem Auge zu tropfen. Während die zuschauenden Damen Beifall klatschten, brummte der Architekt: »Davon wird das Essen auch nicht besser.« Sicher nicht. Aber ich bekam eine erste Vorstellung davon, worin eines der Geheimnisse guter Küche besteht: aus perfekter Beherrschung auch der einfachsten Dinge, aus solider Professionalität.
Später wurde mir klar, daß es überhaupt keine Geheimnisse gibt. Ich habe jede Handbewegung des Patrons beobachtet, jede Zutat probiert, an Soßen gerochen und in allen Schränken gekramt. Es gab keine Spezialtöpfe, kein Geheimelixier, keine unbekannten Gewürze. Im Gegenteil. Ich fand bei Gaertner weniger Gewürze als bei mir zu Hause. »Gute Küche ist einfache Küche«, meint er. Und wirklich benutzt er nur die einfachsten Dinge: Butter, Öl und Sahne. Allerdings in solchen Mengen und von solcher Qualität, daß einer deutschen Hausfrau der Schrecken ins Portemonnaie fahren würde.
»Ich könnte alles hier in Colmar oder in Straßburg kaufen. Aber die

Hähnchen kommen aus der Bresse, das sind ungefähr 200 Kilometer, die Rinder aus den Alpen, Hammel und Nierenstücke aus Paris und die Fische aus der Bretagne. Das Beste ist gerade gut genug!« Ein Menu im *Aux Armes de France* kostet zwischen 25 und 40 Mark. Viel Geld, gewiß. Aber seit ich die Luftfrachtkisten mit den erlesenen Fischen gesehen habe, seit ich den Preis von gemästeter Gänseleber kenne, und seit ich weiß, mit welcher Sorgfalt und mit welchem Aufwand das alles verarbeitet wird, frage ich mich: Wie schafft er es bloß, daran auch noch zu verdienen?
Als die Kursusdamen sich ihrerseits im Zwiebelschneiden versuchten, verschwanden der Architekt und der Student leise aus der Küche. Sie überredeten Carol, den Kellner, der im Restaurant die Tische deckte, ihnen ungeachtet der frühen Stunde einen Gewürztraminer-Trester zu verkaufen. Und bitte gleich einen doppelten, damit er nicht zweimal laufen müsse.
Ich entdeckte inzwischen, woher die kleinen, runden Möhren kommen, die in besseren Restaurants serviert werden: Küchenlehrlinge schnitzen sie aus großen Möhren heraus! Auch Kartoffeln, von der Natur in ungleichen Formen und Größen auf die Welt gebracht, formten sich unter scharfen Küchenmessern zu taubeneigroßen Kartöffelchen.

In einem Nebenraum bereitete ein Patissier Süßspeisen und Kuchen zu. »Wollen Sie Nudeln machen?« fragte er mich. (Nudeln sind selbstverständlich auch Maßarbeit bei Pierre Gaertner.) Also rollte ich Teig, hauchdünn – »Ist nicht dünn genug!« – und hing ihn zum Trocknen über Besenstiele. Nach einiger Zeit spürte ich, wie ich Blasen an den Händen bekam und sah mich nach anderer Arbeit um.
»Könnten wir nicht ein *Soufflé Grand-Marnier* machen?« fragte ich den Patron. Und fügte hinzu: »Ich habe es einmal bei Ihrer berühmten Konkurrenz in Paris gegessen. Es war fabelhaft!«
Er runzelte die Stirn, fuhr mit dem Finger in einen Topf mit kochender Brühe, probierte, und rief dann den Patissier: »Roland!!!«
Wir gingen zu einem Tisch, auf dem ein dickes Kochbuch lag. Monsieur Gaertner schlug es auf. »Hier, du zeigst jetzt diesem Herrn, wie ein *Soufflé Grand-Marnier* gemacht wird!« Roland zeigte es mir.
Ich rührte zwanzig Minuten lang Eigelb mit Zucker, schlug zwölf Eiweiß zu steifem Schnee, bis ich neue Blasen bekam (Pierre

Gaertner hält nichts von elektrischen Küchenmaschinen), ich half Roland beim Umrechnen der angegebenen Mengen, und gemeinsam riefen wir ab und zu den Patron zu Hilfe. Denn ein *Soufflé*, das merkte ich jetzt, ist auch für Berufsköche keine alltägliche Kleinigkeit.

Als wir die fertige Masse endlich in den Ofen schoben, glaubte ich mich am Ziel meiner Wünsche. Zwanzig Minuten später öffneten wir den Ofen wieder. Unseren Blicken bot sich in zwei feuerfesten Porzellanformen ein Traum aus Duft und Schaum, ein Gedicht in goldgelb, butterblumengold, briefkastengelb, sonnenblond, Brigitte-Bardot-blond – ein Kunstwerk aus zwölf Eiern, Zucker und Likör. Und genau zwanzig Sekunden später war die ganze Herrlichkeit zusammengefallen, war pappig und klebrig. Ganz wie zu Hause, dachte ich wehmütig und machte mich aus dem Staube. Denn jetzt hatte auch der Patron die Bescherung entdeckt. Seine elsässischen Flüche, mit denen er den Patissier bedachte, drangen bis ins Restaurant, wo ich mich zu den Schnapstrinkern setzte.

Carol gab gerade eine Analyse der lokalen Gesellschaft. »Heute abend kommen Gäste aus dem Nachbarort. Reiche Leute. Ein Herr Klempf ist dabei, der hat 35 Bugattis!«

Diese alten Autos aus den dreißiger Jahren wurden hier im Elsaß gebaut. Einen Bugatti zu besitzen, ist nach Carol eine Art Adelsprädikat zwischen Straßburg und Colmar. »Eine Dame – sie kommt auch heute abend, hat einen Bugatti im Wohnzimmer stehen. Auf Hochglanz poliert, mit Kissen auf den Trittbrettern; allerdings ohne Motor! – Probieren Sie mal den«, fügte er hinzu und zeigte eine Flasche mit handgeschriebenem Etikett. Es war ein Cognac aus dem Jahre 1908. Wir probierten. In der Küche schimpfte der Patron mit den Lehrlingen. Fräulein Eulenkamp setzte sich zu uns.

»Ich habe ein Hähnchen ausgenommen!« berichtete sie stolz.

»Wo kriegt man denn noch frische Hähnchen«, maulte stud. jur. Harald Stuck und schnüffelte an seinem Glas.

»Was kostet denn heute so ein Bugatti?« fragte der Architekt und bezahlte die Cognacs.

In den nächsten Tagen brieten wir Fasan mit Weinkraut, Froschschenkel und Mandelforellen, wir kochten Kaninchensülze, lernten Schnittchen belegen und buken Zwiebelkuchen. Wir rührten Soßen, spickten Hasen, kneteten Teig. Zweimal täglich standen wir am heißen Herd, bewunderten die Souveränität des Patrons, staun-

ten über die Geschicklichkeit des Küchenchefs und bemitleideten die Lehrlinge.
Zweimal täglich setzten wir uns an einen großen Tisch und aßen prüfend, was wir gekocht hatten. Weil Jacques in letzter Minute immer eingriff und unsere Schöpfungen durch einen eleganten Schuß Sahne, durch eine lässige Prise Salz veredelte, schmeckte alles vorzüglich.
Am vierten Tag jedoch verweigerte der Architekt das Mittagessen. »Ich hab' schon gegessen«, sagte er. Und erzählte uns, daß er in jenem Teil der Küche war, wo Madame Gaertner auf einem kleinen Gasherd für sich und das Personal kocht. »Pellkartoffeln mit Hering gab es!« seufzte er entzückt. »Und heute abend macht sie Bouletten und Gemüsesuppe: aus der Tüte!«
Der Graphiker, der sich gerade eine zweite Portion gefüllte Champignons reichen ließ, machte ein angewidertes Gesicht. »Es gibt Leute«, sagte er, »die fahren nach Florenz und sehen sich dann einen Striptease an!«

Als meine Zeit um war, packte ich schweren Herzens und schweren Leibes – fünf Pfund hatte ich zugenommen – meine Jacke, die nun nicht mehr weiß war, in den Koffer. Wie man eine *Soufflé Grand-Marnier* machte, wußte ich immer noch nicht.
Aber ich habe gelernt, wie ein Stück Fleisch aussehen muß, wenn der Metzger, der es verkauft, ein guter Metzger sein will; ich habe gelernt, daß man zu fette Soßen mit Klopapier entfetten kann, daß aber Soßen, die mit Mehl gedickt sind, nichts taugen. Ich habe gelernt, daß für einen Koch das Beste gerade gut genug sein muß, damit man von ihm sagt, er sei ein guter Koch. Ich habe gelernt, bei einem wirklich guten Essen nicht an die Rechnung zu denken, sondern an die schwere Arbeit, die in der Küche geleistet wird, damit ich, der Gast, hinterher sagen kann: Ich habe selten so gut gegessen.

Gelobt sei, was schwach macht

Es soll deutsche Touristen geben, die in der Sahara, kurz bevor sie von den Geiern gefressen werden, noch eine wunderbare Vision haben: Vor ihrem brechenden Auge erscheint ihnen ein deutsches

Wirtshaus voll Bier und Sauerkraut. Bei Berücksichtigung aller Umstände scheint das möglich. Viel rätselhafter ist die reale Existenz von deutschen Gaststätten in Paris. Dort lebende Deutsche erklären diese mit dem alten Emigrantenwitz: »Die sind gegen das Heimweh!« Wahrscheinlich aber gehören sie zur Deutschen Welle, die mit Loden, Ludwig Zwo und Zarah Leander in Paris Mode ist. Als meine sadistischen Freunde in der *Zeit*-Redaktion hörten, daß Siebeck, der Pastetenfreund, wieder einmal die Koffer packte, um den neuen Franc-Kurs an der eigenen Leber auszuprobieren, schlugen sie zu: »Wenn Sie schon mal in Paris sind, könnten Sie nicht in den deutschen Restaurants essen und darüber berichten?«

Es ist wahr, ich bin in Paris, meine hungrige Begleitung am Arm, den Guide Michelin in der Tasche und im Ohr die schreckliche Bitte. Eigentlich war ich hierher gefahren, um herauszufinden, ob man bei *Taillevent* tatsächlich so überwältigend ißt, wie es gefräßige Freunde behauptet hatten; ob es wirklich nicht nur eins der siebzehn besten Restaurants in Frankreich, sondern eventuell sogar das beste von Paris sei – diese quälende Ungewißheit soll ich wieder mit nach Hause nehmen? In der rue Washington, fast am Arc de Triomphe, nur wenige Schritte von den Champs-Elysées entfernt, befindet sich ein *Pschorr-Bräu-Haus*. Es ist ein kleines Restaurant, in seiner Größe und Aufmachung typisch für viele Restaurants dieses Arrondissements, und wie diese hat es seine Speisekarte deutlich lesbar aushängen. »Gebratene Gans mit Rotkohl« lesen wir, und »Fleischsalat« zu vierfünfzig, und »Sauerbraten«. Durch die Fenster erkennen wir Maßkrüge, aber die Wahrheit ist, daß *Taillevent* nur 200 Meter entfernt ist, und es mir sehr leid tut, meine Freunde heute enttäuschen zu müssen. Doch wir sind ja noch länger hier ...

Schon am nächsten Mittag stehen wir in der Passage der Champs-Elysées vor den großen Fenstern der *Brasserie Löwenbräu*. »Schweinskopfsülze« entdecken wir auf der Karte und »Münchner Weißwürste« sowie »echte Metzelwurst« – was immer das sein mag –, aber die Wahrheit ist, daß es bis *Taillevent* höchstens 700 Meter zu gehen sind und der benachbarte Horoskop-Computer mir rät: »Beeilen Sie sich, bevor andere Ihnen zuvorkommen!« Wir tun es und erwischen den letzten freien Tisch.

Am dritten Tag nähern wir uns endlich dem *Vieux Berlin*, und hier kann man eine »Linsensuppe mit Wursteinlage« essen, »Eisbein, Erbsenpüree, Sauerkraut«, aber unglücklicherweise fällt mir ein,

daß es bei *Taillevent* eine »Terrine de Brochet Curnonsky« gibt, die ich noch nicht probiert habe.
Vom *Pschorr-Bräu-Haus* an der Place de la Bastille bis zu *Taillevent* ist es allerdings weit, sehr weit. Doch der Anblick der Biertrinker hinter den Scheiben und die vertrauten Namen auf der aushängenden Karte geben uns auch am vierten Tag wieder die Kraft, es noch rechtzeitig zu schaffen, bevor uns einer von diesen verfressenen Messieurs den letzten freien Tisch bei *Taillevent* wegschnappt.

Was übrigens die Deutsche Welle angeht, so kann es damit – Zarah hin, Leander her – so schlimm nicht sein. Bei *Taillevent* jedenfalls, im besten Pariser Restaurant, haben sie noch kein Münchner Bier auf der Karte.

In München auf dem Haxntrip

Hitler war nicht immer Vegetarier. Er entsagte dem Fleisch erst in seiner Münchener Zeit. Daran sollte man sich erinnern, wenn man einige Tage in Deutschlands heimlicher Hauptstadt verbringt und das Ernährungsproblem auf landesübliche, auf bayerische Weise also, zu lösen versucht.
Bei früheren Besuchen hatten mich ortsansässige Freunde immer dorthin geführt, wo man nach ihrer Meinung entweder gut ißt oder wenigstens gemütlich sitzt. So kam es, daß ich nie in einer jener Gaststätten war, die für Münchens touristische Bedeutung mit verantwortlich sind. Ich war nie im *Hofbräuhaus*, nie im *Donisl*, im *Bratwurstglöckl* oder im *Franziskaner*. Wie aber soll man sich das Temperament des Franz Josef Strauß erklären, wie die Wade von Gerd Müller richtig würdigen, wenn man nicht einmal die Stätten kennt, an denen die Münchner, darin keiner anderen Stadtbevölkerung des westlichen Europas vergleichbar, schon am Vormittag über warmem Leberkäs und Weißwürsten sitzen?
Was nun diese Halbfleischprodukte angeht, so haben mich gelegentliche Kostproben und die umfangreiche Heimliteratur über sie eher abgeschreckt. Deshalb nahm ich mir vor, ein weniger exotisches, aber ebenfalls typisch bayerisches Fleischgericht zu probieren: die Kalbshaxe.
Ich machte mich auf die Suche nach dem dazu passenden Restaurant.

Der *Franziskaner* ... liegt mitten im vornehmen Einkaufsviertel der Stadt ... Speiselokalatmosphäre, wo auch die Gäste der umliegenden Luxushotels abends mal essen ...«, so informiert ein Buch, das dem Touristen Ratschläge gibt, wie und wo man in München preiswert lebt. Tatsächlich liest man mindestens zweimal jährlich in den Münchner Boulevardzeitungen, daß der amtierende Bundespräsident mit seinen alten Stammtischbrüdern im *Franziskaner* gegessen habe. Auch hochadelige Herrschaften in grünem Loden werden dort von Zeit zu Zeit gesehen, sowie Filmstars in Jeans und Jusos in Halbtrauer. Die Liste, dachte ich, ist nicht komplett. Also gingen wir hin.

Bei einer Kalbshaxe handelt es sich um ein Wadenstück vom Kalb, mit dem Knochen gebraten. Preis nach Größe, wie es auf den Speisekarten des *Franziskaner* heißt. Das fand ich sympathisch, wenn auch nur deshalb, weil es mich an Hummer erinnerte.

Einem älteren Kellner in grüner Weste gab ich eine detaillierte Beschreibung unserer Wünsche. Er antwortete wie folgt: »Sie können eine Einzelportion Kalbshaxe haben, da ist das Fleisch ausgelöst. Bei zwei Portionen ist es im Ganzen. Jawohl, es gibt auch Kalbshaxn für drei. Aber ich möchte Sie warnen, da müssen Sie mit 35 bis 40 Mark rechnen!« Ich bedankte mich für die Warnung und bestellte eine Kalbshaxe für zwei und zwei Bier.

Die Biere, die bald kamen, waren zu meiner freudigen Überraschung in Halblitergläsern abgefüllt (und nicht einmal richtig voll), wo ich schon den gefürchteten Maßkrug erwartet hatte.

Die Haxe kam erst nach 25 Minuten, was, wie ich weiß, immer ein gutes Zeichen ist: Das bestellte Gericht ist also wenigstens in der Endphase frisch zubereitet und nicht etwa nur flüchtig aufgewärmt. Ich muß gestehen, bei ihrem Anblick genoß ich höchste kulinarische Vorfreuden. Das Wasser lief mir im Mund zusammen, so appetitlich sah das aus, was der Kellner auf einer Platte heranschleppte: ein mächtiger Brocken Fleisch, braun gebraten in allen Schattierungen von gold bis dunkelrot, herrlich glänzend von *demiglace,* mit einem herausragenden, sauberen Knochen – im wahrsten Sinne des Wortes ein Augenschmaus, barocke Eßvergnügen verheißend. Gekrönt wurde unsere Haxe von einer kleinen Papierfahne mit aufgedruckter Firmenreklame. Als wir ihn genügend bewundert hatten, machte sich die grüne Weste daran, den Braten zu zerlegen. Da sie es mit der kurzen und stumpfen Klinge eines normalen Tafelmessers versuchte, stieß sie auf hartnäckigen Widerstand, siegte jedoch schließlich nach mehreren Anläufen knapp, aber verdient. Als der Kellner mit vor Anstrengung zitternden Händen die Fleischstücke servierte, interessierte ich mich für das Papierfähnchen. Auf der mir abgewandten Seite stand handgeschrieben der Preis unserer Haxe: 55 Mark.

Fünfundfünfzig Mark, staunte ich, und dachte daran, daß ich am Abend zuvor in Münchens bestem Restaurant, im *Tantris,* für die Hälfte zwei entbeinte und gefüllte frische Wachteln in einer raffinierten Trüffelsauce, mit einer aufwendig gefüllten Artischocke und einem delikaten Pfannkuchen aus geraspelten Kartoffeln garniert, bekommen hatte.

Nun, diese Portion hier war ja auch für zwei Personen, beruhigte ich mich. Sie hätte, um der Wahrheit die Ehre zu geben, auch für drei gereicht, trotz des reichen Knorpel- und Sehnenanteils. Erwartungsvoll und hungrig setzten wir die Messer an. Die herrlich braune Kruste war hart und trocken und für mittelkräftige Zähne unverwundbar wie der hörnerne Siegfried. Das Innere der Fleischstücke war wunderbar saftig und rosa. Leider auch wunderbar zäh. Und schmecken tat das alles, die appetitlich aussehende Kruste, das herrlich rosa und wunderbar saftige Fleischinnere – nach nichts.

»Es hat«, sinnierten wir, nachdem die erste Verblüffung von uns gewichen war, »genauso wenig Geschmack wie ein hormongepäppelter junger Hahn aus der Geflügelfarm. Nur daß es in den Zähnen sitzt wie ein altes Suppenhuhn.«

Doch da auch Kälber – vor allem Kälber! – so mit Pharmazeutika gemästet werden, daß sie eigentlich apothekenpflichtig sein müßten, wäre vielleicht dem Koch nicht einmal ein Vorwurf zu machen. Und was das Fehlen jeglicher Gewürze, einschließlich Pfeffer und Salz, anginge, so sollte das vielleicht an die ursprüngliche Zubereitungsart erinnern, deren Zweck es war, vor allem den Eigengeschmack des Fleisches herauszubringen. Damals, als das Fleisch noch Eigengeschmack hatte ... Als einzige Beilage zu dem 55-Mark-Braten gab es für jeden einen Teller gemischten Salat, jene von Passau bis Flensburg bekannte Anhäufung von grünen Salatblättern, Gurkenscheiben, Tomaten, Kartoffelsalat, Zwiebeln und Wasser.

Mit Nachtisch (»Apfelküchle«: je 3 von einem dicken Teigpanzer umschlossene, in Fett gebackene und dick mit Zucker bestreute, dicke Apfelscheiben) und noch einem Bier machte die Rechnung auf den Pfennig genau 70 Mark. Zahnstocher gab es gratis.

Das *Hofbräuhaus* liegt nicht im vornehmen Einkaufsviertel der Stadt, sondern in einem Viertel, das wegen der zahlreichen Stripteaselokale auch Vergnügungsviertel genannt wird. Man erkennt das *Hofbräuhaus* an den vielen Touristen, die andächtig an seiner barokken Fassade hochblicken, als ständen sie vor einer gotischen Kathedrale. Während die Folklore parterre, in der »Schwemme«, grasisert, befindet sich im ersten Stock ein geräumiges Restaurant, Typ »Ratskeller«, mit einer großen Auswahl bayerischer Spezialitäten. Auch hier richtet sich der Preis einer Kalbshaxe nach deren Größe. Diesmal erinnerte mich das nicht an Hummer. Doch als die freundliche Kellnerin in weißblauem Dirndl den Braten schon eine knappe Viertelstunde nach der Bestellung vor mich hinstellte, las ich auf dem unvermeidlichen Fähnchen »32 Mark«. In diesem Dumping-Preis war offensichtlich kein Spielraum mehr für zusätzliche Schönheit: Unsere Haxe war kein Augenschmaus. Das Fleisch war im besten Fall mattbraun; an einigen Stellen hatte es mit Mühe nur eine fahlgelbe Farbe angenommen. Der herausragende Knochen sah aus, als habe er seit dem Pliozän in einer Endmoräne gelegen. Sein enormer Durchmesser verriet immerhin, daß wir hier, im Gegensatz zum Vortag, eine Hinterhaxe erwischt hatten, die, wie Kenner behaupten, der Vorderhaxe vorzuziehen sei.
Die Kellnerin wünschte einen »Guten Appetit« und ließ uns mit der Haxe allein. Tranchieren mußte ich selber. Obwohl es dafür wieder kein Spezialmesser gibt, ging es ziemlich leicht vonstatten. Die Kruste war zwar dort, wo sie braun war, hart und trocken und praktisch ungenießbar, desgleichen einige große, mit Fett besetzte Hautstücke. Was dann aber übrig blieb, und das war keineswegs zu wenig für zwei Personen, hatte überraschenderweise Geschmack. In der Küche des *Hofbräuhauses* vertraute man wohl nicht so rückhaltlos dem Eigengeschmack der Kälber; hier hatte der Koch mit einer richtig bemessenen Prise Salz nachgeholfen. Und als ich sogar ein taubeneigroßes Fleischstück vom Knochen säbelte, das so war, wie ich mir Fleisch von einem Rinderbaby vorstelle, nämlich rosig, saftig und wunderbar zart, da tranken wir aus Freude und Dankbarkeit ein zweites Glas Bier.
Die Beilage bestand aus gemischtem Salat wie gehabt, allerdings

ohne Kartoffeln. Dafür lagen neben der Haxe noch zwei große, runde Semmelknödel. Ich muß gestehen, daß ich an Kanonenkugeln dachte, als ich mißtrauisch eine davon auf meinen Teller wuchtete. Aber zehn Minuten später hatte ich auch noch eine halbe Kanonenkugel meiner Begleiterin gegessen. Das soll nicht heißen, daß die Knödel eine kulinarische Offenbarung waren. Dazu waren sie zu fett und zu deftig. Aber sie waren, wider Erwarten, nicht mit einem fertigen Knödelaroma geimpft, sondern so gekonnt gewürzt, daß sie sich wie ein letztes, fehlendes Puzzlestück aufs Vorteilhafteste zwischen Fleisch und Bier einfügten und so das Ganze zu einem befriedigenden Essen abrundeten.
Zum Nachtisch bestellten wir wieder Apfelküchle. Wieder waren es drei eingebackene Apfelscheiben pro Portion; aber der Teig war dünner als im *Franziskaner*, der Zucker nicht so grob und die Äpfel angenehm sauer. Außerdem waren sie billiger. Gesamtbetrag 48 Mark 20. Zahnstocher gab es nicht. Doch der spitze Holzstiel der Preisfahne war für die notwendige Operation ausreichend.

Inzwischen war es den Münchner Freunden aufgefallen, daß ich nun schon zwei Tage hintereinander bayerisch essen ging und dazu Bier trank – für Leute, die mich kennen, ein allerdings fast aufsehenerregendes Ereignis. Wenn es schon Kalbshaxe sein müsse, rieten sie nun mit unerwarteter Fachkenntnis, so bitte beim *Haxnbauer*, Münzstraße 5! Wie der Namen schon sagt, ist das Restaurant (viel bäuerischer Barock, Schmiedeeisen und dekorativer Trödel) auf Haxn spezialisiert. Man sieht sie schon von der Straße aus in einem Holzkohlengrill sich drehen. Die Speisekarte macht darauf aufmerksam, daß dem Gast mehrere fertige Schweins- oder Kalbshaxn zur Auswahl vorgelegt werden, so daß er die Möglichkeit hat, zwischen verschiedenen Größen und Preisklassen zu wählen. Leider gab es an diesem Freitag mittag keine Kalbshaxn beim *Haxnbauer*. Da bestellte ich eine Schweinshaxe.
Die freundliche Kellnerin im weißbraunen Dirndl brachte sofort drei Stück von ungefähr gleicher Größe. Ich wählte die mittlere mit einer »23-Mark«-Fahne.
Ein Nichtbayer, der weiß, daß eine Schweinshaxe nichts anderes ist als das Stück vom Schwein, das ihm unter dem Namen Eisbein bekannt ist, wird, wenn er eine bayerisch gegrillte Haxe zum ersten Mal erblickt, nicht wenig erschrecken. Denn so eine Schweinshaxe

sieht furchtbar aus. Die fettige Haut hat unter dem Grill unzählige Blasen geworfen, die aufgeplatzt und kroß geworden sind. Die Farbe ist nicht das ruhige Rembrandtbraun von gebratenem Fleisch, sondern ein ungewohntes, fast ins Orange übergehendes Rostrot. Das Ganze sieht aus, wie ein beim Waldbrand umgekommenes Krokodil (Teilansicht).

Die knusprige Haut ist mindestens 1 cm dick; darunter liegt eine Fettschicht von 2–4 cm Dicke, und erst darunter das Fleisch. Als ich versuchsweise in die Haut biß, krachte es schauerlich. Wen das aber nicht stört, und auch die Tatsache nicht, daß er nun reines, knusprig gegrilltes Fett zwischen den Zähnen hat, den kann ich verstehen, wenn er behauptet, eine knusprige Schweinshaxe sei das Beste an der bayerischen Küche. Das Fleisch nämlich – über die dicke, nicht knusprige Fettschicht ist meiner Meinung nicht mehr zu sagen, als daß sie allein dem bayerischen Bier seine Existenzberechtigung verschafft – hat endlich das, was gebratenes Fleisch neben allen anderen Eigenschaften haben sollte: Es hat Eigengeschmack. Außerdem war es beim *Haxnbauer* durchgehend zart und reichte, auch wenn man das Fett verschmähte, gut für zwei Personen.

Der unvermeidliche gemischte Salat unterschied sich von den bisherigen Salaten dadurch, daß er nicht gemischt war, sondern die verschiedenen Salatarten nebeneinander auf einem großen Teller lagen.

Die Apfelküchle, die wir, nun schon traditionsgemäß, zum Dessert bestellten, hatten auf der Speisekarte zur Erklärung ihres stattlichen Preises (6 Mark pro Portion!) den Zusatz »mit Grand-Marnier flambiert«. Es waren je 6 dünne Apfelscheiben, in hauchdünnen Teig eingebacken und mit einer Kirsche belegt, die in einer heißen Kupferpfanne an den Tisch gebracht wurden, wo die Kellnerin sie mit einem Glas Orangenlikör abbrannte. Nach dem ersten Bissen waren wir uns einig: Wegen ihrer Zartheit und des köstlichen Aromas hätten sie jeder feinen Küche zur Ehre gereicht. Sie waren die eigentliche Sensation dieses Mittagessens, für das ich einschließlich vier Bier (der Salat wurde extra berechnet: 9 Mark) und einer Semmel 31 Mark 45 zu zahlen hatte. Von den überall herumstehenden, erstklassigen Zahnstochern machten wir keinen Gebrauch. Die sind für die Kalbshaxnesser, vermuteten wir wohl nicht zu Unrecht.

Am nächsten Tag gehörten wir wieder dazu. Diesmal sollte es nicht in der City mit ihren vornehmen und vergnüglichen Vierteln sein, sondern dort, wo für viele Besucher München erst richtig München ist, in Schwabing. Doch hier, wo es mehr Straßencafés gibt als in Paris Bierkeller, und wo es in jedem zweiten Haus aus einer Pizzeria duftet, hier kocht man nicht sehr bayerisch. Und die wenigen Lokale, die dies vorgeben, hatten, als wir danach fragten, keine Kalbshaxn »aufgesteckt«. Die fanden wir schließlich im *Schwabingerbräu.*

Dieses Gasthaus, einer Autobahnraststätte älterer Bauart nicht unähnlich, befindet sich auf der Leopoldstraße im Erdgeschoß des Hertie-Hochhauses, dem mahnenden Wahrzeichen städtebaulicher Fehlplanung. Auf der seitenlangen Speisekarte wird Kalbshaxe nur ausgelöst angeboten, die Portion zu 8 Mark 50. Doch versicherte uns die Kellnerin, daß wir auch eine ganze Haxe haben könnten. »Ich geh' aber erst mal in die Küche und frag', wie teuer die ist!« Im Vergleich zu ihren Vorgängerinnen war sie fast billig: 24 Mark. Als sie uns nach kurzer Zeit gebracht wurde, erlebten wir wieder eine Überraschung: Unsere Haxe unterschied sich ganz erheblich von den Haxn, die wir bisher gesehen und gegessen hatten. Das Fleisch fiel fast vom Knochen und war auch innen braun: Diese Haxe war nicht gegrillt, sondern im Ofen gebraten; im ersten Stadium des Bratens wahrscheinlich sogar zugedeckt, also geschmort, und so zu dem geworden, was man einen normalen Kalbsbraten mit Knochen nennt. Mit einer bayerischen Kalbshaxe hatte sie nur gemein, daß sie an einigen Stellen hart und trocken war. Sonst aber war sie so weich, daß ich sie mit dem Löffel zerteilen konnte (ein Tranchiermesser wäre hier wirklich überflüssig gewesen), saftig und ausreichend gewürzt. Wenn sich bei uns doch nicht die zufriedene Stimmung einstellen wollte, die man hat, wenn man gut ißt, so lag das an der dazugehörigen Sauce, den Semmelknödeln und dem gemischten Salat, die an anderen Tagen wahrscheinlich besser sind, da das *Schwabingerbräu* sonst keine Stammgäste haben könnte. Mit einem Eisbecher zum Nachtisch (Apfelküchle gab es nicht) und drei Bier betrug die Rechnung 32 Mark.

Eigentlich hatten wir nun genug von unserem Haxntrip. Weil aber das Unternehmen kein sehr befriedigendes Resultat erbracht hatte, entschlossen wir uns zu einem letzten Versuch. Im *Donisl* am Rathausplatz roch es zwar auf allen Rängen nach gebratenem Fleisch, aber: Schweinshaxn, ja; Kalbshaxn, nein. Das Restaurant vom *Feinkost-Käfer,* der die feinen Münchner Parties mit kalten Buffets beliefert und bayerische Spezialitäten sogar in Übersee anrichtet, hatte weder noch. So landeten wir im *Nürnberger Bratwurstglöckl* am Dom.

Mehr Kneipe als Restaurant, mit fast schwarzem, altem Holz getäfelt, aber frei von Folklore-Kitsch und unechtem Dekor, ist das *Bratwurstglöckl* der Inbegriff des gemütlichen deutschen Wirtshauses. Sogar Ludwig Bemelmans, der sich eigentlich mehr bei *Maxim's* und in der *Tour d'Argent* zu Hause fühlte, hat einmal gestanden, daß er im *Bratwurstglöckl* glücklich sei. »Nein, Kalbshaxn haben wir nicht«, erfuhren wir dort, »nur Schweinshaxn. Aber die sind doch sowieso viel delikater!« Dies versicherte die Kellnerin mit solcher Entschiedenheit, daß wir uns auf zwei zufällig freie Stühle setzten und eine Haxe für zwei Personen bestellten. Das war, wie sich herausstellte, ein Fehler. Denn hier sind die Schweinshaxen nicht sehr groß (von 8 Mark 50 bis 15 Mark) und jeweils für eine Person gedacht. Unsere kostete 13 Mark. »Eine größere haben wir nicht mehr.« Sie war tatsächlich klein, etwas zu klein für zwei. Aber sie war im Ofen gebraten und nicht gegrillt, sah also eßbar aus und schmeckte ganz vorzüglich. Sie war weder hart noch zäh, und hätte sie noch zwanzig Minuten länger in der Bratröhre geschmort, wären auch die Zahnstocher überflüssig gewesen, die neben der Maggiflasche auf dem Tisch standen.

Als Beilage gab es nur die übliche Salatmischung. Als ein Biertrinker am Nachbartisch einen riesigen, mit Preiselbeeren gefüllten Eierpfannkuchen vorgesetzt bekam, bestellten wir einen gleich zum Nachtisch. Einen für zwei Personen. Auch er, der hier als Hauptgericht gilt, war hervorragend. Plus zwei Bier machte die Rechnung 21 Mark 40. Wir beschlossen wiederzukommen. »Ja«, kommentierten die ortsansässigen Freunde unseren positiven Eindruck, »das ist ja auch keine bayerische Küche im *Nürnberger Bratwurstglöckl.* Die kochen, wie der Name schon sagt, fränkisch!«

»Rhônetal«

Neben den vielen Touristen, die ihre Reiseziele nach so unterschiedlichen Kriterien aussuchen wie Bademöglichkeit, Durchschnittstemperatur, Deutschfreundlichkeit, Sandstrand, Wechselkurs, Oktangehalt des Superbenzins - neben diesen Normaltouristen gibt es eine kleine Schar, die ihre Reiseroute und den Urlaubsort ausschließlich von den schwarzen Punkten und den fettgedruckten Namen auf den Landkarten der vorderen Seiten des französischen Guide Michelin bestimmen lassen. Auf diesen Seiten sind Frankreichs gute und beste Restaurants eingezeichnet. Denn daß sie, die Freßtouristen, immer wieder nur nach Frankreich fahren, um die beste Küche der Welt und die besten Weine der Welt genießerisch, kenntnisreich und andächtig jedes Jahr neu zu probieren, ist kein Novum.
Ich gehöre zu ihnen. Uns ist es egal, ob die Seychellen in Mode sind, ob man auf Bali gewesen sein muß; wir legen keinen Wert auf Sonnenbräune, Minigolf und Diskotheken. Unser Urlaub ist nur dann gelungen, wenn wir uns mindestens einmal täglich wunderbar gesättigt und leicht schwankend von einem abgedeckten Tisch erheben können, in der Gewißheit, einmal mehr einen kulinarischen Höhepunkt erlebt zu haben, den wir in keinem anderen Land mit gleicher Qualität und gleicher Verläßlichkeit erwarten können.

Wo nun ißt man in Frankreich am besten? In der Riege der Langstreckenfresser ist es üblich, diese Frage mit »in und um Lyon« zu beantworten. Tatsächlich liegen im Bannkreis dieser Stadt vier der siebzehn französischen Drei-Sterne-Restaurants, und wenn man sie mit den sechs in Paris vergleicht, muß man sagen: vier der besten. Daß es darüber hinaus in und um Lyon von Zwei- und Ein-Sterne-Restaurants nur so wimmelt, scheint die Antwort zu bestätigen. Dennoch, meine ich, ist es nur die halbe Wahrheit. Für einen Reisenden, der dort einen Tag verbringt, ißt, und am nächsten Tag 500 km weiter fährt, war es zweifellos die richtige Auskunft. Wenn er sich aber des Essens wegen mehrere Tage im Lyonnais aufhält, wird er feststellen müssen, daß bei der gleichbleibenden hohen Qualität der dortigen Küche die Auswahl ebenfalls gleichbleibend, das heißt bereits nach wenigen Tagen eintönig ist.

Man mag einwenden, das werde immer so sein, ganz egal in welcher Landschaft man ißt. Dem steht jedoch meine Beobachtung gegenüber, daß man die Ferien-Völlerei weiter südlich im Rhônetal länger durchhält. (Schließlich ist diese Art von Esserei, die wir im Urlaub betreiben, wegen der körperlichen Anstrengung und eventuellen Spätschäden einem Hochleistungssport gleichzusetzen!)
Ich führe das vor allem auf die der südlichen Küche entstammenden variableren Vorspeisen zurück sowie auf die ebenfalls südlichem Einfluß zu verdankenden Süßspeisen. Auf hausgemachte Eissorten und frische Obstsalate hat man einfach länger Appetit als auf schwere Crémetorten und raffinierte Soufflés. Außerdem werden im Midi die Saucen leichter. Mit Butter und Sahne geht man in heißen Gegenden verständlicherweise sparsamer um.

Für eine mehrtägige Gänseleber-Safari ziehe ich deshalb das Rhônetal zwischen Valence und Avignon vor. Die Auswahl an guten Restaurants ist dort überdurchschnittlich groß; und für viele Reisende, die mit dem Auto an die Côte-d'Azur fahren, liegt dieser Rhôneabschnitt ohnehin auf der geplanten Reiseroute. Wer von Genf über Annecy nach Valence fährt, dem bietet sich allerdings schon, bevor er die Rhône erreicht, halbwegs zwischen St.-Marcellin und Romans, auf der Route N 92 an den Ufern der Isère die erste Gelegenheit zu einem Essen, das die Qualitätsmaßstäbe für künftige Restaurants gleich beängstigend hoch ansetzt. Es handelt sich um das Restaurant und Hotel *Bouvarel* in St.-Hilaire-du-Rosier.
Flackerndes Kaminfeuer und sorgfältig ausgesuchte Dekorationen, die sich gottlob noch diesseits der von ambitionierten Wirten gern überschrittenen Grenze zum Kitsch befinden, schaffen eine Atmosphäre, die man mit gepflegter Gemütlichkeit bezeichnen kann. Was natürlich nichts darüber aussagt, ob die Küche auch gut ist. Bei *Bouvarel* ist sie gut; und zwar so gut, daß ich dieses Restaurant innerhalb der Zwei-Sterne-Kategorie, zu der es gehört, sehr weit oben einstufen würde. Schon die vorab gereichten schwarzen Oliven und die kalten *Hors-d'œuvres,* wie Schinken oder glasierte Zwiebeln mit Rosinen, waren eine Spur besser als allgemein üblich. Einen *Salat Nicoise* fand ich so sanft und doch so aromatisch auf der ganzen Reise nicht wieder. Das *Carré d'Agneau* (Lammkotelett am Stück) in einem Vier-Gänge-Menü war in der Fleischqualität wie in der Zubereitung unübertroffen. Dazu gehörten delikate und reichhaltige Bei-

lagen, für die man in anderen Restaurants extra zahlen muß: Artischockenböden mit Morcheln in Rahm und frische, junge grüne Bohnen. Eine Spezialität des Hauses, *Poulet aux écrevisses* (Huhn mit Krebsen) erwies sich als eine Riesenportion Hühnerbrust und -bein, die mit nicht weniger als einem Dutzend kleiner Flußkrebse in einer herrlichen Rahmsauce mit Krebsbutter schwammen. Diese nicht alltägliche Zusammenstellung ist in der französischen Küche berühmt, seit Napoleons Koch – so behauptet es jedenfalls die Legende – während der Schlacht bei Marengo alles, was er zufällig zur Hand hatte, zu einem Tellergericht vereinte. Angesichts der großen Portion bei *Bouvarel* und im Hinblick auf die noch folgenden Käse- und Tortenplatten erwiesen sich die vorausgegangenen Ravioli als überflüssig. Ißt man bei *Bouvarel* zu Abend, empfiehlt es sich, den Rausch in einem der 15 Zimmer auszuschlafen. Der Ort ist ruhig, wenn auch benachbarte Frühaufsteher durch die dünnen Zimmerwände nicht zu überhören sind.

Wer einen kleinen Umweg nicht scheut, sollte am nächsten Tag in Hauterives (27 km von Romans auf der N 538 in Richtung Norden) das *Palais Ideal* des Briefträgers Cheval besichtigen. Dieses an Gaudi, die indische Architektur und den Surrealismus gleichermaßen erinnernde naiv-fantastische Bauwerk hat der Briefträger jahrzehntelang in Kleingärtnermanier zusammengetragen und -gemauert. Heute ist es eine Attraktion der Kunstgeschichte Abteilung Meschuggenes.

In Valence, wo man die Rhône erreicht, gibt es *Pic. Pic* ist eines der siebzehn Drei-Sterne-Restaurants, das heißt, der Langstreckenfresser betritt hier sozusagen geheiligten Boden. »Denkwürdige Mahlzeiten« verspricht der Guide Michelin seinen Lesern in diesen raren Tempeln der *Grande-Cuisine,* »die den Ruhm der französischen Küche ausmachen, ausgezeichnete Weine, tadellose Bedienung ... Bei solchen Restaurants darf der Preis keine Rolle spielen.« Um es gleich zu sagen: Diesen hohen Anspruch erfüllt *Pic* bei meinem Besuch nicht. Die Sauce eines zum billigsten Menü (55 Franc) gehörigen, mit Basilikum gewürzten Kalbfleischgerichts war viel zu stark gesalzen; eine Spezialität des Hauses, *Filet de Loup au Caviar* (pochiertes Seebarschfilet, dick mit kleinkörnigem Kaviar belegt, 70 Franc), fand ich nur denkwürdig, weil mir die Zusammenstellung eher opulent als plausibel erschien; das Brot hatte Bistro-Standard; die

verschiedenen Desserts waren auch nur guter Durchschnitt; sodann saß ich zu oft vor leeren Gläsern, die nicht nachgefüllt wurden, obwohl das Restaurant nicht voll besetzt war; schließlich fand ich auf unserer Rechnung eine Flasche Wein mehr, als wir (vier Personen) getrunken hatten. Alles andere entsprach dann den hohen Erwartungen, die man getrost hegen darf, wenn man ein Restaurant dieser Klasse betritt. Die *Foie gras des Landes* (frische Gänseleberpastete) war von einer Zartheit, wie man sie sich nicht feiner wünschen kann. Ebenso raffiniert, jedoch pikanter im Geschmack, war eine *Bengaline de bécasse Bohémienne* (kegelförmige Schnepfenpastete mit *foie gras*). Die das 55-Franc-Menü einleitende *Timbale de pelerines Richelieu* waren in wunderbar leichtem Sud gekochte Jakobsmuscheln und Hummerstücke von größter Zartheit; ein gegrilltes *Chateaubriand* mit *Sauce Bearnaise* von allerfeinstem *Charolais*-Ochsen (35 Franc ohne Beilagen).
Auf der reichhaltigen Weinkarte mit vielen teuren Spitzenweinen findet man auch einen sogenannten kleinen Hauswein (16 Franc). Empfehlen möchte ich aber vor allem einen roten *Hermitage* des verhältnismäßig kleinen Weingutes Chave in Tain (25 Franc). Er ist trockener als die direkt auf dem Südhang des nördlich von Valence gelegenen, unübersehbaren Hermitage-Berges wachsenden Lagen, hat aber dennoch deren schöne Fruchtigkeit. Überhaupt sollte man in den hier beschriebenen Restaurants möglichst die vorzüglichen weißen und roten *Hermitage* probieren, weil sie manchem Burgunder ebenbürtig sind, aber weniger kosten - zwischen 35 und 55 Franc. Zum Glück für den Hochleistungsesser kann man bei *Pic* in hübschen Zimmern übernachten. Man sollte sich allerdings daran erinnern, daß *Pic* für seine Menüs berühmt ist und nicht für seine Betten.

Rund 120 km südlicher, in Avignon, kann man dafür in dem Bett schlafen, in dem schon Napoleon gelegen hat. Das *Hotel d'Europe* ist eines der ältesten und besten des Rhônetals, ruhig, geschmackvoll eingerichtet und mit ausgezeichnetem Service. Der Speisesaal ist von so prächtiger Eleganz, daß ich es bedauerte, hier nicht zu essen. Aber dazu lassen die vielen fettgedruckten Namen in und um Avignon dem Freßtouristen keine Zeit.
Gleich vor den Toren der Stadt, in Les Angles, kocht M. Meisonnier in der *L'Ermitage*. Das Restaurant ist ein Musterbeispiel des Dekora-

tionszwanges, dem viele französische und deutsche Gastronomen zum Nachteil des guten Geschmacks unterliegen. Der französische *Style rustique* entspricht dabei dem schmiedeeisernen Barock unserer »gediegenen« Gasthöfe; hier wie dort wird das Essen auf einer Woge von Gasthaus-Nippes und Küchenkitsch serviert. Doch was soll's – das Essen in der *L'Ermitage* ist hervorragend! Die Entenleber- oder die Schnepfenpastete zu Beginn des 70-Franc-Menüs waren makellos; der Pudding *soufflé* und die *Mousse au chocolat* konnten uns auch noch zwei Stunden später begeistern. Das dazwischen liegende Hauptgericht, ein *Chateaubriand en Croute dorée,* eine Variante des Filet Wellington, bei der das Fleisch mit getrüffelter Gänseleber gefüllt und mit Blätterteig umbacken wird, war geradezu sensationell. Lediglich das *Soufflé d'écrevisses belle Laure* (Auflauf von Krebsmus), selber von vorzüglicher Leichtigkeit, war mit einer zu stark gewürzten Sauce übergossen.

Von Avignon ist es nicht weit nach Les Baux, wo ein weiteres Drei-Sterne-Restaurant »denkwürdige Mahlzeiten« für die lüsternen Esser aus aller Welt bereithält. Die anderen Sternküchen der näheren Umgebung reichen für einen Aufenthalt von einer Woche. Einen Höhepunkt besonderer Art fanden wir in Avignon selbst, im ersten Stock eines Geschäftshauses in der rue République: *Hiély.* Äußerlich eines der sachlichsten und schmucklosesten Restaurants der Zwei-Sterne-Kategorie, das wir kennengelernt haben. Gemessen an der Einstellung des Chefs zur Kunst des Kochens aber eines der ersten. Pierre Hiély hat die Phase der schweren Saucen und aufwendigen Garnituren überwunden. Opulente Effekte vermeidet er fast puritanisch-konsequent. Kulinarische Sensationen muß er nicht kunstvoll erarbeiten, sie findet man im natürlichen Geschmack der Nahrungsmittel, der von ihm in seltener Reinheit bewahrt wird – höchstes Ziel aller großen Kochkünstler!

Dabei ist jedes Gericht von überraschender Leichtigkeit. Wir schafften es mühelos, an einem Tag zweimal bei ihm zu essen! Sogar seine *Mousseline de brochet aux morilles* (Hechtmus mit Morcheln in Sahnesauce) vor einem unvergleichlichen, auf Holzfeuer gegrilltem Lamm, schmälerte keineswegs das Vergnügen, das wir nach der Käseplatte (wunderbar der frische Ziegenquark!) an den verschiedenen Eissorten, -bomben und Obstsalaten hatten. Bei *Hiély* aßen wir die besten Desserts der Reise. Und das alles für 56–80 Franc pro Vier-Gänge-Menü!

Daß in dem gepflegten Weinkeller nicht nur edle Burgunder und Bordeaux bis zu einem *47er Lafite-Rothschild* für 1750 Franc lagern, sondern auch ein ausgezeichneter, offener *Chateauneuf-du-Pape* in Weiß und Rot für 20 Franc der halbe Liter auf der Karte steht, gehört zum Bild dieses beispiellosen Restaurants, dessen Raffinesse darin besteht, daß dort die Dinge nach dem schmecken, was sie sind.

Mit Johanna von Orleans nach Tours und Langeais sowie etwas über die Nudeln des Pierre Gaertner

Orleans gefällt uns nicht. Der erste Eindruck, wenn man auf der N 20 von Paris kommt, ist auch nicht gerade überwältigend. Von der Loire nichts zu sehen. Der »Garten Frankreichs« beginnt mit einer kilometerlangen Reihe von Tankstellen.

»Von hier bis Chambord sind es nur 48 km«, sage ich. »Es ist das großartigste Schloß weit und breit. Das Dach mit den unzähligen Zinnen, Türmchen und Mansarden ist einmalig in der Welt. François I. hat es bauen lassen und Leonardo, der seinen Lebensabend bei ihm verbrachte, soll die merkwürdige Wendeltreppe entworfen haben, auf der Leute, die gleichzeitig 'rauf- und 'runtergehen, sich nicht begegnen. Außerdem ...« – »Ich hab' Hunger!« unterbricht sie mich vorwurfsvoll. »Außerdem hat Chambord vierhundertvierzig Zimmer«, fahre ich unbeirrt fort, »vierhundertvierzig Kamine und die längste Parkmauer Frankreichs, nämlich zweihundertdreißig Kilometer ...« – »Eine Portion Loire-Lachs in Champagner gedünstet, auf Sauerampfer, dazu eine Flasche trockenen Weißwein –«, fällt sie mir wieder ins Wort.

»Chambord diente den französischen Königen vor allem als Jagdschloß. Louis XII. übersprang mit seinem Pferd Gräben von 5 Meter Breite; François I. erlegte Keiler mit der blanken Waffe; Charles IX. blieb 10 Stunden im Sattel, ritt fünf Pferde zuschanden und blies das Jagdhorn bis zum Blutspucken. Nach jeder Jagd wurde er krank ...«

»Wahrscheinlich weil er hinterher zu viel gefressen hat! Ah, jetzt eine Wildschweinkeule oder einen Rehrücken!«

»Ein anderes Jagdschloß der französischen Könige ist ebenfalls hier in der Nähe ...«
Diesmal unterbricht mich Johanna in einem Ton, daß ich erschrokken das Gas wegnehme.
»Merkst du nicht, daß mich deine Schlösser nicht interessieren? Ich habe Hunger! Fürchterlichen Hunger! Und mir wäre wohler, wenn du über die Restaurants hier an der Loire ebenso gut Bescheid wüßtest!«
»Gut!« sage ich und gebe wieder Gas, »fahren wir also nach Langeais!«
»Langeais? Liegt das hier in der Nähe?«
»Ja, kurz hinter Tours. In einer Stunde können wir da sein.« (Wir fahren gerade durch Blois.)
»In Langeais habe ich schon mal gegessen.«
»Wirklich? Da soll es eins der besten Restaurants dieser Gegend geben!«
»Es hieß *Hosten,* glaube ich ...«
»Das ist es, das ist es! Wie bist du denn da hingekommen? Und mit wem?«
»Ach, da war einmal ein Filmproduzent, der wollte mir eine Rolle beschaffen ...«
»Seit wann haben es Filmproduzenten denn nötig, Mädchen zum Essen einzuladen, um sie ins Bett zu kriegen?«
»Was du denkst! Er war Feinschmecker; und ich hatte Hunger.«
»Da mußtet ihr ausgerechnet nach Langeais! Immerhin fast 250 km von Paris!«
»Nun, jedenfalls hat es sich gelohnt. *Hosten* ist ein kleines Restaurant, ganz hübsch, aber ohne großen Aufwand, und nur fünfzehn Tische. Sie haben da einen ganz fantastischen Konditor, der backt zu jedem Essen kleine, leicht gesalzene Brötchen. Die werden noch warm zur Vorspeise serviert. Daran allein könnte ich mich sattessen, so toll sind die!«
»Wie ich dich kenne, hast du deinen Filmproduzenten so billig aber nicht wegkommen lassen, oder?«
Sie geht darauf nicht ein und fährt fort:
»Wir saßen nebeneinander, mit dem Rücken zur Wand, in einer kleinen Nische, und konnten das Lokal übersehen. Wir sahen, wie die Hummer hereingetragen wurden, die dampfenden Kasserollen, die Pfannen und die Flaschen in den Kübeln und Körben ...«

»Schon gut! Wie ging's weiter?«

»Nun, er bestellte und der Kellner meinte, das sei vielleicht ein bißchen viel, ob wir uns den zweiten Gang nicht teilen wollten.«

»Was war das?«

»*Alose à l'oseille,* Maifisch mit Sauerampfer. Ich weiß nicht, ob es diesen Maifisch außer an der Loire sonst noch irgendwo gibt. Er war so groß wie eine Forelle, hatte aber mehr Geschmack. Das Tollste aber war der Sauerampfer. Den gab's dazu, und da hatten sie den Rogen des Fisches untergemengt. Ich weiß das, weil der Produzent extra danach fragte, so gut war das ...«

»Aber das war doch schon der zweite Gang! Was habt ihr vorher gegessen?«

»Es war sogar schon der dritte! Davor hatten wir Spargel, wie ich ihn noch nie gesehen hatte, und davor die *Paté.*«

»Bitte der Reihe nach! Dieser Kerl muß ja ziemlich geprotzt haben!«

»Also, zuerst gab es eine *Paté* oder Terrine. Ich weiß noch, daß es eine riesige Scheibe war, und ich dachte, wenn die jetzt schmeckt wie eine kalte Boulette, dann Gute Nacht. Aber da kannte ich die Küche von *Hosten* ja noch nicht, und als ich den ersten Bissen in den Mund schob, dachte ich, ich werd' verrückt.«

»Das muß für deinen Produzenten eine freudige Entdeckung gewesen sein!«

»Er hatte eine Flasche *Sancerre* bestellt. Ich glaube, der wächst auch hier ...«

»Nicht direkt. Er wächst zwar an der Loire, aber an deren Oberlauf, ziemlich nahe bei Burgund, weshalb er auch manchmal die Eleganz eines *Chablis* hat, einschließlich des unvergleichlichen Bodengeschmacks. Feuerstein, glaube ich ...«

»Jedenfalls paßte er auch gut zum Spargel.«

»Ja, was war mit dem Spargel?«

»Es war nicht nur der leckerste Spargel meines Lebens, er war auch der dickste. Er war grün und fast so dick wie Bananen und hatte Köpfe, die waren fingerlang! Was sagst du dazu?«

»Was hat denn dein Filmproduzent dazu gesagt?«

»Er machte anzügliche Bemerkungen ...«

»Aha!«

»... wie sie alle Männer machen würden. Danach kam der erwähnte Maifisch, den wir uns auf den Rat des Kellners teilten. Und dann aßen wir diesen Vogel.«

»Was für einen Vogel?«
»Das Perlhuhn. Hab' ich das nicht gesagt? Das war das Tollste! Es hieß *le Pintadeau farci aux pieds de cochon et son agréable garniture ...*«
»Perlhuhn, mit Schweinsfuß gefüllt, und Beilage.«
»Mit einer Beilage *tres agréable*! Sie bestand aus einem *Gratin Dauphinois,* also überbackenen Käsekartoffeln, einer Grilltomate und einem großen, gefüllten Champignon. Ich war schon fast satt. Aber diesem Angebot konnte ich nicht widerstehen.«
»Und deinem Produzenten?«
»Ich sagte schon, der war ein Feinschmecker. Der verdrehte die Augen vor Wonne!«
»Wer weiß, weshalb er wirklich die Augen verdrehte!«
»Oh, wenn du das meinst: Er hatte mir schon beim Spargel das Knie getätschelt!«
Plötzlich interessierte es mich nicht mehr, welchen Wein und welchen Käse sie noch bestellt hatten, was für Süßspeisen und wie er sich beim Cognac benommen hat. Ich gebe etwas mehr Gas.
»Und heute abend«, sage ich nach einer Weile, »essen wir bei *Barrier* in Tours. Es ist ein Drei-Sterne-Restaurant.«
»Ich hab' schon mal in einem Fünf-Sterne-Restaurant gegessen«, gibt sie unbeeindruckt zurück.
»Es gibt keine Fünf-Sterne-Restaurants!«
»Doch, hatte es aber! Es war an der Côte-d'Azur!«
»Was du meinst, sind andere Sterne. Hotels führen sie in ihren Schildern, und sie bezeichnen die Kategorie des Komforts. Die Sterne, von denen Feinschmecker reden, sind die Sterne des Guide Michelin, die jährlich neu vergeben werden. Und zwar maximal drei. Wer drei Sterne hat, kann von sich behaupten, er gehöre zu den siebzehn besten Restaurants Frankreichs. Und damit, das darf man wohl sagen, zu den besten der Welt.«
»Und wer nur zwei Sterne hat?«
»*Nur* ist gut! Davon gibt es zwar mehr als Drei-Sterne, aber, zum Beispiel hier an der Loire, nur zwei. Sogar ein Stern ist bei den Wirten eine hochbegehrte Auszeichnung, und wer ihn zuerkannt bekommt, kocht bestimmt besser als seine Konkurrenz ohne Stern. Wenn auch die Qualität eines Ein-Stern-Restaurants nicht überall gleich ist. Jedenfalls hat es schon Wirte gegeben, die sich umgebracht haben, als ihnen dieser eine Stern wieder aberkannt wurde.«
»Ich dachte, nur Metzger seien so sensibel ...«

»Nicht zuletzt bedeutet die Auszeichnung mit einem oder mehreren Sternen, daß der entsprechende Wirt immer etwas teurer sein wird als seine Konkurrenz und trotzdem, im Gegensatz zu dieser, nie unter Gästemangel zu klagen hat.«

»Worin besteht denn nun der Unterschied zwischen einem Ein-Stern- und einem Drei-Sterne-Restaurant? Ist der wirklich so groß?«

»Es ist ein Unterschied wie zwischen einem Sportwagen und einem Formel-I-Rennwagen. Womit ich gleich sagen will: Normalerweise fahre ich lieber einen Sportwagen. Denn wie beim Rennwagen alles und jedes dem einen Ziel untergeordnet ist, nämlich ohne Rücksicht auf Lärm, Bequemlichkeit, Reifenverschleiß und Spritverbrauch, auf einer Spezialpiste Rundenrekorde aufzustellen, wozu letzten Endes nur eine Handvoll Spitzenfahrer in der Lage sind – so ordnet sich beim Drei-Sterne-Restaurant alles dem höchsten kulinarischen Genuß unter, ohne Rücksicht auf Aufwand, Gesundheit und die Brieftasche des Gastes, und manchmal eben auch ohne Rücksicht auf die Gemütlichkeit.«

»Wieso Gemütlichkeit?«

»Nun, alle Drei-Sterne-Restaurants sind sogenannte feine Restaurants, wo auf jeden Gast ein Kellner kommt, wo man gedämpft spricht und möglichst fein angezogen ist. Sogar wenn man viel getrunken hat, bemüht man sich dort um ... um ...« mir fehlt das passende Wort.

»Du meinst, daß du in einem so feinen Schuppen deiner Tischdame nicht unter den Rock greifen kannst, nicht wahr?«

Ihre Direktheit hat etwas Anregendes.

»Tja«, sage ich und gehe etwas zu schnell in eine Kurve, »da bin ich nicht so sicher. Im *Maxim's* haben sich bekanntlich schon um die Jahrhundertwende Dinge zugetragen ...«

»Was denn, was denn?«

»Nun, vom *chambre séparée* hast du sicher gehört. Das sind die kleinen Salons im ersten Stock, wo die feinen Herren mit den schönen Schauspielerinnen soupierten. Ich kann mir vorstellen, daß sie das *Sorbet* zwischen Fasan und Filet Wellington auf dem Plüschsofa geschlürft haben – zur Abrundung des kulinarischen Genusses.«

»Wie ein Likör zum Kaffee, was? Sicher findest du das auch noch schön? Und mit so was geh' ich heute essen!«

»Mir ist nicht bekannt, daß man in Tours auch nur entfernt so

sinnenfroh wäre wie im Paris der Jahrhundertwende. Du hast also nichts zu befürchten!« beruhige ich sie.
Sie denkt eine Weile nach.
»Können wir nicht mal im *Maxim's* essen?«

Es gibt Restaurants, die sehen schon von weitem nach gutem Essen aus. Da signalisiert das prächtige, alte Wirtshausschild »Hier wird nach guter, alter Art gekocht!«; die hübschen, bunten Markisen versprechen gemütliche Gastlichkeit, die Blumen vor dem Haus, die schmiedeeiserne Lampe – alles deutet darauf hin, daß der Gast hier findet, was er sucht. Auch innen hat jedes Detail eine sozusagen appetitanregende Bestimmung. Daß solche Bemühungen nichts, aber auch gar nichts mit der wirklichen Qualität der Küche zu tun haben, versteht sich von selbst. Dann gibt es Restaurants, deren einfallsloses und manchmal sogar abschreckendes Äußeres nur eins signalisiert, daß es nämlich drinnen entweder trostlos oder teuer ist, in jedem Fall aber ungemütlich und deshalb wahrscheinlich auch leer. Auch dieser Eindruck kann natürlich täuschen.
Barrier gehört zum letzteren Typ von Restaurants. Die stark befahrene Ausfallstraße am nördlichen Loireufer von Tours, der schmucklose Namenszug in kaltem Neonlicht und der steril-feudale Eingang lassen eigentlich nicht vermuten, daß der Gast auf dem Weg zu einer Institution ist, wo die Geschmacksfrage zur Lebensfrage geworden ist.
In fast allen Drei-Sterne-Restaurants ist es ratsam, vorzubestellen. Nicht nur, weil manche relativ klein und dem Ansturm der Feinschmecker nicht gewachsen sind, sondern auch, weil der Koch einen Überblick haben will über die mutmaßliche Anzahl der Hühner, die er trüffeln muß, über die Hechte, die zu entgräten sind. Wir haben vorbestellt und werden von der Madame im Eingang an den Oberkellner weitergereicht und an unseren Tisch gebracht. Der Raum hat unglückliche Proportionen. Er ist zu hoch und zu schmal; die großen Glasfenster an der Südseite führen lediglich auf einen winzigen Innenhof, dem mit beleuchteten Topfpflanzen etwas gewaltsam eine noble Atmosphäre gegeben wurde. Auf allen Tischen Kerzenleuchter; hohe, monströse Gebilde, die allerdings nicht brennen.
Der erste Eindruck ist, offen gesagt, ungünstig. Damit sind allerdings auch schon die Unterscheidungsmöglichkeiten bei den weni-

gen Drei-Sterne-Restaurants genannt. Denn das Essen unterscheidet sich in der Qualität nur geringfügig. Dem einen gelingen die Flußfische besonders gut (*Haeberlin* in Illhaeusern/Elsaß), der andere ist für seine Terrine und *Soufflés* berühmt (*Taillevent* in Paris), der dritte lockt die Gäste mit einem speziellen Entenrezept (*Tour d'Argent*), und so weiter. Bei *Barrier* ist es das selbstgemachte Nußbrot, das dem gut komponierten Menü eine besondere Note verleiht, während auf der Weinkarte die Weine der Loire (*Chinon, Bourgeuil, Vouvray*) ein sympathisches Bekenntnis zur landsmannschaftlichen Zugehörigkeit ablegen.
Die mehr oder weniger glückliche Ausstattung der Räume spielt für den genußsüchtigen Esser letzten Endes keine große Rolle. Ich weiß es zwar zu schätzen, wenn die Dekoration geschmackvoll, das Porzellan erlesen ist; ich esse lieber von weißen Damasttischtüchern als von buntkarierten. Doch was bedeuten die kostbaren Bilder in der Züricher *Kronenhalle,* wenn die Küche so heruntergekommen ist, daß sich sogar die treuesten Stammgäste beklagen? Was fange ich an mit der gepflegten Atmosphäre, die Hunderte von Restaurants dem Gast bieten, ohne in der Küche auch nur annähernd Anspruchsvolles zustande zu bringen! Ich freue mich, wenn ich mittags in der *Moulin de Mougins* essen kann und abends bei *Maxim's* – in schönerer Umgebung läßt sich große Küche nicht genießen. Aber ich kenne zu viele gute Köche, um zu verlangen, daß sie neben ihren großen Leistungen in der Küche auch noch den ästhetischen Ansprüchen eines Innenarchitekten genügen. Um auf *Barrier* zurückzukommen: Als ich Johanna nach einem dreistündigen Diner zur Tür hinausschaffte, faßte sie ihre Eindrücke mit den Worten zusammen: »Was soll's – es hat trotzdem toll geschmeckt!« Das, meine ich, ist vielleicht das höchste Lob, das man einem Koch zollen kann, daß es »trotzdem toll« geschmeckt hat.

Am nächsten Abend sitzen wir schon wieder in Reichweite der deutschen Grenze, in Ammerschwihr bei Colmar, im *Aux armes de France,* meinem elsässischen Lieblingsrestaurant. Pierre Gaertner, der Patron, ist ein ehemaliger Geselle des legendären Fernand Point in Vienne, was man seiner Speisekarte nicht nur anmerkt, weil er eine Forellenzubereitung nach seinem verstorbenen Meister genannt hat. Seine Küche ist deftiger und einfacher als die in der benachbarten *Auberge de l'Ill,* aber auch persönlicher und unverwechsel-

barer, und mindestens in den letzten Jahren hat er die Qualität seiner Gerichte noch so gesteigert, daß ich ihn mit den Meistern der Drei-Sterne-Kategorie auf eine Stufe stelle. Wo seine berühmten Kollegen mir mit effektvoller Artistik Bewunderung abnötigen, versetzt er mich in Begeisterung durch die simple Eigenschaft seiner Speisen, die man am besten mit dem rheinischen »lecker« bezeichnet. Bei Pierre Gaertner gibt es keine Kerzen auf den Tischen, nur einen Kellner (Carol, der nun auch seinen Sohn ins Haus eingebracht hat) und das, was man in Süddeutschland Saaltöchter nennt: freundliche Mädchen, die den häufig turbulenten Betrieb mit unerschütterlicher Ruhe meistern. Die Kundschaft, überwiegend Deutsche aus dem nahen Baden, trinkt vorwiegend Elsässer Riesling, der erinnert an die heimischen Weine, und übersieht dabei oft, daß Gaertners Angebot an Rotweinen nicht nur ungewöhnlich in der Auswahl, sondern auch ungewöhnlich preiswert ist. Wir kennen seine Spezialitäten auswendig und bestellen sie alle: Seine wunderbar saftige und sanfte Terrine aus drei Fischen (Seezunge, Hecht und Lachs), zu der er zwei kalte Saucen serviert. Eine davon habe ich nur bei ihm gegessen; es ist das fein pürierte Fleisch von frischen Tomaten, leicht gewürzt und mit steifer Schlagsahne vermischt. Unaufdringlicher kann man die Terrine nicht begleiten!
Zart und leicht ist auch der rohe Lachs, in Wein mit Kräutern mariniert, auf den sich Johanna schon gefreut hat, als wir noch 500 km entfernt waren. Danach seine beiden berühmten Seezungen-Variationen: *Sole au Traminer,* also in Gewürztraminer pochiert und mit einer daraus entwickelten, hinreißenden Sahnesauce serviert, sowie seine Seezunge mit Nudeln. Diese merkwürdige Kombination löst bei uns jedesmal einen Konflikt aus: Soll man diese vielen Nudeln nun alle essen oder nicht? Einerseits vorzeitige Sättigung fürchtend, können wir dann aber doch nicht dem verführerischen Geschmack der selbstgemachten, schmalen Nudeln mit der herrlichen Sahnesauce widerstehen. Das muß für einen Nudelfreund der Höhepunkt des Lebens schlechthin sein: diese Nudeln mit dieser Sauce und sonst gar nichts!
Dann kommt unser Hauptgericht: Ente mit grünem Pfeffer und ein *Carré d'Agneau.* Dazu vier verschiedene Gemüse, zum Teil als wunderbare, sahnige Pürees angerichtet – es ist, als hätten wir seit Tagen nichts gegessen. Das Lamm ist rosa und saftig und so zart, daß einem das Fett des jungen Tieres auf der Zunge zergeht; auch

die Ente ist in einem Zustand, der keine Wünsche offen läßt. Als Johanna und ich die halb abgegessenen Teller austauschen wollen, sieht es Carol und gebietet entrüstet Einhalt: »Es ist doch noch genug für jeden da!« – und bringt uns eine zweite Portion! Dazu trinken wir einen 68er *Ducru Beaucaillou*, der hier nicht teurer ist, als er zu Hause im Handel kosten würde.
Als wir das alles geschafft haben, kommt Carol noch einmal mit der Speisekarte. Nein, sage ich bekümmert, Käse können wir nicht mehr. Und als Dessert bitte auch nur ein *Sorbet*, das ist leicht, das geht gerade noch. Da nickt er verständnisvoll und sagt: »Natürlich, Sie haben ja auch viel gegessen!«
Johanna und ich sehen uns an, und wir denken an all das gute Essen der letzten Tage, an die Ente in Langeais, an die Hechtpastete im *Château d'Artigny*, an das getrüffelte Kalbsbries bei *Barrier* und an den Knoblauch in der Seezunge in Milly. Wir denken an die Lachse der Loire, die wir gegessen, an die Weine der Loire, die wir getrunken, und an die Schlösser der Loire, die wir gesehen haben. Und dann lachen wir, fröhlich und glücklich; und etwas betrunken sind wir auch.

König Cortembert

Gérard Cortembert ist ein Künstler von überragendem Können, sein kleines Restaurant aber, mit einem Michelin-Stern ausgezeichnet, fällt unter den vielen anderen Sternen der Gegend nicht weiter auf. Es ist die *Auberge du Cep* in Fleurie-en-Beaujolais, 17 km südlich von Macon. Der kulinarisch gebildete Frankreich-Tourist weiß sofort: Nirgendwo ist die Durchschnittsqualität der Küche so hoch wie hier, nirgendwo gibt es so viele gute Restaurants. Von den Kaisern der *Grande-Cuisine* residieren drei in nächster Nähe. Gérard Cortembert gehört zu den Königen. Die Küche der *Auberge du Cep* ist jedoch nicht aufwendig-raffiniert. Man findet Kaninchen auf der Speisekarte und *Andouilette au Beaujolais Blanc*, das ist eine Kuttelwurst, in Weißwein gedünstet; eine ziemlich deftige Angelegenheit. Und doch ist es wiederum keine Hausmannskost, die Gérard Cortembert für seine Gäste kocht, sondern die klassische *Grande-Cuisine*, auf ihre wichtigsten Eigenschaften reduziert: Die Reinheit des Geschmacks, ihre Leichtigkeit und die Qualität der verwendeten Produkte. Es ist auch kein Bekenntnis der Einfachheit, wenn Gérard Cortembert keine *Foie gras frais* führt. Seine Gäste kommen meistens aus der Umgebung. »Es sind sparsame Leute«, sagte er mir. »*Foie gras* essen sie nur selten. Wenn die aber älter als vier Tage wird, ist sie mir nicht mehr frisch genug.« Vier Tage alt und nicht mehr frisch genug! Ich glaube, auch unter den Drei-Sternern gibt es wenige, die die Qualität ihrer Produkte mit solchen Skrupeln betrachten. Aber das ist es, weswegen man ihn einmal, dessen bin ich sicher, zu den großen Köchen Frankreichs zählen wird: ein durch nichts zu beirrendes Qualitätsgefühl. Daß er dazu noch überdurchschnittliche handwerkliche Fähigkeiten besitzt, versteht sich von selbst. Er hat, bevor er sich in Fleurie selbständig machte, drei Jahre bei Alain Chapel in Mionnais gearbeitet, den viele für den zur Zeit bedeutendsten Koch halten, noch vor Bocuse und den Brüdern Troisgros in Roanne.

Um die Qualität seiner Küche richtig zu erkennen, sollte man vor einem Besuch in Fleurie in anderen, ebenfalls guten Restaurants gegessen haben. Denn am Ende eines kulinarischen Trips, wenn sich auch dem passioniertesten Esser die Erkenntnis aufdrängt, daß auf einem gewissen Niveau eigentlich doch alles sehr ähnlich schmeckt, in diesem Moment der Wahrheit, vor dem sich niemand schützen kann, auch und gerade nicht, wer täglich in Drei-Sterne-Restaurants ißt, wenn also ein beginnender Überdruß den Gourmand an sich selber zweifeln läßt, rettet Gérard Cortembert den Nimbus der edlen Kochkunst durch ein Essen, das man mit neuem Enthusiasmus dankbar und beglückt genießen wird. Ich kann im einzelnen nicht einmal sagen, was da so anders schmeckt, als man es gewöhnt ist, wie er es besser macht als andere. Es sind Nuancen: eine *Sauce Hollandaise*, die noch eine Spur leichter ist als üblich, ein *Soufflé de brochet*, dessen Zartheit auch einen blasierten Gaumen wieder munter macht. Gewiß ist es auch die Perfektion, die noch im kleinsten Detail zu spüren ist (und die, selbstverständlich, auch den Service betrifft, den Madame Cortembert vorbildlich leitet). Die kundigen Esser der Gegend wissen jedenfalls, warum sie an den Wochenenden in der *Auberge du Cep* alle Tische besetzen – und ich rate jedem, der sich diesen überaus lohnenden Umweg gönnen möchte, ihn an einem Wochentag zu machen.

An den Ufern des Ain: Priay

Wer von Genf nach Lyon fährt, verläßt die N 84 meistens hinter Poncin, um bis Pérouges die etwas schnellere Umgehungsstraße D 36 zu nehmen. Doch die 22 km lange Strecke entlang des Ain, die er dadurch ausläßt, ist nicht nur landschaftlich besonders reizvoll. An ihr liegt die kleine Ortschaft Priay, und dort, direkt an der Hauptstraße, das *Restaurant Bourgeois.*

Zugegeben, der äußere Eindruck läßt nicht erwarten, daß man hier nicht nur ein gutes, sondern – und das will etwas heißen in dieser Gegend, die mit guten und besten Restaurants geradezu gepflastert ist! – ein außergewöhnlich gutes Restaurant vor sich hat. Auch die eher ländlich-schlichte Innenausstattung mit einer fast grotesken Ansammlung von Blattpflanzen und kuriosen Produkten der Kitsch-Industrie stellt nicht sofort die Gedankenverbindung zu erlesenen Speisen her. Eigentlich befallen den Hungrigen auch noch Zweifel, wenn er Madame Berger, der Besitzerin und Frau des Chefs, seine Bestellung aufgibt. Denn eine Speisekarte hat sie nicht. Sie empfiehlt die Tagesspezialität und sonst nichts: Man hat keine Wahl. Ähnlich verhält es sich beim Wein. Ihre Frage beschränkt sich auf »Weiß oder rot?«, und man kann nicht damit rechnen, etwas anderes als einen Beaujolais vorgesetzt zu bekommen.

Erst wenn man den ersten Bissen in den Mund steckt, ändert sich alles. Plötzlich erkennt man, daß man in einem der raren Restaurants gelandet ist, wo noch gekocht wird wie für die Familie, wo traditionelle Hausmannskost gepflegt wird. Die zweite Erkenntnis betrifft dann die überraschende und gar nicht so traditionelle Qualität dieser Hausmannskost: Es ist die moderne, leichte Küche, und die geringe Auswahl erklärt sich aus einer Einstellung, die Paul Bocuse als Voraussetzung für seine Traumküche nennt: nur ein Menü kochen, und zwar aus den Produkten, die an jenem Tag am frischesten und am besten sind. Hier, bei *Bourgeois* in Priay, wird sie realisiert, diese Traumküche. Folgerichtig findet man hier in erster Linie Speisen, deren Grundprodukte aus der Nachbarschaft stammen. Und da wird man glücklich sein festzustellen, daß die benachbarten Gebirgsseen Savoyens einen der köstlichsten aller Fische beherbergen, den Saibling. Als *Omble-Chévalier* wird er in Priay in schäumender Butter gebraten – mehr nicht. Das Resultat aber ist ein Eßerlebnis, das ich als einmalig bezeichnen möchte. Ich habe mir vorgenommen, bei meinem nächsten Besuch dort eine doppelte Portion dieses seltenen und unvergleichlichen Genusses zu bestellen. Ich kenne nämlich keine Küche, wo er so perfekt zubereitet wird.

Ein anderes Produkt um Priay sind die berühmten Bresse-Hühner, und man kann sicher sein, daß die Hühner mit Morcheln nach Art des Hauses auch woanders kaum übertroffen werden. Ein kleines Nachtischwunder sind die großen *Oeufs à la neige,* mit Fruchtmark gefüllte, pochierte Schaumklöße aus Eierschnee, die man probieren kann, wo man will: So gut wie hier sind sie nirgendwo. Schließlich hat die warme Pastete des Hauses *Bourgeois* mit Trüffelsauce bereits in anspruchsvolle Kochbücher Eingang gefunden. Das alles genießt man übrigens zu sensationell niedrigen Preisen. Der Feinschmekker wird sich mit dem Gefühl verabschieden, in einem merkwürdigen Restaurant ein denkwürdiges Essen erlebt zu haben. Und er beschließt, wiederzukommen.

San Remo, Riviera, Italien

In dem französischen Film »La grande bouffe« (»Das große Fressen«) hat mich sehr gestört, daß die Freßorgien auf der Leinwand so unfranzösisch waren. Essen ist für die Franzosen zwar eines der wichtigsten Dinge, und sie essen auch viel, doch nach klassischen Regeln und mit System. Erst auf einer Reise an die italienische Riviera fand ich die Erklärung für die chaotischen Fressereien des Films: Regisseur und Autor sowie fast alle Darsteller des Films waren Italiener. Und in Italien sind Freßorgien à la »Grande bouffe« durchaus möglich. Diese freudige Erkenntnis verdanke ich dem Restaurant *Pesce d'Oro* in San Remo, corso Cavallotti 270. Dort, fast am Stadtrand, an der Ausfallstraße nach Genua, vermutet man eigentlich nicht einen Treffpunkt der Fresser und Feinschmecker, die durch halb Italien fahren, um hier, oft Tisch an Tisch mit gesellschaftlicher und politischer Prominenz, nach Herzens- und Magenlust zu schlemmen. Auch die Innenausstattung des relativ kleinen Restaurants ist eher nüchtern und zweckmäßig. Kein Nippes, dafür bemerkenswert feine Weingläser auf den Tischen und, auch im Win-

ter, immer frische Blumen. Um es gleich zu sagen: Nach italienischem Maßstab ist *Pesce d'Oro* ein ziemlich teures Restaurant. Eine Speisekarte gibt es nicht, und man ißt tunlichst, was einem von Signor Visconti, dem Patron, empfohlen wird. Das werden fast immer Fischgerichte sein sowie kalte und warme Vorspeisen in verblüffender Vielfalt und Qualität.
Anstatt meine eigenen kulinarischen Erfahrungen zu beschreiben, soll hier nur aufgezählt werden, was drei Fresser am Nebentisch, die direkt dem französischen Film entstiegen sein konnten, vor meinen Augen und Ohren verzehrten.
Als Ouverture ließen sie sich eine Pfunddose Kaviar kommen, den sie, wie auch den folgenden Räucherlachs, noch ziemlich *andante* angingen. Danach setzten *Gnocchis* ein, gefolgt von einem Riesentopf Meerbarben (*Rouget*). Dazu tranken meine Tischnachbarn zwei Flaschen *Château Yquem,* einen sehr teuren, allerdings nicht ganz passenden weißen Bordeaux. Den trockenen *Corton-Charlemagne* tranken sie danach – zum Orangen-*Soufflé*! Kein Wunder, daß er ihnen nicht schmeckte.
Der zweite Satz, den sie *allegro* begannen und in bester Form *con brio* beendeten, bestand aus einer großen Platte *Belon 0000,* also Austern von ungewöhnlicher Größe, wie man sie nur sehr selten findet, und darauf folgenden, ungeheuren Mengen großer grüner Nudeln, eine Spezialität des Hauses, mit viel Butter und am Tisch geriebenem Käse. Dazu verlangten sie eine Flasche (!) Magenbitter, die mehrmals die Runde machte. Vielleicht wegen der flambierten Erdbeeren, die sie zwischendurch aßen oder der danach einsetzenden *Calamares.* Doch dann knallte diskret der erste Champagnerkorken, und der zweite Teil der furiosen Eßkomposition klang mit einer anderen, diesmal weißen Nudelart aus – dazu *unisono* mit Knoblauch gewürzte Bohnen und schnell noch einmal Erdbeeren.
Als Zwischenspiel brachte der vielbeschäftigte Kellner ungezählte kleine Häppchen an den Tisch: Frisch ausgeschlüpfte Fische, erst 1 cm lang und noch durchsichtig, in Bierteig ausgebacken; gefüllte Zwiebeln; gefüllte Champignons und vielerlei Pilze, nur so groß wie ein 5-Mark-Stück und von höchster Raffinesse. Wurde den Essern ein Gericht serviert, das meine besondere Neugier erweckte, so brachte mir der Kellner davon ungeniert etwas zum Probieren. Dadurch lernte ich an diesem Abend, einschließlich meines eigenen Essens, fast die ganze Tonleiter der Kochkunst des Signor Visconti

kennen und bewundern. Als ich das Restaurant um Mitternacht verließ, saßen die drei Fresser bei der dritten Flasche Champagner, und der Kellner brachte gerade eine dampfende Schüssel *Spaghetti alle vongole* an ihren Tisch, die sie *vivacissimo* willkommen hießen. Allen Essern, deren Aufnahmefähigkeit nicht so unbegrenzt ist, möchte ich vor allem die Fisch- und Muschelsuppen empfehlen, mit oder ohne Langusten, gegen die alle Suppen der benachbarten französischen Riviera langweilig und einfallslos erscheinen. Wer ausgiebig im *Pesce d'Oro* tafelt, wird für zwei Personen - auch wenn er keinen teuren französischen Wein, sondern preiswerte italienische Sorten trinkt - mit rund hundertzwanzig Mark rechnen müssen. Dafür ißt man aber auch in einem der besten Restaurants Italiens und handelt sich ein Erlebnis ein, das, auch ohne exzessive Fresser am Nebentisch, lange unvergeßlich bleiben wird.

Point, Wirt

Es ist schon ein bißchen snobistisch: An der hohen Mauer, die das Haus mit dem gepflegten Garten umgibt, hängt nur eine kleine, blanke Messingtafel mit den drei Wörtern »Fernand Point, Wirt«. Nichts sonst deutet darauf hin, daß in dem Garten ein Restaurant liegt, das berühmte *Pyramide* in Vienne, das von vielen Feinschmekkern über Jahrzehnte für das beste der guten Restaurants gehalten wurde und, obwohl Fernand Point, der Wirt, seit Jahren tot ist, auch heute noch zu den siebzehn besten gezählt wird.

Aber wer vor diesen Mauern steht, wird wissen, was das Schild bedeutet. Er ist am Ziel einer Reise, die viele Feinschmecker aus aller Welt schon vor ihm machten - mit klopfendem Herzen und knurrendem Magen: Einmal in der *Pyramide* zu essen bedeutet dem Verfressenen das, was Mekka für den Mohammedaner ist. Daß das Restaurant in Frankreich liegt, versteht sich von selbst, und daß die Adresse nicht Paris, sondern die Kleinstadt Vienne vor den Toren Lyons ist, ist auch nicht zufällig. Das Restaurant ist nicht sehr groß; zwanzig Tische nur, telefonische Bestellung ist ratsam, in der Saison unumgänglich. Um es gleich vorwegzusagen, als ich dort saß, fand ich das Licht zu hell, die Dekoration zu kitschig, die Bedienung zu schnell und den Weißwein zu kalt. Der war ein *Condrieu*, ein trokkener und sehr seltener Wein aus dem Rhônetal, und so billig, wie ein drittklassiges deutsches Restaurant nicht einmal seine Gold- und Silbertröpfchen von Rhein und Mosel anbieten würde. Schließlich fand ich den Snobismus zu weit getrieben, daß auf der Speisekarte nur ein Preis aufgeführt war: »Menü 130 Franc ohne Wein«. Sieben Vor- und Hauptgerichte (mehr nicht), mit der Hand zusätzlich an den Rand geschrieben, hatten keine Preisangabe. Aber zu Lebzeiten des Monsieur Point sollen überhaupt keine Preise auf der Karte gestanden haben, und auch von Auswahl hielt der Meister nichts: Seine Gäste mußten essen, was er ihnen servieren ließ. (Sie taten es allerdings mit großer Freude und Dankbarkeit.) Wir aßen also, wie alle Gäste dieses denkwürdigen Abends, das Menü. Es bestand aus sieben oder acht Gängen (oder acht oder neun – zum Schluß kam man verständlicherweise etwas durcheinander), und mit Wein und Bedienung zahlte ich für zwei Personen 420 Franc. Der Abend hätte teurer werden können, wenn ich beim Wein weniger bescheiden gewesen wäre. In der *Pyramide* in Vienne kann man nämlich einen *Lafite Rothschild* aus dem Jahre 1806 trinken, die Flasche zu 1500 Franc! Den zweitteuersten Wein, einen *Château Yquem* aus dem Jahre 1896 tranken vier junge Leute am Nebentisch zum Dessert.

Ich begnügte mich nach eineinhalb Flaschen Weißwein mit einer Flasche *Hermitage* 67, Abf. F. Point, und trank als Abschluß einen doppelten *Marc du Bourgogne,* einen Trester von höchster Qualität. Das Essen begann mit eingebackener Gänseleberpastete und Lachs*mousse* in Trüffelsauce. Danach konnte man wählen: beim Fisch zwischen einer Lachsforelle mit Champagnersauce und Heilbuttfilet in Vermouthsauce, und beim Hauptgericht zwischen gegrillter Wildente und geschmortem Perlhuhn mit Pfifferlingen. Käse, Eis, Gebäck, Torte und eine Süßspeise bildeten den Abschluß, wobei es sich versteht, daß die Käseplatte hauptsächlich aus nichtpasteurisierten Ziegenkäsen bestand, daß das Gebäck, das Eis und die Torte sowie die Schokoladencreme von höchster Perfektion waren, was ich zu dem Zeitpunkt allerdings nicht mehr mit absoluter Sicherheit beurteilen konnte.

Von den ersten Gängen aber kann ich nur reden wie von geliebten Verstorbenen: voller Trauer darüber, daß sie nicht mehr da sind, und in den Tönen höchster Würdigung. Alle Gerichte waren von einer überraschenden Sanftheit, die jeden feinen Eigengeschmack

hervorkommen ließ. Scharfe Gewürze und auch Knoblauch sind in der klassischen französischen Küche verpönt.
Allein, wie die mit Eiern, Milch, Muskat und Käse überbackenen dünnen Kartoffelscheiben (*pommes dauphinoise*) nicht zu naß und nicht zu trocken waren, wie die fast bittere Trüffelsauce der Lachs*mousse* ein unvergleichliches Aroma gab, wie überhaupt die Saucen, man muß schon sagen, komponiert waren, das alles bleibt mir unvergeßlich und zeugte von der hohen Meisterschaft der Köche, die der *Pyramide* Jahr um Jahr die begehrten drei Sterne im Guide Michelin sichern.

Maxim's

»Machen Sie einen bedeutenden Eindruck, wenn Sie anrufen, um einen Tisch zu bestellen!« – riet Art Buchwald allen Parisbesuchern, die bei *Maxim's* essen gehen wollen.
Wir wollen – und so bestelle ich an einem sonnigen, aber kalten Frühlingstag, vormittags gegen elf, mit bedeutender Stimme in mutigem, nicht akzentfreiem Französisch, telefonisch einen Tisch für zwei Personen für den gleichen Abend im wohl berühmtesten und möglicherweise teuersten, sicher aber in einem der besten Restaurants der Welt.
»Sehr wohl, Monsieur«, bestätigt jemand am anderen Ende. »Um wieviel Uhr?« Um wieviel Uhr ißt man bei *Maxim's*? Nach dem Theater wahrscheinlich, gegen elf, halb zwölf, oder erst um Mitternacht. Doch dann bin ich längst tot, verhungert. Also sage ich: »Halb zehn.«
Die rue Royale führt vom Place de la Concorde zur Madeleine, eine breite und elegante Straße von nur 500 Meter Länge. Gleich vorne links, nicht zu übersehen, wenn man um den Obelisk auf dem Concorde kurvt, das zweite Haus ist es. Im Sommer wie im Winter beschützen die charakteristischen, karminroten Markisen das Trottoir vor dem Eingang. Zur Essenszeit, also mittags und abends bis in die späte Nacht, stehen zwei große Männer in knöchellangen, dunkelblauen Mänteln mit roten Kappen davor, ganz die guten, alten Knechte, die schon vor fünfzig Jahren Graf Boni de Castellane den Kutschenschlag aufrissen.
Jugendstil rankt schon im Eingang. Blattförmige Bronzebeschläge

an den Wänden, Spiegel in bizarren Formen, roter Teppich, Plüsch. Irgend jemand nimmt unsere Mäntel, Garderobenmarken gibt es nicht. Zwei Schritte weiter, der Oberkellner. Leichtes Neigen des Kopfes (sagte er was?). »Ich habe einen Tisch bestellt: Siebeck.« Wieder leichtes Kopfnicken (zustimmend), eine Handbewegung, wir werden weitergereicht, da sind wir schon, der Tisch wird gerückt, ein Sektkühler mit einer Flasche Champagner steht darauf, schon sitzen wir Seite an Seite auf der roten Plüschbank, ein Befrackter schiebt uns den Tisch über die Oberschenkel, mauert uns ein.
Wieso Champagner auf meinem Tisch? Habe ich am Telefon übertrieben? Klang es zu bedeutend? Oder ist das hier so üblich: Champagner, den man nicht bestellt hat, und schon sind die ersten hundert Mark weg?
Zu früh sind wir jedenfalls nicht. Dreiviertel aller Tische sind besetzt, an manchen tafelt man schon hingebungsvoll. Wir sitzen zwischen zwei Salons. Der Raum rechts von uns mit ungefähr acht Tischen und tüllverhangenen Fenstern, vor denen grüne Blattpflanzen sich bemühen, jugendstilgerecht zu wuchern, ist leer. Links neben uns sind fast alle Tische besetzt. Dorther kommt auch – ich traue meinen Ohren nicht – Musik: Jemand spielt Klavier, »Orpheus in der Unterwelt«, »Donna Diana«, »O sole mio«.
Ein Befrackter steht vor uns, verteilt die Speisekarten und fragt, ob wir einen Aperitif möchten.
Dann habe ich die Karte in der Hand; aufgeschlagen hat sie die Ausmaße einer Wagnerpartitur. Eine große Ruhe überkommt mich. Setzt einen wahren Fresser hinter eine gute Speisekarte, und ihr seht einen glücklichen, selbstvergessenen Menschen. Kein Bücherwurm kann ein Buch seines Lieblingsdichters freudiger in die Hand nehmen. Wie leuchtet das Auge, wenn es von den Pasteten liest, von edlen Suppen und von der Heldin des Menüs, der schwarzen Trüffel. Atemlos vor Spannung verfolge ich ihre Spur, bei den Hummern verliere ich sie vorübergehend aus den Augen, doch bald taucht sie als Füllung in einem Bressehuhn wieder auf und feiert Triumphe bei den Hauptgerichten. Als eingebackene, frische Trüffel hat sie schließlich den Gipfel des Küchenruhms erklommen. Das Happy-End ist da.
Tief bewegt lehne ich mich zurück. Die Minute der Entscheidung ist gekommen. Ich blicke auf, und schon steht er vor uns, zückt den Block und notiert Vorgerichte, Zwischengerichte, Hauptgerichte,

und ist nicht im geringsten verwundert, als Madame, die auch bei *Maxim's* die Kalorien zählt, nach dem Fisch paßt. Als ich gerade abschließend *Filet de Bœuf du Charolais* sagen will, berührt sie leicht meinen Arm. »Sieh mal da hinten«, flüstert sie und deutet diskret auf einen nicht weit entfernten Tisch. »Ist das nicht Prinzessin Irene?« – »Filet de Bœuf du Charolais«, sage ich, und: »Wer ist Prinzessin Irene?« Doch da tritt ein älterer Herr an die Stelle des Befrackten und verhindert vorerst meine Aufklärung in Sachen feine Gesellschaft. Mit einem freundlichen Lächeln reicht er mir ein großes Buch, die Weinkarte. Er ist der *Sommelier,* der Weinkellner, der Mann, der für nichts anderes da ist, als die Gäste bei der Wahl des passenden Weins zu beraten, die Flaschen zu öffnen und darauf zu achten, daß die Gläser nicht leer werden.

Bei den Weißweinen sind wir uns schnell einig. Die zur Auswahl stehenden Sorten sind wie in allen französischen Restaurants (vom Elsaß abgesehen) nicht sehr zahlreich. Ich bestelle einen 64er *Meursault, Premier Crû;* ein trockener, voller Burgunder.

Bei den Rotweinen ist es schon schwieriger. Die Auswahl ist groß, und von vielen kenne ich nur den Namen. Doch dafür ist er ja da. Hurtig blättert er die Seiten um und fährt mit dem Finger die Kolonnen entlang. Der Nagel ist schwarz; Kellerstaub, vermute ich. Er stoppt bei einem 66er *Trottevielles,* Schloßabzug, halbe Flasche. Halbe Flasche? Erstaunt sehe ich in sein gütiges, fast väterliches Gesicht. Denkt er an meine Leber? Oder an mein Portemonnaie? Ohnehin gehört dieser Bordeaux nicht in die Kategorie der teuersten Gewächse. Ich nicke zustimmend. »Aber«, sage ich, fast entschuldigend, »eine ganze Flasche, bitte!« Seine Freundlichkeit wird geradezu herzlich, als er sich für die Bestellung bedankt. Bestimmt gehört er nicht zu jener Sorte *Sommeliers,* die am Nachmittag in ihrer Stammkneipe, wo sie ihren billigen Roten trinken, den Kumpels vormachen, wie sie einem dämlichen Touristen den teuersten *Lafite Rothschild* angedreht haben. Als er geht, nimmt er diskret die Sektflasche mit. Es zieht ein wenig. Gab deshalb Marcel Proust, der Zugempfindliche, seine berühmten Diners nie bei *Maxim's,* sondern immer im *Ritz*? Wahrscheinlich störte ihn auch die Musik. »I love Paris« und »C-est ci bon« fiedelt es gerade von links. »Arthur Rubinstein!« wispert Madame. »Was?!« – »Da hinten am Tisch in der Ecke!« Ich kann nichts sehen, weil mir ein dicker Mensch die Sicht zum Tisch in der Ecke versperrt. Aber die Vorstellung, daß es Arthur

Rubinstein ist, der da verdeckt wird, trägt zu dem schönen *Maxim's*-Gefühl bei, im richtigen Restaurant zu sitzen.
Der *Sommelier* bringt den *Meursault*, zeigt mir verheißungsvoll das Etikett und stellt die Flasche in den Sektkühler. Dann zaubert er einen Korkenzieher hervor und geschwinde, aber sanft wie ein routinierter Zahnarzt, befördert er den Korken ans Tageslicht. Er dreht ihn ab, riecht daran und steckt ihn in die Tasche. Muß eine ganz schöne Sammlung zusammenhaben.
Und da kommen auch die Kellner. Die Betriebsamkeit der letzten Sekunden vor dem Start setzt ein. Teller werden ausgewechselt, Bestecke gerichtet. Das schöne Ritual läuft mit bewundernswerter Präzision und fehlerlos ab, der Wein gluckert in die Gläser – probieren läßt er mich erst gar nicht; bei uns, heißt das, sind die Weine immer in Ordnung – und da ist es soweit: Der erste Gang steht vor uns.
Madame ißt einen Hummercocktail, ein beliebtes *Hors-d'œuvre*, das überall in der Welt in besseren Restaurants zu haben ist. Aber, versichert sie mir, dieser sei der beste ihres Lebens. Ich kann nicht vergleichen; was ich auf dem Teller habe, esse ich zum ersten Mal: *Rissole de Foie gras*, würfelig geschnittene Gänseleberpastete mit Trüffelscheiben in dünne Teigkissen eingebacken, dazu eine Sauce, die vor allem aus gehackten Trüffeln besteht. Dazu hätte ich einen weniger trockenen Wein bestellen sollen, fällt mir auf, aber zum nächsten Gang, der nach angemessener Pause, in der wir glauben, den Bruder der belgischen Königin an einem entfernten Tisch zu entdecken, aufgetragen wird, ist er ideal. Wir essen Fisch.
Während ich, angesichts des noch kommenden Rinderfilets nur eine Seezunge Albert esse (enthäutet, entgrätet), bekommt Madame eine Tagesspezialität: frischer Loire-Lachs mit Sauerampfer. Der Sauerampfer ist ein wenig sandig, in meiner Seezunge finde ich drei Gräten. Macht das was? Es macht nichts; denn alles, Lachs, Seezunge, Sauerampfer und die Saucen sind so köstlich, so unaufdringlich delikat, daß mich auch ein Kieselstein im Essen nicht stören würde.
Während wir also hingebungsvoll ins Essen einfallen, während der *Sommelier* immer dann auftaucht, wenn wir gerade den letzten Schluck aus unseren Gläsern nehmen wollen, während die Kapelle sich mäßig modernisiert (Saxophon statt Geige plus zwei Gitarren) und im Tanzstundenrhythmus Foxtrott spielt, läuft der Laden auf

Hochtouren. Die Kellner – es ist immer einer mehr da, als gerade gebraucht werden – bewegen sich an der Grenze der Höchstgeschwindigkeit, die Stimmung der Gäste wird lockerer und lauter, an manchen Tischen sogar lärmend, hier und da schlagen cognacduftende Flammen aus einer Kupferpfanne zur Decke, ich trauere der sanften, rosa Sauce des Monsieur Albert nach, in der meine Seezunge schwamm, und merke, daß mein schlimmster Hunger vorbei ist.

Der Rotwein kommt. Dann wird ein Silberkarren herangeschoben, und so, daß mir kein Detail des sehenswerten Schauspiels entgeht, öffnet ein Kellnr den Deckel. Vor meinen Blicken liegt mein Hauptgericht.

Filet de Bœuf du Charolais, Sauce Périgordine, Pommes Maxim's, Haricots Verts du Gratin – das ist nichts weiter als ein Filet von besonders guten Mastochsen mit einer delikaten Trüffelsauce, besonders leckeren, leicht überbackenen jungen grünen Bohnen und auf besondere Art angemachte Kartoffeln.

Ein Tellergericht, würde man es in deutschen Gaststätten nennen, und es wäre nicht von besonders gemästeten Ochsen, die Sauce wäre nicht getrüffelt, die Bohnen nicht so lecker und die Kartoffeln – nun, die Kartoffeln wären vielleicht ganz gut. Und gerechterweise wäre es halb so teuer wie hier bei *Maxim's*. Nach einiger Zeit, in der ich die Welt und Halbwelt um mich herum vergesse, sinke ich ermattet zurück.

Dann haben wir wieder die Speisekarten in der Hand. Den Nachtisch sucht man erst aus, wenn man satt ist. Und da gibt es für mich nicht viel zu suchen: ich bestelle *Soufflé Grand-Marnier* für zwei Personen, zwanzig Minuten Wartezeit. Jetzt hätten wir Gelegenheit zu einem Tänzchen, denke ich, und schon zieht uns ein aufmerksamer Kellner den Tisch vom Schoß.

Zwanzig Minuten später sitzen wir hinter unserem Nachtisch. Er ist so groß wie ein Zylinderhut, so golden wie die Morgensonne, und wir schaffen ihn nicht ganz.

Danach nur noch einen Café, zu dem zwei Sorten Zucker gereicht werden, und dann verlange ich die Rechnung. Als sie mir auf einem Teller gebracht wird, ist es halb eins in der Frühe. »Those were the days« spielt die Kapelle, als wir dem Ausgang zustreben; jemand, der unsere Mäntel in der Hand hat, sagt »Vielen Dank, Monsieur«, dann reißen die beiden Knechte die Tür für uns auf, ein letztes Mal greife ich in die Tasche, und als wir endlich in die dunkle Nacht hinausgehen, den Schlager der Mary Hopkins summend, habe ich für ein unvergeßliches Abendessen für zwei Personen umgerechnet 385 Mark ausgegeben. Ein Werbeslogan fällt mir ein: »Es war schon immer etwas teurer, einen besonderen Geschmack zu haben.«

Ente Nr. 460 785

Maxim's ist feudaler, *Lasserre* feiner und das *Grand Vefour* pittoresker. Aber von den insgesamt sechs Pariser Drei-Sterne-Restaurants besitzt die *Tour d'Argent* die größte Anziehungskraft – wenigstens für die Fremden, die nicht erst in den letzten Jahren das Hauptkontingent der erwartungsvollen Esser stellten. Von Kaiser Wilhelm I. über den letzten Zaren bis zu Richard Nixon schlemmten hier die Großen dieser Erde, und von Jean Cocteau bis Ursula Andress ließ sich kaum ein Star die berühmte Ente *Tour d'Argent* entgehen. Ludwig Bemelmans schrieb eine seiner hübschesten Geschichten über die Tafelfreuden angesichts der Notre-Dame, und Harry S. Truman bedankte sich schriftlich für eine Flasche Wein, die ihm dort verehrt wurde. Doch wenn man Pariser Bekannten ein Essen in der *Tour d'Argent* vorschlägt, werden sie schreckensbleich, und der »Observer« kanzelte die Nobelküche respektlos ab (»Verbrannte Ente, vertrocknete Erbsen«). Uns, die wir an die Macht der Sterne des Guide Michelin glauben, rauben solche Lästerungen den Verdauungsschlaf, und ehe der Magen dreimal knurrt, stehen wir, feingemacht, vor dem Haus Nr. 15 am Quai de la Tournelle.

Die Lage ist fantastisch. Gegenüber, in der Seine, die vornehme Ile St.-Louis, links davon fällt der Blick ungehindert auf jenen Teil der Notre-Dame, der beim Hummer der beste ist. Das Restaurant ist in der obersten Etage. Eine riesige, halbrunde Fensterfront und das Bewußtsein, ihn von hier oben aus zwanzig Meter Höhe nicht mehr mit gewöhnlichen Fußgängern teilen zu müssen, veredeln den Blick zur Aussicht. Schon der Gang zum Fahrstuhl vermittelt Exklusivität. Säuberlich gerahmt hängen dort an den Wänden die Unterschriften der Prominenz, die diesen Weg vor einem gegangen ist. Nachdem in der Empfangshalle festgestellt wurde, daß wir tatsäch-

lich einen Tisch für zwei Personen bestellt hatten, fuhr uns ein livrierter Boy nach oben, wo wir noch in der offenen Fahrstuhltür vom Oberkellner namentlich begrüßt wurden. Vor den spektakulären 3 Sternen im Guide Michelin stehen fünf gekreuzte Gabeln, das bedeutet »Luxusrestaurant ersten Ranges«, und wenn die Gabeln rot sind, ist dieses Luxusrestaurant zusätzlich ein »angenehmes Restaurant«. Die Gabeln der *Tour d'Argent* sind rot. Wir bekommen einen der bevorzugten Tische am Fenster direkt oberhalb der Pont de la Tournelle, die zur Ile St.-Louis hinüberführt. Es ist halb neun abends, Notre-Dame wird festlich angestrahlt, Paris flimmert wie im Kino. Wenn die Ampel an der Brücke Rot zeigt, hüpft ein bettelnder Clochard von Auto zu Auto und redet auf die Fahrer ein. Der Kellner bringt zwei Speisekarten, rosa und hellblau, eine mit und eine ohne Preisangaben: Madame soll sich keine Gedanken ums Wirtschaftsgeld machen müssen, wenn sie Kaviar löffelt. Auf allen Tischen stehen faustgroße Enten aus bunt gestreiftem Murano-Glas; daneben eine Miniatureichentruhe voller Streichhölzer, sowie Salz- und Pfefferstreuer und Zahnstocher. Daß der Dekorationskitsch auch durch fünf rote Gabeln nicht aufzuhalten ist, weiß ich aus Erfahrung. Aber die drei letztgenannten Utensilien lösen bei mir Alarm aus – sie zeugen nicht gerade vom Selbstbewußtsein des Küchenchefs! Madame beruhigt mich zwar mit dem Hinweis auf die Anlasserkurbel beim Rolls-Royce, aber das, erinnere ich mich, war nur ein Witz. Hier ist es blutiger Ernst!
Denn die berühmte Ente der *Tour d'Argent* ist vor allem blutig, eine sogenannte *canard rouennais,* das heißt, daß diese Ente erstickt worden ist. Auf diese Todesart und Weise behält sie ihr Blut, was für die Zubereitung gewisser Entengerichte unerläßlich ist. Hinter uns, in einer kleinen, parallel zur halbrunden Fensterfront verlaufenden Bar, stehen drei *Canardiers* genannte Facharbeiter, die in aller Öffentlichkeit den letzten Akt der Entenzubereitung vollziehen bzw. zelebrieren. Von der angebratenen, aber innen noch blutigen Ente werden die Brust in dünnen Streifen und die Beine im ganzen abgetrennt. Der Rest kommt in eine Art von überdimensionaler, silberner Fruchtpresse, in die der *Canardier* eine vorbereitete Sauce aus Enten-Fond, Cognac und rotem Burgunder oder Madeira gießt. Durch Drehen eines altmodischen Rades wird das alles zerkleinert und ausgepreßt und in eine Pfanne abgegossen. Die so gewonnene Sauce wird erhitzt, gewürzt und mit den Bruststreifen serviert.

Diese Ente also bestelle ich (116 Franc für 2 Personen), und noch einiges davor und danach. Dann erscheint der Weinkellner, ein bemerkenswert junger Mensch, der mir in Erinnerung bringt, daß ich in seinem Alter Rotwein kaum von Weißwein unterscheiden konnte. Er steht rechts neben mir und hält das Buch der Bücher in der Hand. Schon jede bessere Weinkarte beschleunigt meinen Puls; taucht aber erst ein *Sommelier* neben mir auf mit seinem Lagerkatalog, kriege ich einen trockenen Mund. Dann weiß ich nämlich, daß ganz in meiner Nähe Flaschen lagern, auf denen noch der Staub eine Delikatesse ist, die man ablecken möchte – sozusagen. Ein Briefmarkensammler mag ähnlich empfinden, wenn er einen Briefmarkenkatalog durchblättert mit all den Mauritius und British-Guyanas. Mit dem Unterschied allerdings, daß er die kleinen Papierchen nur platonisch lieben kann, während hier, zwanzig Meter über einem Clochard, der die Autofahrer nach etwas Trinkbarem anbettelt, ein Wort von mir genügt, und ein 55er *Château Margaux* würde Minuten später feierlich vor mir dekantiert.
Der junge Mann mit der beneidenswerten Sachkenntnis ist bereits darüber informiert, was wir zu essen gedenken. »Dazu paßt ...«, sagt er und blättert in den Seiten. »Ein weißer und ein roter Burgunder!« vollende ich schnell; denn soviel weiß ich auch. Er nickt zustimmend und fährt mit dem Finger einige Namen entlang. Leider drückt er das Buch so innig an seine Brust, daß ich nur mit Mühe mitlesen kann. »*Meursault, Premier Crû; Puligny-Montrachet* '67; *Chassagne-Montrachet* '70 ...« Ich sehe die Preise: 50 Franc, 60 Franc, und jetzt blättert er um. »Den *Chassagne-Montrachet*!« sage ich schnell, bevor er zu den teueren gelangt. Diesen Wein für 60 Franc zwischen fünf roten Gabeln zu trinken, dagegen ist nichts zu sagen. Doch bei den roten Burgundern traue ich meinen Augen nicht: 120 Franc, 150 Franc, 200 Franc – es geht zu wie bei einer Versteigerung. »*Musigny* zum ersten, zum zweiten ... *Chambertin* zum ersten ...« Welche falsche Bewegung mache ich bloß, daß er die Preise immer höher treibt? Gibt es denn keinen unter 100 Franc? Er erklärt etwas, ich lasse mir noch einmal die Seite davor zeigen, er macht Bemerkungen zum Unterschied zwischen *Côte de Nuits* und *Côte de Beaune*. Doch mich interessiert jetzt nur der Unterschied zwischen meiner Reisekasse und der Vorstellung, die er davon zu haben scheint. Dabei sind das alles keine sensationellen Flaschen, die er vorschlägt. Was auf den Seiten danach kommt, wage ich

kaum zu vermuten. Ziemlich blindlings gebe ich deshalb einem 150-Franc-Wein den Zuschlag. Ich habe Glück; es ist ein 66er *Clos de Vougeot,* etwas leicht wahrscheinlich, aber sehr geschätzt wegen seines Buketts. Jedenfalls war 1966 ein sehr gutes Weinjahr. Da zwei Flaschen Wein für zwei trinkfeste Esser natürlich nicht durststillend sind, bestelle ich zusätzlich eine Flasche Mineralwasser. Uff! Doch zum Aufatmen bleibt keine Zeit. Hat die Show der fünf roten Gabeln erst einmal begonnen, gibt es keine Pause. Das gehört sich so, und das ist auch hier nicht anders. Einer der *Canardiers* kommt an unseren Tisch mit einem großen Vogel aus Silberblech, der in Bayreuth bei einer Lohengrin-Aufführung keine schlechte Figur machen würde. Zwischen seinen gespreizten Flügeln liegt eine dunkelbraune, kalte Entenleiche. »Das ist die Ente, die ich für Sie zubereiten werde«, droht er mir auf englisch. »Wie wollen Sie die Sauce, leicht oder stark gewürzt?« Nett, daß er danach fragt. Ich hatte nicht erwartet, daß es bei einer weltberühmten Speise Variationsmöglichkeiten gibt. Aber wahrscheinlich haben hier schon Gäste um Tomatenketchup gebeten.
Während am Nebentisch drei Kellner einem amerikanischen Paar auf einem illuminierten Eisberg Kaviar servieren, bringt man auch uns den ersten Gang: *Oeufs La Rochejacquelein,* das ist Rührei mit gehackten Trüffeln und gebratener Entenleber für Madame, sowie eine *Potage Tour d'Argent* für mich. Ich weiß, daß man zur Suppe selten Wein trinkt. Aber da ich die dicke, rote und unglaublich fade Bohnenpampe nach zweimaligem Probieren zur Seite schiebe, wäre es mir sehr lieb, wenn jetzt der Wein käme. Aber er kommt nicht. Ich nehme mir eine Gabel von Madames Rührei, das mich auch nicht sehr tröstet, und habe nun Zeit, darüber nachzudenken, ob man das überhaupt noch machen kann: Hier oben sitzen und sich über eine mißratene Luxussuppe aufregen, während unten auf der Straße ein Clochard die Leute anbettelt. Madame unterbricht mich bei der Bewußtseinsbildung. »Das getrüffelte Ei in Illhaeusern ...«, beginnt sie eine schwärmerische Erinnerung, da wird die Suppe entfernt.
Kurz darauf erscheint der Oberkellner und fragt besorgt, ob mir die Suppe nicht geschmeckt habe. Ich mache eine Grimasse. Warum sage ich nicht, wie fürchterlich ich sie fand? Viel zu schwer und zu sättigend, um damit ein raffiniertes Diner einzuleiten, das ja wohl jeder erwartet, der an den eingerahmten Signaturen seiner Vorgänger vorbeidefiliert ist. Es sind wahrscheinlich die fünf roten Gabeln,

die mich auch daran gehindert haben, den Weinkellner einfach zu fragen, ob er's nicht billiger habe.

Der bringt jetzt den Weißwein, ich koste, ja, er ist vorzüglich, und da ist auch schon der zweite Gang. Ich esse eine Spezialität des Hauses, Seezungenfilets *Cardinal*, Madame hat sich für *Quenelles André Terrail* entschieden, für Hechtklößchen also, wie sie der Papa des jetzigen Besitzers machte. Meine Filets sind einzeln zusammengeklappt, schwach mit Hecht-*Mousse* gefüllt und mit rotgekochten Krebsköpfen und -scheren dekoriert, so daß sie wie zwei Fabeltiere aussehen. Solche Kunstfertigkeit, man mag darüber denken wie man will, ist seit den Tagen Carèmes ein unerläßlicher Bestandteil der feinen Küche. Die Seezungenfilets sind jedenfalls dick und saftig. Sie liegen in einer braunroten Sauce, deren Grundsubstanz Hummerbutter und, leider, *Bechamel*-Sauce ist. Außerdem entdecke ich noch feingehackte Trüffeln darin und vermute einen unorthodoxen Zusatz von Tomatenmark, aber so vorsichtig bemessen, daß ich es nicht mit Sicherheit sagen kann. Ich bin mir allerdings sicher, in Frankreich schon oft viel bessere Saucen zu Seezungenfilets gegessen zu haben – und ich esse normalerweise nicht in Drei-Sterne-Restaurants.

Bei der *Sauce Mornay*, mit der die Hechtklößchen von Madame überbacken sind – mit einem hauchdünnen Film von pürierten Champignons am Boden – ist der *Bechamel*-Anteil eindeutig zu groß. Gewiß, er muß sein, aber erst sein Mengenverhältnis zu den zusätzlichen Eigelb, der Sahne und dem geriebenen Käse, kennzeichnen die Qualität der Küche. Die zwei eigroßen Hechtklößchen selbst sind jedoch wunderbar leicht und locker.

Mit dem Fisch beenden wir die erste Flasche Wein. Der *Clos de Vougeot* wird mir gezeigt (Eigenabfüllung), eingeschenkt, und schon ist auch unsere Ente da. Die Bruststreifen sind zart und saftig, wie sie sein müssen. Die Sauce muß wahrscheinlich auch so sein, wie sie ist; ich kann es nicht vergleichen. Aber das Besondere an ihr, die durch das Entenblut hervorgerufene Körnigkeit, ist nicht gerade überwältigend. Ihre Konsistenz schmeichelt nicht der Zunge, ihr Geschmack nicht dem Gaumen. Die dazu servierten, aufgeblasenen Kartoffeln (*pommes soufflé*) sind nicht weiter erwähnenswert. Überhaupt scheint mir die weltweite Aufregung um diesen Vogel aus der *Tour d'Argent* schon nach dem dritten Bissen nicht mehr verständlich. Ich stimme Deutschlands größtem Koch, Alfred Walterspiel, zu, der die

gepreßte Ente so beurteilte: »Ein wirklicher Feinschmecker wird diese Zubereitungsart interessehalber gerne einmal kennenlernen, aber sie nicht wiederholt genießen wollen, denn die Ente verliert durch die ganze Manipulation ihre Eigenart.« In meinen kulinarischen Fantasien verliert sie jedenfalls ihre bisherige Ähnlichkeit mit einem Napoleonischen Adler und ähnelt nun eher Donald Duck.
Nachdem der *Canardier* sich erkundigt hat, ob es uns geschmeckt hat, werden uns auf neuen Tellern die restlichen Ententeile serviert, die Beine und ein Stück vom Brustansatz. Diese, ohne viel Firlefanz gegrillt und ohne Sauce, schmecken endlich, wie eine gute Ente schmecken muß. Allerdings rechtfertigen sie auch die Anwesenheit der Zahnstocher. Dazu gibt es grünen Salat. Er heißt *Roger* und ist zusammengefallen und matt; Kantinenstandard.
Inzwischen ist es zehn Uhr geworden, der Verkehr auf der Brücke wird dünner, aber der Clochard ist noch auf seinem Posten. Eine Karte wird uns auf den Tisch gelegt. Es ist eine Urkunde, auf der uns bestätigt wird, daß wir die 460785. Ente seit 1890 gegessen haben. Wir sind beeindruckt. Unser Nachtisch kommt auf goldenen Tellern: Ein Birnen*soufflé Charpini* für 2 Personen (40 Franc). Es ist ein wahres Gedicht von einem *Soufflé,* herrlich leicht und locker, mit Kirschwasser parfümiert und mit Weinschaum dekoriert. Zum ersten Mal an diesem Abend essen wir etwas, das seine drei Sterne wert ist. Das allerdings sind auch die *Soufflés* im *Petit Montmorency,* ebenso die *Coquilles St. Jacques* im *Lyonnais* und die Muschelsuppe bei *Benoit.* Doch das sind alles kleine Bistros, und sie haben nur einen Stern und eine schwarze Gabel.
An die roten Gabeln erinnert uns nach dem Café die Rechnung. Sie beträgt, einschließlich 15% Service, 593 Franc. Wir erfahren auch noch, daß die Murano-Enten zu kaufen sind, für 120 Franc das Stück. Als wir zum Ausgang gehen, bekommen wir dann aber doch etwas geschenkt. Ein Fräulein überreicht uns zum Abschied einen Aschenbecher der *Tour d'Argent* in einer Plastikschachtel. Am Rand ist er leicht bestoßen. Aber, immerhin, geschenkt. Den Preis des Aschenbechers entdecken wir zwanzig Minuten später, als wir bei *Vattier* an den ehemaligen Markthallen einen *Marc de Bourgogne* trinken und ich die Rechnung im hellen Neonlicht jetzt gründlich studiere. Als Aperitif sind dort außer dem Wasser noch ein Xeres und ein Dubonnet aufgeführt, die wir weder bestellt noch getrunken haben: 18 Franc.

Moskau kulinarisch

Es gibt viele Gründe, nach Moskau zu fahren. Der eine möchte den Kreml besichtigen, der andere das, was in über fünfzig Jahren aus der Großen Sozialistischen Oktoberrevolution geworden ist. Einige fahren nach Moskau, um Geschäfte zu machen, andere wollen ins Bolschoi-Theater. Daß aber jemand zwischen dem Komsomolskaja Platz und dem Kutosowski Prospekt auf den kulinarischen Trip geht, ist unwahrscheinlich. Wer sich einen lustigen Abend machen will, geht ja auch nicht ins Versammlungslokal der Heilsarmee. Doch wird die Beschaffenheit der Moskauer Gastronomie an Bedeutung gewinnen, wenn bei den Olympischen Spielen 1980 auf dem Roten Platz tausend westdeutsche Mägen knurren.

Man kann nur hoffen, daß sie nicht gleichzeitig knurren. Denn sogar im Winter, außerhalb der Touristensaison, sind die Moskauer Restaurants ständig überfüllt. Zumindest am Abend ist Schlangestehen unvermeidlich. Die einzige Möglichkeit für den Westler, von den unfreundlichen Torhütern sofort eingelassen zu werden, besteht darin, daß man das Essen bei einem der Intourist-Büros, die in allen großen Hotels eingerichtet sind, bestellt und im voraus mit Devisen bezahlt. Dafür gibt es Festpreise, die liegen bei 31 Mark pro Person. Das reicht für vier Gänge, eine Flasche Wein oder ein ausreichendes Quantum Wodka und Kaffee eingeschlossen. (Erfahrungsgemäß kommt man entschieden billiger weg, wenn man ein Restaurant auf dem normalen, unbequemen Weg besucht und à la carte ißt.) Bis man allerdings die Devisenquittung in der Hand hat, mit der man später an der Schlange der murrenden Moskauer vorbeigeht und bevorzugt eingelassen wird, hat man an verschiedenen Schaltern allerlei Formulare ausgefüllt und mehrmals seine Unterschrift geleistet, wobei die Leistung darin besteht, den ungeheuer bürokratischen und unnötig zeitraubenden Vorgang ohne sichtbare Ungeduld über sich ergehen zu lassen.

In Moskauer Restaurants kann man ab mittags bis 23 Uhr zu jeder Stunde essen. Wer also erst nachmittags um vier Uhr hungrig wird, ist keineswegs auf Kalte Küche oder Konditoreien angewiesen. Für den Touristen ist gerade die Nachmittagszeit sehr empfehlenswert. Dann sind nämlich die Chancen, einen freien Tisch zu kriegen, am größten. Was aber nicht bedeutet, daß man, wenn man ein halblee-

res Restaurant betritt, sich nun an irgendeinen freien Tisch setzen kann, und alles ist in Ordnung. Nichts ist in Ordnung.
Zunächst registriert man, daß es in Moskau keine Personalknappheit gibt. Kellner stehen überall in größeren Gruppen herum und diskutieren die Überproduktion einer Magnesiumfabrik in Sibirien. Hoffnungsvoll setzt sich der Tourist und versucht, die Aufmerksamkeit eines Diskussionsteilnehmers auf sich zu lenken. Doch wie soll er ihn rufen? Genosse? Waiter? Garçon? Man will sich ja gerade in einem kommunistischen Land nicht schlecht benehmen. Also zuckt man mit den Augenbrauen wie Groucho Marx, winkt verstohlen auf Verschwörerart und läßt schließlich mehrere zaghafte »Hallos« hören. Doch es geschieht nichts. Man könnte tot vom Stuhl fallen, ein Moskauer Kellner würde es nicht bemerken. Erst wenn seine Stunde gekommen ist – und das kann durchaus schon nach zehn Minuten sein –, setzt er sich würdevoll in Bewegung und hält wie beiläufig am Tisch. Der unternehmungslustige Tourist, der das Restaurant mit ganz bestimmten Vorstellungen betreten hatte, wie: Heute probieren wir mal, wie denn so ein Borschtsch überhaupt schmeckt, und: Kaviar muß es sein, ganz egal was das Zeug kostet! – dieser entschlossene Mensch hat sich inzwischen wieder in einen hilflosen, sprachunkundigen Ausländer zurückverwandelt, der nur noch erwartungsvoll-flehend nach oben grinst.
Doch auch diese Demutsgeste hat keinen Erfolg. In entschiedenem Ton, unterstrichen mit einer unmißverständlichen Handbewegung, wird dem Gast klar gemacht, daß er an diesem Tisch nicht sitzenbleiben darf. Jetzt heißt es blitzschnell reagieren, bevor der Held der Arbeit wieder verschwindet. Der Hungrige springt also auf und beginnt angesichts der vielen leeren Tische seine Glanznummer, die große Frage-Pantomime. War er gut, wird ihm einer der Tische zugewiesen. Da sitzt er nun und wartet wieder auf den Kellner. Wenn dessen Stunde gekommen ist – und das kann schon nach zehn Minuten sein – erscheint der mit der Speisekarte. (Limitierte Auflage von 10 Exemplaren, 22 × 14 cm, auf holzarmem Papier gedruckt, 8 Seiten mit 90 verschiedenen Speisen.) Nun kommt es darauf an, ob unser Tourist in einem der vier oder fünf Restaurants gelandet ist, wo die Speisekarte drei- bis dreieinhalbsprachig ist. Dann wird er so schöne Dinge lesen wie »Salzgurkensuppe mit Huhn«, »Kalte Fischplatte«, »Stör in Gelee«, »Babka aus Hühnerfleisch«, »Moosbeerkissel mit Sahneeis« ... doch weiter liest er nicht,

denn der Kellner deutet kategorisch auf vier, fünf, vielleicht auch auf sechs oder sieben Gerichte: Das ist vorrätig, heißt das. Und das kriegt unser Gast. Er hat Glück gehabt; er weiß – ungefähr – was er essen wird. In einem Restaurant mit nur russischer Speisekarte weiß er gar nichts. Denn Russisch bedeutet kyrillische Schrift. Da nützt es wenig, wenn man einige Wörter auszusprechen gelernt hat – lesen kann man so wenig wie in Shanghai. Da auch die Kellner die Sprache der Touristen nicht sprechen, überleben hier theoretisch nur Leute vom Schlage eines Marcel Marceau. Alle anderen Touristen sind dem Hungertod ausgeliefert, sollte man meinen – wenn nicht ein unbändiger Wille zur Völkerverständigung letzten Endes die größten Schwierigkeiten aus dem Weg räumte und dem Westler nach einer längeren Wartezeit wortlos der erste Gang vorgesetzt wird. Das allerdings derart unwillig, daß er erschrocken überlegt, welche antisowjetische Provokation er sich hat zuschulden kommen lassen. Doch nur zu bald merkt er: Das ist so üblich hier. Wer westliche Perfektion und Höflichkeit in Moskauer Restaurants der 1. Klasse erwartet, wird hier nicht glücklich werden. Doch das Glück der Werktätigen hängt ja nicht davon ab, ob einem das Essen lächelnd und gleichzeitig mit dem seiner Begleitung serviert wird. »Wenn wir die Macht haben, hoffe ich, werden wir goldene Pissoirs bauen können!« hatte Lenin angekündigt. Davon, daß man 57 Jahre nach der siegreichen Großen Sozialistischen Oktoberrevolution mit kapitalistischen Schlemmerlokalen konkurrieren wolle, hat er nichts gesagt.
Übrigens muß hier angefügt werden, daß sich die Situation um vieles bessert, sobald man in einem Restaurant mit weiblichem Personal ißt. Vielleicht bricht bei den Kellnerinnen der Mutterinstinkt durch, wenn sie den armen, hilflosen Touristen zusehen; vielleicht werden sie nicht so sehr durch Diskussionen über die Erfolge usbekischer Stahlkombinate abgelenkt. Jedenfalls sind sie merklich freundlicher und hilfsbereiter als ihre männlichen Kollegen; bei ihnen hat man nicht so sehr das Gefühl, der eine Rubel, den man diskret zurückläßt, sei rausgeschmissenes Geld.
Für eine 7-Millionen-Stadt, die dazu die Hauptstadt eines der mächtigsten Staaten der Erde ist, hat Moskau erstaunlich wenig Restaurants. In den amtlichen Prospekten werden dem Touristen sechs bis zehn empfohlen; vielleicht noch einmal so viele kann er in der Innenstadt entdecken, wenn er die Augen offenhält. Das Suchen

lohnt jedoch die Mühe nicht, weil die Unterschiede nur minimal sind. Da alle Hotels und Restaurants von einer Zentralstelle beliefert werden, findet man überall die gleichen Speisen auf die überall gleiche Art zubereitet. Sogar die großen Stoffservietten werden in allen Restaurants kunstvoll zu den gleichen aufrecht stehenden Kegeln gedreht. Was jedoch in manchen Restaurants zunächst ins Auge fällt, sind die prunkvollen, oft atemberaubenden Wand- und Deckendekorationen. Was da an sorgfältig restaurierten Stukkaturen, Ornamenten und Kacheln aus der Zeit um die Jahrhundertwende, in fantastischen Stilmischungen zwischen Art Nouveau, Empire und orientalischen Einflüssen, an Mosaiken, gigantischen Kronleuchtern und Deckengemälden im Stil bayerischer Barockkirchen zu sehen ist, das läßt sich durchaus mit der Pracht des Restaurants im Pariser *Gare de Lyon* oder dem *Maxim's* vergleichen. Ein Fest für die Augen wird dem Gast also allemal geboten. Von den Restaurants, die ich in sieben Tagen besucht habe, sind wegen ihrer einzigartigen Dekoration besonders folgende zu empfehlen: Das *Metropol,* das *Zentralnaja,* das *Restaurant im Kasaner Bahnhof* sowie die Empire-Räume im Parterre des *Hotel National.*

Was nun das Essen angeht, so ist es schwer, eine ausdrückliche Empfehlung zu geben. Wer die Raffinesse der französischen Küche kennt, die Natürlichkeit der italienischen liebt oder durch badener oder elsässische Köche verwöhnt ist, der wird das, was er in Moskau zu essen kriegt, schlichtweg katastrophal finden. Andererseits gibt es in der russischen Küche viele raffinierte und aufwendige Rezepte, die sich unter den Händen eines ambitionierten Kochs in herrliche Delikatessen verwandeln könnten. Doch diesen Koch scheint es in Moskau nicht zu geben. Die Lieblosigkeit, mit der in den Restaurantküchen gekocht wird, übertrifft sogar die Unwilligkeit der Kellner, das Gekochte zu servieren.
Deshalb kommt dem Frühstück besondere Bedeutung zu. Glücklicherweise ist es in Rußland nicht ungewöhnlich, schon morgens etwas Warmes zu essen, von Spiegeleiern mit Speck über Kohlrouladen bis zu kleinen, fettgetränkten Teigrollen mit einem Kern aus Hackfleisch, den bekannten Piroggen, deren Bekanntschaft man allerdings möglichst im Verein mit einem Magenbitter macht. Die Tatsache, daß die Frühstückskarte so reichhaltig ist, besagt natürlich nicht, daß man all das auch kriegt. In meinem Hotel, dem

Ukraina, gab es in sieben Tagen nur zweimal Marmelade zum Frühstück, obwohl Marmelade in den Geschäften keine Mangelware war. Dafür gab es – fast – immer Kefir (eine bessere Art von Joghurt) und dicke, saure Sahne in großen Gläsern, deren Anblick einen kalorienbewußten Esser zwar erblassen läßt, die für mich aber wegen ihrer Frische und Sanftheit zu den schönsten kulinarischen Erinnerungen gehört. Auch fette, süße Backwaren konnte man morgens essen, und in Nierenfett gebackene Quarkklöße mit saurer Sahne. Man hat also Gelegenheit, sich für die Strapazen des Tages zu rüsten, und das alles für einen Frühstücksbon im Werte von 1 Rubel (3 Mark 30). Nur wenn man, was sich russische Hotelgäste nicht selten leisteten, den Tag mit Kaviar und einem Viertel Wodka beginnt, muß man dazubezahlen. Eine Portion Kaviar, schätzungsweise 25 Gramm, kostet 10 Mark 70; der Wodka, je nach Qualität, etwa 5 Mark. Die Qualität des Kaviars ist auch nicht immer gleich; manchmal ist es *Beluga,* dann wieder der kleinere *Sevruga;* manchmal ist er schon klebrig, das heißt also, nicht mehr sehr frisch, und immer wird er lauwarm serviert. Auch die Sitte, Wodka eisgekühlt zu trinken, scheint eine rein westliche Marotte zu sein. Dafür sind hier die Hauptgerichte der Mittag- und Abendessen nicht heiß, sondern ebenfalls lauwarm. Es ist zu vermuten, daß an der Lösung des Problems, wie man Speiseeis in lauwarmem Zustand servieren kann, sowjetische Wissenschaftler bereits mit Hochdruck arbeiten.

Dabei schmeckt das Eis sehr gut. Man kann es auch bei minus 10 Grad auf den Straßen kaufen, und als Nachtisch versöhnt es einen oft mit den vorausgegangenen Spezialitäten. Da ist zum Beispiel das »Hühnerkotelett Kiew«. Auf recht umständliche Art werden bei diesem Gericht die rohen Hühnerbrüste aufgelöst, flachgeklopft und um ein längliches, eisgekühltes Stück Butter gewickelt, mit Mehl, Ei und Brotkrumen paniert und 5 Minuten in heißem Öl frittiert. Ich habe das zu Hause nachgekocht, und es ist tatäschlich eine ganz delikate Geschichte, wenn ich auch panierte Speisen nicht sonderlich schätze. Im Moskauer *National* aber war die Schicht Paniermehl ein dicker, dunkelbrauner Panzer, viel zu lange frittiert und von Fett durchtränkt. Wenn beim Anschneiden die flüssig gewordene Butter sich wie ein kleiner Sturzbach auf den Teller ergießt, versteht man, warum Wodka und nicht Wein das übliche Begleitgetränk zum Essen ist.

Ein beliebtes Restaurant für georgische und grusinische Spezialitäten, das *Aragwi*, befindet sich in einem mit Marmor ausgekleideten Keller am Sowjetskaja Platz. Seine Spezialitäten sind neben den schauerlich-schönen Fresken, die die Abenteuer Kara-ben-Nemsis zu illustrieren scheinen, Hühnchen »Tabaka«, Hammelgerichte und kleine, flache Zwiebelbrote. Diese, wie auch die Hammel, sind allerdings mehr der usbekischen Küche verwandt. Der Hammel war nicht besonders zart, hatte aber einen schönen, intensiven Eigengeschmack, sowohl als Spieß (*Kebab*) wie auch in der leider viel zu fetten Suppe. Dem georgischen Brathähnchen hätte laut Rezept das Rückgrat entfernt werden müssen, worauf es plattgeklopft und unter einem schweren Gewicht gebraten wird. Mit einer sauren Pflaumensauce soll es sehr schmackhaft sein. Das Stück Huhn auf meinem Teller ließ jedoch keine Essensfreude und keinen Gedanken an Georgien aufkommen. Man dachte bestenfalls an den Wienerwald. Eine Abart der Pflaumensauce wurde (irrtümlich?) zum Hammel serviert; ihr Geschmack ließ verschmerzen, daß zum Hühnchen nur eine kalte, scharfe Zwiebelsauce gereicht wurde.
Bei den Vorspeisen lernte ich zum ersten Mal eine eigenartige Geschmacksrichtung kennen: Eingelegte Gewürzgurken mit einem Beigeschmack von ranziger Butter. Sie fehlten in keinem Restaurant. Zum geräucherten Stör oder Lachs, zu Kartoffelgerichten oder zu hartgekochten Eiern – die Gurkenscheiben mit dem ranzigen Buttergeschmack waren dabei. Ob das eine russische Spezialität oder nur ein schlechtes Konservierungsmittel war, konnte ich nicht in Erfahrung bringen.

Überhaupt ist es mit den Spezialitäten in Moskau wie in der Bundesrepublik auch: Wenn in Husum, Münster oder München eine landesübliche Speise mit einem gehörigen Schuß Folklore angeboten wird, übersieht man nur zu leicht, daß diese »Spezialitäten« es aus gutem Grund nicht geschafft haben, über die Grenzen der Provinz hinaus bekanntzuwerden. Zu warnen ist in diesem Zusammenhang vor dem *Slawjanski Basar*. Nicht nur weil das Essen dort keineswegs besser ist als anderswo, sondern auch weil in der großen, bunten Holzhalle mit dem fahlen Neonlicht eine trostlose Kantinenstimmung herrscht, und die Abfütterung der Devisenausländer (anders als durch Vorauszahlung kommt man in dieses populäre Restaurant wohl kaum hinein) an die Verbrechen erinnert, die

unsere Gastronomen in Heidelberg an amerikanischen Reisegesellschaften begehen. Außerdem ist der *Slawjanski Basar* unverständlicherweise teurer als andere Restaurants (Festpreis 34 Mark 50).
Wer abends essen geht, muß musikalisch sein. Die eigene Kapelle ist der Stolz jedes besseren Lokals. Wer es laut und zickig liebt und eine Damenkapelle amüsant findet, wer sich freut, endlich wieder einmal ein Akkordeon zu hören, begleitet von Balalaikas und kräftige Altstimmen, wozu auch noch lieb getanzt wird, der kommt bei einem Moskauer Abendessen voll auf seine Kosten – ohne Aufpreis, selbstverständlich. Für unmusikalische Touristen gibt es Nebenräume.
Allen Gerichten in allen Restaurants gemeinsam ist der akute Salzmangel. Daß die russische Küche nicht mit aromatischen Gewürzen arbeitet wie die italienische, die französische und zum Teil ja auch die deutsche Küche, mag eine traditionelle Eigenart sein. Um so wichtiger wäre ein sorgfältiges Abschmecken der Speisen mit Salz. Doch wo immer ich aß, was ich auch bestellte, es war alles zu schwach gesalzen. Sogar der »Stör nach Moskauer Art« (frischer, pochierter Stör mit glasierten Kartoffelscheiben umlegt und mit gekochtem Ei dekoriert) schmeckte nur fade. Dabei ist Stör ein hervorragender Fisch, nicht nur in seiner Eigenschaft als Kaviarproduzent. Allerdings waren die Fischgerichte im Durchschnitt immer besser als die Fleischspeisen. (Es war Winter. Wie die Situation im Sommer aussieht, läßt sich nicht absehen.) Ein gekochter Zander ist einfach nicht so leicht zu ruinieren wie ein Stück Fleisch.

Der Chefruinierer arbeitet übrigens zur Zeit im *Metropol*, wo man mir ein einmaliges Rebhuhn vorsetzte. Die lauwarme, schwarze, lederharte, ungesalzene und somit gänzlich ungenießbare Mumie auf dem Teller hatte man wohl in Sibirien bei der Suche nach Mammuts aus dem ewigen Eis ausgegraben. Das dazugehörige Kompott aus großen, roten Beeren, die weder süß noch sauer noch bitter schmeckten und in einem mit Kartoffelmehl gedickten, ebenso völlig geschmacklosen Saft lagen, war dem Vogel angepaßt. Dennoch ist es nicht unwahrscheinlich, daß eines Tages ein glücklicher Tourist ein junges, frisches Rebhuhn vorgesetzt bekommt. Und wenn das dann nicht dreimal aufgewärmt ist, nicht verbrannt und genug gewürzt, dann kann das durchaus ein Leckerbissen sein. Auch von den drei Rinderfilets, die ich in Moskau bestellen konnte (im gepflegten Restaurant des Schriftstellerclubs, einem für Durchschnittsbürger nicht zugänglichen Privilegiertenlokal), war nur eines zart und saftig; die beiden anderen hatte man auf die brutalste Weise zu Leder gebraten, wie es sogar in oberbayerischen Gasthöfen aus der Mode gekommen ist.

Wenn auch die Moskauer derartige Mängel nicht zu bemerken scheinen, so ist doch auffallend, daß es zwar einen Stadtbezirk mit dem Namen Lenins gibt, daß die Hügel bei der Universität seinen Namen tragen, ebenso ein Boulevard, Straßen, Plätze, die Moskauer Untergrundbahn, ein elektromechanisches Werk, das Zentralstadion sowie Akademien, Büchereien und Institute – daß es aber ein Rinderfilet »Wladimir I. Lenin« nicht gibt.

Wunderbarerweise wird man von den Suppen fast nie enttäuscht. Ob ich eine *Schtschi,* eine Kohlsuppe, aß oder den berühmten *Borschtsch* aus roter Bete mit einem Klacks saurer Sahne, eine *Soljanka* mit Fisch oder mit feingeschnittenen Wiener Würstchen – die Suppen waren alle ganz ausgezeichnet und, auch wenn sie Kohl enthielten, erstaunlich leicht. Zwar sind sie lediglich als Vor- und Zwischengericht gedacht, aber zu der Gleichgültigkeit der Kellner gehört auch, daß sie sich nicht wundern, wenn man von einem Gericht drei Portionen bestellt. Ist man also nach einigen Tagen auch den zu dick geschnittenen und meistens mehlig-trockenen Räucherlachs, den ziemlich faden, geräucherten Stör und die salz- und saftlosen, zähen Fleischgerichte leidgeworden, kann man immer noch mit Kaviar beginnen, sich an den Suppen sattessen und mit Speiseeis schließen – in dem Bewußtsein, nicht schlecht gegessen zu haben.

Weinfreunde haben keine Schwierigkeiten, einen geeigneten Tischwein zu finden: es gibt praktisch nur zwei Sorten, die zum Essen passen: ein georgischer Weißwein, einem einfachen *Frascati* nicht unähnlich und außerordentlich bekömmlich, sowie ein ebenfalls sehr bekömmlicher bulgarischer Rotwein. Alle anderen Weine – man findet höchstens noch zwei, drei weitere auf der Karte – sind entweder nur halbtrocken oder süße Dessertweine. Wer den guten, extra-trockenen Krimsekt liebt, kauft ihn besser in der Bundesrepublik. In Moskau gelang es mir nicht, andere als halbsüße Sorten aufzutreiben, worunter, wie auch beim deutschen Sekt, alle Sorten mit der irreführenden Bezeichnung »trocken« fallen.

Außer Restaurants gibt es in den Straßen Moskaus viele Cafés und kleine Imbißstuben, deren ärmliche Ausstattung zwar keine Vergleiche mit ähnlichen Einrichtungen im Westen zulassen, doch bekommt man dort einfache und ganz gut schmeckende Dinge. Vor allem die deftigen Kuchen sind von wohltuend natürlichem Geschmack; auch die Obstsäfte haben diese bei uns so rar gewordene Qualität.

Moskaureisende, die zur Ernährung nicht unbedingt warme Speisen brauchen, haben die Möglichkeit, Lebensmittel im Laden zu kaufen und im Hotelzimmer ein Picknick zu veranstalten. Die Etagenfrauen, die in den Hotels die Flure bewachen und die Schlüssel verwalten, stellen das notwendige Eßgeschirr gern zur Verfügung. Ein Besuch im *Gastronom Nr. 1* in der Gorkistraße gehört ohnehin zu den Höhepunkten eines Moskauaufenthaltes. Es ist das älteste Feinkostgeschäft der Stadt und gleichzeitig eines der schönsten Ladenlokale überhaupt, mit üppigen Wanddekorationen, bunten Glasfenstern und kühnen Jugendstillampen. Von den Auslagen wird man wenig sehen, weil sie ständig von einer dicken Menschenmauer belagert sind. Sowieso sollte man das Einkaufen am besten in einem »*Beriozka*«-Laden erledigen, wo man nur mit Devisen kaufen kann. Der größte dieser Art, kleiner als eine ländliche Tengelmann-Filiale, ist in der Nähe des Kiewer Bahnhofs in der Bolschaja Dorogomilowskaja, kurz bevor diese Straße auf den Kutusowski-Prospekt stößt. Dort ist die Auswahl größer, und die Preise sind etwas niedriger als in den normalen Geschäften, wo man meistens lange anstehen muß und sich in dem äußerst umständlichen System von Auswahl und Bezahlung nur schwer zurechtfindet. Wem das Angebot auch in den Devisen-Läden noch zu dürftig erscheint, weil er es mit dem imperialistischen Schlaraffenland vergleicht, das er in jedem westdeutschen Kaufhaus zu finden gewohnt ist, der sollte daran denken, daß vor gar nicht so langer Zeit die Tartaren hier das Fleisch noch unterm Sattel weichgeritten haben. Heute bemühen sich Moskauer Köche, wenigstens auch die Sättel weichzukriegen.

Eckart Witzigmann: Keine Blumen für den Koch

Noch vor einigen Jahren trafen sich die Erfolgreichen beim Whisky und redeten über ihre Autos mit nicht endenwollender Leidenschaft. Selbst Intellektuelle hielten es für prestigefördernd, wenn sie die Strecke Köln–München zehn Minuten schneller fuhren als andere. Heute erfährt man von den Partygästen nicht einmal mehr, was für ein Auto sie haben, wohl aber, wann und wo sie letztens schlemmten. Zu den Hauptgesprächsthemen gehören jetzt Restaurants mit und ohne Stern. Eine von Paul Bocuse handsignierte Speisekarte bringt mindestens so viel Prestige wie vor zehn Jahren ein englischer Roadster.
Eine neue Mode? Ein neuer Snobismus? Oder ist es einfach so, daß häufigere Urlaubsreisen nach Frankreich (ein günstiger Umrechnungskurs hebt Sprachschwierigkeiten auf) uns den Anschluß haben finden lassen an die kulinarischen Gewohnheiten unseres westlichen Nachbars, bei dem sogar kommunistische Zeitungen ihren fachkundigen Restaurant-Tester beschäftigen?
Um es gleich zu sagen: Die angeregten Party-Plaudereien über gastronomische Erlebnisse zeichnen sich mehr durch Enthusiasmus als durch Sachkenntnisse aus. Aber, immerhin, das Interesse ist groß und, was am wichtigsten ist, auch innerhalb unserer Landesgrenzen gibt es Anlässe zur Begeisterung. Während der größte Teil unserer Gastronomie in Tiefen hinabstürzte, auf deren Grund nur noch Schnellimbiß und Wienerwald gediehen, so daß die auf ihre Art kaum besseren Exoten (Pizzerias und Balkan-Grills) einen spektakulären Aufschwung nehmen konnten, besann man sich in einigen Restaurants darauf, daß gute Küche keine Erbpacht der Franzosen ist, sondern eine Frage des Qualitätsbewußtseins, und vollbrachte, was man nach all den Wundern, die uns seit dem Ende des letzten Krieges widerfahren sind, das deutsche Küchenwunder nennen möchte. Denn heute gibt es (wenn man die Sternverteilung des Guide Michelin als halbwegs gerechtfertigt ansieht) sieben Restaurants in der Bundesrepublik, die sich mit den besseren französischen Restaurants messen können. Kenner der Szene lassen allerdings nur drei gelten. Immerhin: drei! In Paris gibt es nicht einmal dreißig. Hier nun eine Rangliste aufzustellen, wäre genauso

irrelevant, wie es müßig ist, Karajan gegen Bernstein oder Kleiber auszuspielen. Auch bei den Spitzenrestaurants darf man eine überdurchschnittliche Qualität getrost voraussetzen; auf den letzten Metern unterscheidet dann allein der Stil des Küchenchefs.
Wenn ich hier einige Eigentümlichkeiten der Großen Küche am Beispiel des Münchner *Tantris* beschreibe, so, weil ich dort häufiger gegessen habe als in den anderen 2-Sterne-Restaurants der Bundesrepublik und es daher besser kenne. Ich bin aber sicher, daß fast alles, was sich über das *Tantris* sagen läßt, auch auf *Maître* in Berlin und den *Erbprinz* in Ettlingen zutrifft. In einem unterscheidet sich das Münchner Lokal allerdings: Es ist das jüngste der guten Restaurants. Erst 1971 eröffnet, erhielt es schon ein Jahr später den damals erstmalig für die Bundesrepublik eingeführten Michelin-Stern, und als im darauffolgenden Jahr die Michelin-Inspektoren es riskierten, siebenmal 2 Sterne in der Bundesrepublik zu vergeben, war das *Tantris* dabei.
Dieser Erfolg war vorprogrammiert. Der Besitzer, ein Münchner Baulöwe mit dem in der Branche nicht alltäglichen Hobby der Gourmandise, wußte, wo die besten Köche wachsen, und erbat sich von Monsieur Haeberlin in Illhaeusern (Elsaß, 3 Sterne) einen gutgeratenen Ableger. Der daraufhin nach München verpflanzte Meister heißt Eckart Witzigmann, ist fünfunddreißig Jahre und Österreicher. Sein Werdegang liest sich wie das Rezept für eine erfolgreiche Küchenkarriere – Ehrgeiz und Intelligenz vorausgesetzt: Gesellenjahre in Illhaeusern bei Haeberlin und bei Bocuse in Collonges, zwei Adressen, zu denen die Feinschmecker aus aller Welt wallfahrten. Seine Berufserfahrung vervollkommnete Witzigmann in der Brüsseler *Villa Lorrain*, im *Jockey Club* in Washington, im *Erbprinz* und in Stockholms *Operakallaren*. Ein solches Bündel von Spitzenrestaurants läßt sich am besten mit dem adeligen Stammbaum eines preisgekrönten Rassehundes vergleichen, der in Hundezüchterkreisen achtungsvolles Zungenschnalzen auslöst.
Als Küchenchef (durchschnittliche Arbeitszeit täglich zwölf Stunden) verfügt er über einen monatlichen Etat, der auch die Personalkosten für insgesamt vierzig bis fünfundvierzig Leute einschließt. Praktisch ist er für Gedeih und Verderb des Betriebes verantwortlich. Neben der raren Mischung von Kreativität, Organisationstalent und Artistik (in dem Sinne, daß einer zu handwerklichen Höchstleistungen fähig sein muß, die weit aus dem allgemeinen

Niveau herausragen), ist dazu eine Besessenheit notwendig, wie man sie bei Künstlern findet, die sich ausschließlich mit ihrem Werk beschäftigen. Beim Kochen selbst gibt es keine Geheimnisse und keine Tricks, nur die einzig wichtige Maxime, daß das Beste gerade gut genug ist, und auch die nebensächlichste Arbeit so sorgfältig getan werden muß, wie das normalerweise nicht üblich ist. Witzigmann leitet eine Brigade von vierzehn Köchen, die fast zu wenig sind, wenn das *Tantris,* wie jeden Abend, voll besetzt ist, es aber sofort in einen Zuschußbetrieb verwandeln wenn, wie fast jeden Mittag, an nur acht oder zehn Tischen gegessen wird.
Voll besetzt, das heißt hier, daß 80 Gedecke serviert werden müssen, jedes Gericht frisch hergestellt, das bedeutet, daß jede einzelne Tasse Suppe für den Gast extra gekocht wird. 80 Gedecke sind die Grenze, bis zu welcher überhaupt noch individuell gekocht werden kann. Wenn dann an einem Vierertisch vier verschiedene Vorgerichte und vier verschiedene Hauptgerichte bestellt werden, stöhnt der Chef: »Furchtbare Gäste!« Nicht nur, weil sie die Arbeit so komplizieren (die Gerichte sollen ja gleichzeitig *und* frisch, also nicht warmgehalten, auf den Tisch kommen!), sondern auch, weil diese Gäste nicht wissen, daß ein Lammrücken für zwei Personen oder ein Fisch für vier einfach besser schmecken als eine Einzelportion. Überhaupt liegt für Witzigmann die Hauptschwierigkeit nicht in der Leistung seiner Köche oder in der manchmal schwierigen Materialbeschaffung. Sein Problem sind die Gäste. »Die Franzosen kochen auch nicht besser als wir«, sagt er stolz und verzweifelt zugleich, »die haben bloß die besseren Gäste!« Beispiel: Bei 80 Gedekken 30 Entrecôtes vom Grill – das ist für ein Restaurant, in dem mit artistischer Könnerschaft getrüffelte Träume realisiert werden, eine deprimierende Tagesbilanz.
»Die beschweren sich, die Ente sei nicht gar, weil sie noch nie eine anständig gebratene Ente gegessen haben: die muß rosa sein! Und was soll ich machen, wenn einer die *Fleurons* auf seinem Teller moniert, weil er denkt, es sei Fisch, oder ein anderer *Quenelles de brochet* für die Kalbsmedaillons hält, die seine Begleiterin ißt?«
Gewiß geht ein großer Teil der Gäste ins *Tantris,* weil es zum guten Ton gehört, dort gegessen zu haben. Aber es ist auch nicht zu erwarten, daß jemand, dessen kulinarisches Bewußtsein von Grießnockerln und Leberknödeln geprägt wurde, die Qualität von Hechtklößchen erkennt, bevor er sie nicht in zehn verschiedenen Küchen

probiert hat. Sorgen macht dem Küchenchef auch ein anderer Umstand. Das Restaurant ist das genaue Gegenteil davon, was man unter dem bei deutschen Essern so beliebten Rathausstil versteht. Also keine dunklen Holzbalken, keine anheimelnden Spitzbögen; die fehlende Rustikalität wird auch nicht durch prunkvolles Barock ersetzt, das sich in der deutschen Gastronomie als ebenso appetitanregend erwiesen hat wie die Zinntellerreihen an den Wänden. Das *Tantris* wirkt eher wie ein Night Club in Las Vegas. Kunststoff und Beton als Baumaterial, die vorherrschende Farbe ist Orange. Schick mag man das nennen; gemütlich ist das nicht. »Da muß einer schon gerne essen, wenn er wiederkommt!« spöttelte ein Architekt über die Arbeit seiner Konkurrenz. Die meisten kommen wieder. »Aber Hühner essen sie trotzdem nicht«, bedauert Witzigmann. Dabei wird den Gästen ein *Coq au vin* oft als Tagesspezialität empfohlen. Die Hühnerphobie verwundert nicht, wenn man in Betracht zieht, was das für Hühner sind, die man im Supermarkt angeboten bekommt. Witzigmann kauft seine Hühner jedoch in Frankreich. Es sind die berühmten Bresse-Hühner, die ausschließlich mit Körnern gefüttert werden. Zusammen mit Enten, Tauben und Wachteln werden sie jeden Donnerstag eingeflogen. Zweimal wöchentlich bringt die Air France Fisch: dienstags aus Boulogne, freitags aus Marseille. Der stolze Slogan »Aus deutschen Landen frisch auf den Tisch« erweist sich in der täglichen Praxis eines 2-Sterne-Restaurants als unbegründeter Patriotismus. Die unzureichende Qualität einheimischer Produkte zwingt den Küchenchef zu kostspieligen Eigenimporten. Die stricknadeldünnen grünen Bohnen, einheimischen Gemüsebauern offenbar unbekannt, kosten im Winter, frisch eingeflogen, 11 Mark das Kilo. Von ihrer seltenen Qualität befremdet, runzelt mancher Gast mißtrauisch die Stirn: »Was issn da fürn Farbstoff drin?« Da unsere Bauern auch etwas gegen den Anbau von Schalotten haben, unsere Molkereien glauben, die handelsübliche Sahne sei gut genug zum Kochen, und sich die Lachse freiwillig aus deutschen Industrieabwässern zurückgezogen haben, ist für einen anspruchsvollen Küchenchef die Kenntnis der französischen Exporteure heute fast wichtiger als die seiner Rezepte. Die Möglichkeit der Konserve und Tiefkühlkost wird hier, wo man sich um Vollkommenheit bemüht, nicht einmal diskutiert. Importiert werden muß auch die Gänsestopfleber für die hausgemachte *Foie gras frais*, eine der raffiniertesten Schöpfungen der feinen Küche.

Auf der Speisekarte ist sie mit 24 Mark 50 pro Portion ausgezeichnet. Das erscheint ungeheuerlich angesichts der relativ schmalen Scheibe, die da ohne viel Firlefanz serviert wird. Aber für zwanzig Portionen werden je nach Qualität ein bis zwei Kilo Leber verbraucht, wobei der Kilopreis gleichbleibt: 130 Mark. Noch einmal 150 Mark kosten die notwendigen 250 Gramm frische Trüffeln, von der komplizierten Arbeit, die der Chef meistens erst nachts beginnt, wenn die anderen Köche nach Hause gehen, ganz zu schweigen. »Der Gast sieht bloß, daß es teuer ist«, murrt Witzigmann, »und glaubt, deshalb auch an allem herumnörgeln zu können. Aber in seinem Stammlokal, im Pizza-Keller oder im Bräustüberl, läßt er sich kritiklos alles bieten.«

Jedenfalls werden dort nicht, wie im *Tantris*, Zwiebeln und Schalotten, nachdem sie (mit der Hand) in allerfeinste Stücke gehackt sind, vor dem Verbrauch gewaschen: Es könnte sonst der Zwiebelgeschmack sich zu sehr bemerkbar machen! Karotten werden (ebenfalls mit der Hand) zu gleichmäßig kleinen, abgerundeten Karöttchen geschnitzt, wie überhaupt die Gleichmäßigkeit von Kartoffeln, weißen Rübchen (*Navets*) und anderem Gemüse das Resultat mühevoller Schnitzarbeit ist. Die Sorgfalt, mit der ein ausgelernter Koch einen Hühnermagen säubert, der ohnehin nur ausgekocht wird, um einen der verschiedenen Saucenfonds zu verbessern, wendet kaum eine Hausfrau für ihren Sonntagsbraten auf. Andererseits ist in der Privatküche ein gelungenes Menü gar nicht hoch genug einzuschätzen, weil die üblichen Haushaltsgeräte im Vergleich zur funktionellen Restaurantküche wie unpraktisches Spielzeug wirken - wovon die Hälfte auch noch überflüssig ist. Beim Anblick eines arbeitenden Kochs, der nur mit Messer, Spachtel und Schneebesen bessere Ergebnisse erzielt als eine Hausfrau mit einem kompletten Satz elektrischer Küchengeräte, drängt sich die Überlegung auf, wieviel Prozent des Volksvermögens eingespart werden könnten, wenn statt Malen und Handarbeit in den Schulen gewisse Küchentechniken gelehrt würden. Was allerdings geschieht, wenn Witzigmann die ersten Bestellungen der Kellner in französisch an seine Brigade weitergibt, das lernt man nicht in der Schule. Wie fünfzehn Männer, die mit jeder Pfanne, die sie auf den Herd setzen, den gemeinsam erarbeiteten Ruf des Restaurants aufs neue festigen müssen, wie sie in drei Stunden 80 erwartungsvolle Gäste bekochen, ohne nervös zu werden, ohne die geringste Hast

und Unruhe zu zeigen, das ist ein faszinierender Anblick, der wie jede handwerkliche Höchstleistung, wie jede künstlerische Perfektion zur Bewunderung herausfordert. Doch Ovationen für den Koch sind bei uns nicht üblich.
Eckart Witzigmann, mit fünfunddreißig wahrscheinlich einer der größten Küchenchefs, die je in der deutschen Gastronomie arbeiteten: »Wenn ein Gast dem Kellner sagt, es habe ihm ganz gut geschmeckt - das ist für uns das Höchste!«

Das Entstehen einer Kreation: Kalbsbries »Rumohr«

Als ich Eckart Witzigmann im Auftrag einer Fachzeitschrift aufforderte, ein neues Gericht zu erfinden, meldete er zunächst Bedenken an. In der Küche etwas absolut Neues zu schaffen, sei praktisch unmöglich. Die Entwicklung der Speisen von der Brotsuppe bis zum Pfeffersteak sei eine lange Folge von Verbesserungen; für jede kulinarische Neuerung habe es einen logischen Grund gegeben.
Tatsächlich kommen die wenigen wirklichen Kreationen eher zufällig zustande als durch vorsätzliche Bemühungen. Das *Poulet Marengo* ist wohl das bekannteste Beispiel dafür, wie die Improvisationskunst eines wahrscheinlich ziemlich verzweifelten Küchenchefs aus einer Notsituation das Beste machte und dabei ein neues Gericht erfand. Die Gegenbeispiele sind leider häufiger: All die mit exotischen Früchten verzierten Fleischstücke in unserer Gastronomie, jene verräterischen Zeugen krampfhafter Originalitätssucht, die sich überall äußert, wo es am Vertrauen in die eigenen Fähigkeiten mangelt, die Möglichkeiten der Feinen Küche optimal auszunutzen.
Solche Möglichkeiten gibt es nämlich mehr als genug. Jedes bessere Stück Fleisch, jeder Fisch und viele Gemüse lassen sich in ein kulinarisches Meisterwerk verwandeln. Abgesehen von den notwendigen Änderungen unserer Eßgewohnheiten - von den schweren, überladenen Speisen der bürgerlichen Küche zu den *à point* gekochten, leichten Gerichten der *Nouvelle Cuisine* - scheint die Erfindung eines neuen Gerichts also nicht so vordringlich. Dennoch, und das war die zweite Überlegung Witzigmanns, gibt es einen Grund, sich

mit einem Produkt besonders intensiv zu befassen, wenn dieses Produkt dadurch etwas mehr in den Mittelpunkt gastronomischer Bemühungen gerückt wird, wo es bisher, unverdientermaßen, nur selten zu finden war. Mit dieser Überlegung hatte er sich bereits für die Wahl des Produktes entschieden: Kalbsbries.
Das nächste Problem des Eckart Witzigmann war nicht etwa die Suche nach einer Idee, wie nun das Bries zu verarbeiten sei, sondern unter zu vielen Ideen die eine Möglichkeit auszuwählen, die sowohl dem delikaten Fleisch als auch dem Niveau der *Tantris*-Küche entsprach. Er entschied sich – und diese Entscheidung verrät eine Menge über den Stil dieses begabten Küchenchefs – für die konsequenteste Lösung, für ein selbstbewußtes Wenn-schon-denn-schon: Wenn schon eine Rarität unter den Fleischgerichten, dann auch mit einer weiteren Rarität gekoppelt – mit frischer Trüffel. Und wenn schon eine eigene Schöpfung, dann sollte ihre Herstellung auch kein Kinderspiel sein.
Bries und Trüffel, das war allerdings noch nichts Neues. In der *Grande-Cuisine* gibt es mehrere Möglichkeiten, diese beiden sich so wunderbar ergänzenden Produkte zu kombinieren. Auch daß zwischen den beiden Extremen – dem zarten, milden Fleisch und dem Edelpilz mit seinem kräftigen Aroma – eine *Foie gras* ein geradezu ideales Bindeglied sein würde, mußte einem erfahrenen Kochkünstler fast zwangsläufig einfallen. Doch das alles, Bries, Trüffel und *Foie gras,* mit einem Mantel von feinstem Lauchgemüse zu umgeben, das war einer jener Geniestreiche, deretwegen die Gourmets zu einem bestimmten Küchenchef pilgern wie Heilungssuchende nach Lourdes. Lauch, wie das Bries fälschlicherweise für ein mehr oder weniger gewöhnliches Produkt gehalten, spielt in der modernen leichten Küche eine zunehmend wichtige Rolle. Mit genügend Eigengeschmack ausgestattet, braucht es nicht mit Gewürzen verfälscht zu werden, und läßt sich sogar kalorienarm ohne Fett herrichten. Witzigmann schnitt es in feinste Streifen, die er ohne jegliche Flüssigkeit dünstete und mit Sahne und einem Eigelb abzog. Schon in diesem Zustand ist das fast püreeartige Gemüse eine Delikatesse, die ich als Garnitur bei vielen Gerichten lieber sähe als die üblichen Grilltomaten ohne Eigengeschmack oder den faden Dosenspargel. An das Bries geschmiegt, vom Trüffelaroma durchzogen und in inniger Gemeinschaft mit der herrlichen *Foie gras,* spielt der Lauch eine triumphale Rolle in dieser Schöpfung Witzigmanns,

der es abschließend mit dünnen Streifen Parmaschinken umwickelte und alles, nun zu einem länglichen Kuchen geformt, in hauchdünnen Strudelteig einschlug, um jeglichen Aromaverlust zu verhindern. Der Strudelteig war mit Bedacht gewählt: in *Brioche*- oder Blätterteig eingebackene Speisen sind immer sehr schwer, wenn sie schließlich noch in einer Sauce serviert werden.
Wer als interessierter Augenzeuge einem solchen ersten Versuch beiwohnt, wird die Spannung, mit der er das Resultat erwartet, nicht ganz unterdrücken können. Als das Bries im Ofen garte, war ich es, der ständig auf die Uhr sah, um die geschätzte Garzeit zu kontrollieren. Nicht so Witzigmann. Die Gelassenheit, mit der er dem Ergebnis seines Versuches entgegensah, konnte einen glauben machen, er habe seine neueste Kreation schon seit Jahren auf der Karte. Meine Aufregung ließ erst nach und machte einer uneingeschränkten Bewunderung Platz, als er das Kalbsbries »Rumohr« anschnitt und mich probieren ließ.
Daß Witzigmann sein Bries dem Gastronom Karl Friedrich von Rumohr (1785–1842) widmete, war für ihn selbstverständlich. Wie dem deutschen Freiherrn ist für ihn das Reinheitsgebot bei den Naturalien das oberste Prinzip der Kochkunst. Darüber hinaus bringt schon Rumohr in seinem »Geist der Kochkunst« das Kalbsbries mit Trüffel in Verbindung und empfiehlt es eingebacken mit leicht säuerlicher Sauce.
Die Sauce, die der *Tantris*-Chef seinem Bries beigab, war für ihn eine normale Champagnersauce. Sieht man sich die Rezeptur an, ist sie das auch. Aber wer diesen harmonischen Zusammenklang, diese Idealverbindung der zarten, hellen Sauce mit dem edlen Bries »normal« zu nennen in der Lage ist, der muß schon überdurchschnittlich anspruchsvolle Eßgewohnheiten haben.
Für mich war das alles andere als normal. Es war der 10. Januar 1976, 18 Uhr 08 – eine Sternstunde deutscher Küchengeschichte!

Kalbsbries »Rumohr«

Zutaten für 1 Portion:

70 g Kalbsbries, 50 g frische Gänsetopfleber oder Terrine Foie gras frais, *1 frischer, schwarzer Trüffel, ca. 30 g (außerhalb der Saison auch Dosentrüffel 1. Wahl), Olivenöl, Zitronensaft, grüner Pfeffer, Cognac, Madeira oder Portwein, 250 g Lauch, 1 Eigelb, süße Sahne, Parmaschinken* – Strudelteig: *250 g Mehl, 25 g Olivenöl, 1/8 l warmes Wasser, 1 Ei, Salz* – Champagnersauce: *1/2 dl konzentrierter, ungesalzener Geflügelfond, 1/2 dl* Noilly Prat, *1/2 dl Champagner, brut, 1/2 dl Crème double, 6 zerdrückte Pfefferkörner, 1 kleine, sehr fein gehackte Schalotte, 20 g Butter, 1 Spritzer Zitronensaft, 1 dash Champagner*

Herstellung: Die kompakte Nuß eines Kalbsbries 8 Minuten in stark salzigem, kochendem Wasser blanchieren. Herausnehmen und unter kaltem Wasser abschrecken. Enthäuten und zwischen zwei Brettchen über Nacht pressen.
Das Bries in Olivenöl, Zitronensaft und den zerdrückten Pfefferkörnern 2 Stunden marinieren. Die Pfefferkörner ins Fleisch eindrücken. Abtrocknen. Aus dem Bries zwei, ungefähr 1 cm dicke, handtellergroße Scheiben schneiden. Die noch rohen Schnittflächen mit je einer Scheibe *Foie gras* von 1 cm Dicke belegen. Diese frische Gänsetopfleber wurde vorher 12 Stunden in Cognac, Madeira und etwas Pfeffer mariniert. Handelt es sich um eine Entenstopfleber, nimmt man Portwein statt Madeira. Bei Verwendung einer hausgemachten Gänseleberterrine anstelle von frischer Leber wird natürlich nicht mariniert.
1 frischer, schwarzer Trüffel wird in nicht ganz 1 cm dicke Scheiben geschnitten und 5–8 Minuten in Madeira gedünstet. Dann belegt man die *Foie gras* einer Briesschnitte mit den Trüffelscheiben und klappt die andere Briesschnitte darauf. Leicht salzen.
Den weißen und gelben Teil von zwei bis drei Lauchstangen (250 g) der Länge nach in fadendünne, ca. 4 cm lange Streifen (*Julienne*) schneiden. Der Lauch wird ohne jegliche Flüssigkeit vorsichtig mit etwas Salz gedünstet, so daß er zwar weich, nicht aber braun wird. Dann erst mit etwas Sahne und 1 Eigelb binden. Es ist darauf zu achten, daß der Lauch auch jetzt noch so trocken wie möglich ist! Mit diesem fast püreeartigen Lauchgemüse wird das zusammenge-

klappte Bries von allen Seiten dick belegt. Andrücken und kurz in den Kühlschrank stellen, damit die Sahne im Lauch etwas »anzieht«. Einen ausgezogenen Strudelteig herstellen, hauchdünn ausziehen, eine 15 × 15 cm große Fläche davon mit sehr dünnen Streifen Parmaschinken auslegen. Darauf das vorbereitete Bries plazieren, auch von oben mit Schinken bedecken und zweimal in den Teig einschlagen. Dieser muß so dünn sein, daß er auch jetzt noch durchsichtig ist! Überstehende Teigränder abschneiden, Teighülle verschließen und leicht einölen.

Im auf 220 Grad vorgeheizten Backofen 35 Minuten garen lassen. Herstellung der Champagnersauce: Geflügelfond, Vermouth, Champagner, zusammen mit der Schalotte und den Pfefferkörnern ca. 10 Minuten köcheln und reduzieren lassen, bis dickflüssig geworden. *Crème double* hinzugeben, einmal aufkochen lassen, dann die Butter in die Kasserolle geben und »einschwenken«, nicht schlagen. Mit 1 Spritzer Zitronensaft und abschließend einem Spritzer Champagner abrunden.

Mit deutscher Zunge

Günter Herburger hat ein Gedicht geschrieben, das er »Zur Verbesserung des Feuilletons« nannte. Das Gedicht hat sieben Strophen, in denen Herburger Empfehlungen gibt, was mit verschiedenen Personen zu geschehen habe. In der ersten Strophe beschäftigt er sich mit mir: *»Einfach Wolfram Siebeck verbieten / über Essen zu schreiben und ihn / drei Tage mit Heftpflaster über dem Mund / in die Bahnhofsgaststätte von Würzburg setzen / wo wir mitunter auch schlemmen.«*

Ich nehme an, es ist nicht so schlimm gemeint: Das Schreiben will er mir nicht einfach verbieten, wie Faschisten und Kommunisten Schreibverbote verhängen. Er will nur nichts mehr von mir über Essen lesen müssen, weil ihm dabei immer das Wasser im Mund zusammenläuft. Als Feinschmecker ist es ihm, dem Quark-Apologeten, einfach unangenehm, und wahrscheinlich stört's auch bei der Lyrikproduktion. Also Notwehr, einfach.

Nicht ganz so einfach ist das mit der Bahnhofsgaststätte in Würzburg. Ich weiß, wie ungern ein Feinschmecker sein Lieblingsrestaurant verrät, wie unangenehm ihm die Vorstellung ist, es könnten dort auch andere Esser – elitäre Fresser und bürgerliche Nichtlyriker –, es könnten Banausen dort einfallen und sich am Nebentisch breitmachen; Leute, die beim Essen den Genuß suchen und nicht sehen, daß alles, was sie da schlemmen, auch eine gesellschaftspolitische Bedeutung hat; die ausschließlich darüber nachdenken, wieso der Salat im Wasser schwimmt wie eine Seerose und nicht darüber, daß das ersoffene Gemüse auch eine ideologische Waffe im Klassenkampf von oben ist. (Oder von unten – je nachdem, wo die Küche liegt.) Wenn Herburger also den Ort seiner kulinarischen Feste preisgibt, dann ist das nicht hoch genug einzuschätzen, und es wäre gleichermaßen undankbar und unklug, die Gelegenheit nicht wahrzunehmen.

Würzburg liegt von München – wo Herburger wohnt – mindestens zweieinhalb Eisenbahnstunden entfernt, wofür man am Fahrkartenschalter zwischen 72 und 116 Mark zu zahlen hat (Hin- und Rückfahrt). Unser Feinschmecker läßt es sich also schon etwas kosten, wenn er dorthin reist, wo er mitunter schlemmt. Ich bin – wie Herburger – ein großer Liebhaber von Bahnhofsrestaurants. Das *Train Bleu* im Pariser Gare de Lyon halte ich für eins der schönsten Restaurants der Welt. Man ißt dort nicht einmal schlecht, und die Weinkarte bietet Ungewöhnliches: Sämtliche *Chablis Grands Crûs* zu vernünftigen Preisen.

Verläßt man nun in Würzburg den Zug und betritt den »Warteraum« mit den rund dreißig Vierertischen, die von drei Kellnern und zwei Köchen betreut werden, so muß man sich zunächst daran gewöhnen, daß eine Institution, zu der Feinschmecker von weither anreisen, um dort zu schlemmen, daß dort, wo fraßgeschädigte Lyriker aus München Heilung suchen von den gerichtsnotorischen Gulaschsuppen, mit deren Verzehr die Freunde der *Simpl*-Wirtin ihre Anhänglichkeit an diese beweisen; Heilung auch von den runden und dicken Teigfladen, die so verheerend auf die Mägen, aber so anregend auf das gesellschaftliche Engagement der intellektuellen Gäste in den Pizzakellern links und rechts der Leopoldstraße wirken – daß ein solcher Ort, den der Erfinder der »Urschlammpfanne« öffentlich zu seinem Lieblingsrestaurant erklärt, aussieht wie der Tagesraum eines subventionsbedürftigen Jugendheims.

Doch hat erst einer der fixen Kellner die Tischdecke vor dem Gast auf links gedreht und ihm die Tageskarte vorgelegt, spielt das alles keine Rolle mehr. Die vier Gedecke und dreißig Tellergerichte verheißen nichtalltägliche kulinarische Freuden, ob man sich für *»Jägersuppe und Saure Lunge mit Semmelklößchen«* entscheidet (nur 4 Mark 60) oder, wie ich, für *»Gulaschsuppe, Filetsteak mit Ei, Pommes frites und junge Erbsen, Heidelbeer-Eiskrem«*, 17 Mark 70. Doch zunächst bat ich, weil's als »Spezialität aus eigener Schlachtung« gekennzeichnet war, um ein *»Feines Kalbsragout fin im Näpfchen«* – 6 Mark 80. Es wurde mir bereits in weniger als 5 Minuten gebracht, wohingegen ich fast doppelt so lange brauchte, um das zäh-faserige Kalbfleisch wieder aus meinen Zähnen zu kriegen. Während ich dann darüber nachdachte, warum sich Deutschlands Wirte so vor frischen Champignons fürchten, die es doch das ganze Jahr über zu kaufen gibt, wurde mir die Gulaschsuppe gebracht. Vielleicht hatte sie, die da braun und breiig in einer Stahltasse schwappte, inspirierende Qualitäten, von denen einer beim Dichten profitiert; vielleicht war sie tatsächlich unendlich viel köstlicher als das, was in Schwabing an gaumenamputierte Kneipenbummler verkauft wird – ich versagte mir in Anbetracht der noch zu erwartenden Genüsse, von ihr mehr als einen halben Löffel zu probieren.

Der nächste Genuß kam wieder so schnell, daß man glauben konnte, in der Küche arbeite ein Hellseher. Das Filetsteak war nicht zu klein und nicht zu dünn, es war sorgfältig von allen Sehnen und Häuten befreit, schieres Fleisch also, und oben mit einem Spiegelei belegt. Nach der Banane und den Ananasscheiben ist das wohl die unsinnigste Kombination zu Fleisch, deren Anwendung den Lesern der gängigen Kochbücher immer wieder eingebläut wird. Die dazu gereichte Sauce schien mir die Gulaschsuppe von vorhin zu sein, nur diesmal durchgesiebt. Das Filet selbst war genau richtig gebraten, nämlich innen noch rosa. Doch beim ersten Biß überwältigte mich die Freude des Wiedererkennens: Es hatte trotz seines halbrohen Zustands keinerlei Saft und jene zarte, mehlige Konsistenz, die es der Tiefkühltruhe verdankt. »Kälteschlaf« wird das beschönigend genannt, so wie man auch von einer Leiche sagt, sie liege im ewigen Schlaf. Die gleiche Schlafstelle hatten auch die Beilagen geteilt. Obwohl die »jg. Erbsen« so groß wie Kirschkerne waren, konnte ich nicht an ihrer Jugend zweifeln, weil heute sogar bei jungen Mädchen fette Hintern und Ammenbusen durchaus ein Zeichen von Jugend sind – wenngleich ihr Anblick die Frage aufwirft, was eigentlich verwerflicher sei, die Frühsexualität der Gymnasiastinnen oder die Freiverkäuflichkeit von Süßigkeiten an Jugendliche. Nun hatte ich mein Schlemmermahl zum größten Teil schon hinter mir, doch irgendwie deckten sich meine Erwartungen nicht mit dem, was ich da alles hatte zurückgehen lassen. Was mochte es sein, das Günter Herburger zu seinen Schlemmerreisen nach Würzburg trieb? Ein erneutes Studium der Speisekarte ließ mich vermuten, daß es etwas vom Schwein sein müßte; denn Schweinernes war der Hauptbestandteil bei allen Tellergerichten. Ich rief den Kellner. »Was ißt Herr Herburger immer bei Ihnen?« fragte ich direkt. Er kannte ihn nicht. Nun, damit hatte ich gerech-

net. Persönlichkeiten der literarischen Szene sind schließlich nicht populär wie Fußballstars. Ich hatte deshalb, in Ermangelung eines Fotos, die Reproduktion eines Porträts in der Tasche, das der Feinschmecker bei einem Maler in Auftrag gegeben hatte. Es war ein rundes Bild, wie die Madonna von Raffael, in einem breiten, eckigen Goldrahmen. Darauf sitzt der Dichter, realistisch gemalt, als Indianerhäuptling verkleidet an seinem Schreibtisch vor einer Landschaft; mächtig wogt der Kopfschmuck aus Adlerfedern.
»Kennen Sie diesen Herrn?« Ich hielt dem Kellner das Bild vor die Augen.
»Ach, wissen Sie«, wich er aus, »hierher kommen so viele Fremde...«
Braver Mann, verrät seine Stammgäste nicht!
»Und was ißt er am liebsten?« hakte ich unbeirrt nach. Der Kellner sah mich prüfend an, nahm die Speisekarte und sagte: »Knöchle mit Sauerkraut und Kartoffelbrei ist sehr beliebt.« Dann beugte er sich über den Tisch: »Ist allerdings gestrichen!« Und strich es. Da Sauerkraut mit Kartoffelbrei auch bei vielen anderen Gerichten die häufigste Beilage war, bestellte ich »Rippchen«. Worauf der Koch nur gewartet zu haben schien: Der Kellner zauberte den Teller mit dem Rippchen praktisch hinter seinem Rücken hervor. Ich probierte.
Man weiß, daß München die Sauerkrautmetropole der Welt ist. Wenn nun ein Feinschmecker, der in München wohnt, zweieinhalb Stunden mit der Bahn fährt, um zu schlemmen, so muß man annehmen, daß es dort, wo es ihn hinzieht, ein Sauerkraut geben muß, das jedes andere Sauerkraut in den Schatten stellt. Hier hatte ich es gefunden. Ich aß und begriff nun die Zeile seines Gedichtes, die ich für ein dunkles Symbol gehalten hatte: »*... mit Heftpflaster über dem Mund ...*« Er hatte es genauso gemeint, wie es da stand, und es war die reinste Nächstenliebe. Auf die Nachspeise, die »Heidelbeer-Eiskrem«, mußte ich leider verzichten, weil mein Zug schon in vierzig Minuten fuhr, es aber doppelt so lange gedauert hätte, bevor die hartgefrorene Masse in dem Langnese-Pappbecher zur Eßbarkeit aufgetaut gewesen wäre. So fuhr ich zurück, um eine kulinarische Erfahrung reicher. Bereichert aber auch durch die Erkenntnis, daß Günter Herburger nicht nur mit deutscher Zunge dichtet. Er ißt auch damit.